Unterwegs mit Kurt Tucholsky

Herausgegeben von
Axel Ruckaberle

Fischer Taschenbuch Verlag

Originalausgabe

Veröffentlicht im Fischer Taschenbuch Verlag,
einem Unternehmen der S. Fischer Verlag GmbH,
Frankfurt am Main, Mai 2010

Für diese Ausgabe:

Satz: MedienTeam Berger, Ellwangen
Druck und Bindung: CPI – Clausen & Bosse, Leck
Printed in Germany
ISBN 978-3-596-90272-9

Unsere Adressen im Internet:
www.fischerverlage.de
www.fischer-klassik.de

Inhalt

»Fahre, Junge, fahre!«

»Sehnsüchtig wende ich mich ab«
Reisen bildet

»Hiermit erkläre ich die Ostsee für eröffnet«
Unterwegs in Deutschland und Dänemark

»Die rue de Vaugirard ist so lang wie ein Satz von Proust«
Unterwegs in Paris

»Die Riviera liegt da und sieht aus«
Unterwegs in Südfrankreich

»Vous faites le tour des Pyrénées?«
›Ein Pyrenäenbuch‹ (1927)

Fin des Vacances

»Fahre, Junge, fahre!«

Luftveränderung

Fahre mit der Eisenbahn,
fahre, Junge, fahre!
Auf dem Deck vom Wasserkahn
wehen deine Haare.

Tauch in fremde Städte ein,
lauf in fremden Gassen;
höre fremde Menschen schrein,
trink aus fremden Tassen.

Flieh Betrieb und Telefon,
grab in alten Schmökern,
sieh am Seinekai, mein Sohn,
Weisheit still verhökern.

Lauf in Afrika umher,
reite durch Oasen;
lausche auf ein blaues Meer,
hör den Mistral blasen!

Wie du auch die Welt durchflitzt
ohne Rast und Ruh –:
Hinten auf dem Puffer sitzt
du.

Die Kunst, falsch zu reisen

Wem Gott will rechte Gunst erweisen,
den schickt er in die –
»Alice! Peter! Sonja! Legt mal die Tasche hier in das Gepäcknetz,
nein, da! Gott, ob einem die Kinder wohl mal helfen!
Fritz, iß jetzt nicht alle Brötchen auf! Du hast eben gegessen!«
in die weite Welt!

Wenn du reisen willst, verlange von der Gegend, in die du reist, *alles*: schöne Natur, den Komfort der Großstadt, kunstgeschichtliche Altertümer, billige Preise, Meer, Gebirge – also: vorn die Ostsee und hinten die Leipziger Straße. Ist das nicht vorhanden, dann schimpfe.

Wenn du reist, nimm um Gottes willen keine Rücksicht auf deine Mitreisenden – sie legen es dir als Schwäche aus. Du hast bezahlt – die andern fahren alle umsonst. Bedenke, daß es von ungeheurer Wichtigkeit ist, ob du einen Fensterplatz hast oder nicht; daß im Nichtraucher-Abteil einer raucht, muß sofort und in den schärfsten Ausdrücken gerügt werden – ist der Schaffner nicht da, dann vertritt ihn einstweilen und sei Polizei, Staat und rächende Nemesis in einem. Das verschönt die Reise. Sei überhaupt unliebenswürdig – daran erkennt man den *Mann.*

Im Hotel bestellst du am besten ein Zimmer und fährst dann anderswohin. Bestell das Zimmer nicht ab; das hast du nicht nötig – nur nicht weich werden.

Bist du im Hotel angekommen, so schreib deinen Namen mit allen Titeln ein ... Hast du keinen Titel ... Verzeihung ... ich meine: wenn einer keinen Titel hat, dann erfinde er sich einen. Schreib nicht: ›Kaufmann‹, schreib: ›Generaldirektor‹. Das hebt sehr. Geh sodann unter heftigem Türenschlagen in dein Zimmer, gib um Gottes willen dem Stubenmädchen, von dem du ein paar Kleinigkeiten extra verlangst, kein Trinkgeld, das verdirbt das Volk; reinige deine staubigen Stiefel mit dem Handtuch, wirf ein Glas entzwei (sag es aber keinem, der Hotelier hat so viele Gläser!), und begib dich sodann auf die Wanderung durch die fremde Stadt.

In der fremden Stadt mußt du zuerst einmal alles genauso haben wollen, wie es bei dir zu Hause ist – hat die Stadt das nicht, dann taugt sie nichts. Die Leute müssen also rechts fahren, dasselbe Telefon haben wie du, dieselbe Anordnung der Speisekarte und dieselben Retiraden. Im übrigen sieh dir *nur* die Sehenswürdigkeiten an, die im Baedeker stehen. Treibe die Deinen erbarmungslos an alles heran, was im Reisehandbuch einen Stern hat – lauf blind an allem andern vorüber, und vor allem: rüste dich richtig aus. Bei Spaziergängen durch fremde Städte trägt man am besten kurze Gebirgshosen, einen kleinen grünen Hut (mit Rasierpinsel), schwere Nagelschuhe (für Museen sehr geeignet), und einen derben Knotenstock. Anseilen nur in Städten von 500 000 Einwohnern aufwärts.

Wenn deine Frau vor Müdigkeit umfällt, ist der richtige Augenblick gekommen, auf einen Aussichtsturm oder auf das Rathaus zu steigen; wenn man schon mal in der Fremde ist, muß man alles mitnehmen, was sie einem bietet. Verschwimmen dir zum Schluß die Einzelheiten vor Augen, so kannst du voller Stolz sagen: ich habs geschafft.

Mach dir einen Kostenvoranschlag, bevor du reist, und zwar auf den Pfennig genau, möglichst um hundert Mark zu gering – man kann das immer einsparen. Dadurch nämlich, daß man überall handelt; dergleichen macht beliebt und heitert überhaupt die Reise auf. Fahr lieber noch ein Endchen weiter, als es dein Geldbeutel gestattet, und bring den Rest dadurch ein, daß du zu Fuß gehst, wo die Wagenfahrt angenehmer ist; daß du zu wenig Trinkgelder gibst; und daß du überhaupt in jedem Fremden einen Aasgeier siehst. Vergiß dabei nie die Hauptregel jeder gesunden Reise:

Ärgere dich!

Sprich mit deiner Frau nur von den kleinen Sorgen des Alltags. Koch noch einmal allen Kummer auf, den du zu Hause im Büro gehabt hast; vergiß überhaupt nie, daß du einen Beruf hast.

Wenn du reisest, so sei das erste, was du nach jeder Ankunft in einem fremden Ort zu tun hast: Ansichtskarten zu schreiben. Die Ansichtskarten brauchst du nicht zu bestellen: der Kellner sieht schon, daß du welche haben willst. Schreib unleserlich – das läßt auf gute Laune schließen. Schreib überall Ansichtskarten: auf der Bahn, in der Tropfsteingrotte, auf den Bergesgipfeln und im schwanken Kahn. Brich dabei den Füllbleistift ab und gieß Tinte aus dem Federhalter. Dann schimpfe.

Das Grundgesetz jeder richtigen Reise ist: *es muß was los sein* – und du mußt etwas ›vorhaben‹. Sonst ist die Reise keine Reise. Jede Ausspannung von Beruf und Arbeit beruht darin, daß man sich ein genaues Programm macht, es aber nicht innehält – hast du es nicht innegehalten, gib deiner Frau die Schuld.

Verlang überall ländliche Stille; ist sie da, schimpfe, daß nichts los ist. Eine anständige Sommerfrische besteht in einer Anhäufung derselben Menschen, die du bei dir zu Hause siehst, sowie in einer Gebirgsbar, einem Oceandancing und einer Weinabteilung. Besuche dergleichen – halte dich dabei aber an deine gute, bewährte Tracht: kurze Hose, kleiner Hut (siehe oben). Sieh dich sodann im Raume um und sprich: »Na, elegant ist es hier gerade nicht!« Haben die andern einen Smoking an, so sagst du am besten: »Fatzkerei, auf die Reise einen Smoking mitzunehmen!« – hast *du* einen an, die andern aber nicht, mach mit deiner Frau Krach. Mach überhaupt mit deiner Frau Krach.

Durcheile die fremden Städte und Dörfer – wenn dir die Zunge nicht heraushängt, hast du falsch disponiert; außerdem ist der Zug, den du noch erreichen mußt, wichtiger als eine stille Abendstunde. Stille Abendstunden sind Mumpitz; dazu reist man nicht.

Auf der Reise muß alles etwas besser sein, als du es zu Hause hast. Schieb dem Kellner die nicht gut eingekühlte Flasche Wein mit einer Miene zurück, in der geschrieben steht: »Wenn mir mein Haushofmeister den Wein so aus dem Keller bringt, ist er entlassen!« Tu immer so, als seist du aufgewachsen bei …

Mit den lächerlichen Einheimischen sprich auf alle Fälle gleich von Politik, Religion und dem Krieg. Halte mit deiner Meinung nicht hinterm Berg, sag alles frei heraus! Immer gib ihm! Sprich laut, damit man dich hört – viele fremde Völker sind ohnehin schwerhörig. Wenn du dich amüsierst, dann lach, aber so laut, daß sich die andern ärgern, die in ihrer Dummheit nicht wissen, worüber du lachst. Sprichst du fremde Sprachen nicht sehr gut, dann schrei: man versteht dich dann besser.

Laß dir nicht imponieren.

Seid ihr mehrere Männer, so ist es gut, wenn ihr an hohen Aussichtspunkten etwas im Vierfarbendruck singt. Die Natur hat das gerne.

Handele. Schimpfe. Ärgere dich. Und mach Betrieb.

Die Kunst, richtig zu reisen

Entwirf deinen Reiseplan im großen – und laß dich im einzelnen von der bunten Stunde treiben.

Die größte Sehenswürdigkeit, die es gibt, ist die Welt – sieh sie dir an.

Niemand hat heute ein so vollkommenes Weltbild, daß er alles verstehen und würdigen kann: hab den Mut, zu sagen, daß du von einer Sache nichts verstehst.

Nimm die kleinen Schwierigkeiten der Reise nicht so wichtig; bleibst du einmal auf einer Zwischenstation sitzen, dann freu dich, daß du am Leben bist, sieh dir die Hühner an und die ernsthaften Ziegen, und mach einen kleinen Schwatz mit dem Mann im Zigarrenladen.

Entspanne dich. Laß das Steuer los. Trudele durch die Welt. Sie ist so schön: gib dich ihr hin, und sie wird sich dir geben.

»Sehnsüchtig wende ich mich ab«

Reisen bildet

Windrose

Über die alte Hafeneinfahrt von Marseille spannt sich eine luftige Brücke, der Pont transbordeur, ein stählernes Spinnennetz. Oben auf der Brücke steht ein kleines Restaurant, die Brücke ist hoch, die Preise auch. Oben vor dem Restaurant steht ein Tisch. Auf dem Tisch ist eine Windrose aus Email, es ist eine runde Platte, auf der das ganze große Panorama, das man da hat, abgebildet und wiederholt ist. Da sieht man Hügel und Täler, Kirchen und andere öffentliche Häuser, Küsten, Inseln und das Meer, alles noch einmal. Und am Rand des Windrosenkreises steht jeweils, an jeder Himmelsrichtung, die Stadt, die dort weit hinter den Bergen von Gemenos und den Tälern von Saint-Pons, wie man bei uns zu Hause so schön sagt: zu liegen kommt. Und über das Email gebückt, hoch oben auf der zugigen Brücke, sehe ich wie der liebe Gott über die ganze Welt.

Konstantinopel … Das Auge wandert die Himmelsrichtung entlang, die ein Pfeil ihm angibt. Da, hinter jenen Gäßchen, liegt es. Elektrische in den Straßen; politische Schieber, die gute Geschäfte – merkantile, die schlechte Geschäfte machen, im Harem kein Aas, die Cafés stippevoll bei leeren Tischplatten, Zeitungen, Kinos, Telefone und – bei einem Pascha – ein Wasserklosett. In einer Ecke kratzt jemand gutmütig einen flohbeladenen Hund mit einem Stöckchen, dann erhebt er sich und setzt sich vor seine Wasserpfeife. Sie ist verstopft. Er reinigt sie mit dem Stöckchen. Pera – du Stadt unserer Träume!

Bern. Also da, hinter jener Kirche und dann wohl noch ein kleines Stückchen … Elektrische klingeln in den Straßen, artige Sittsamkeit, Korrektheit, Bravheit, die geborenen Hoteliers der alten Klasse, Natur mit Ei und einige Engländerinnen, die den quick-lunch nehmen, weil es so im Reisehandbuch steht. Kinos, Zeitungen, Telefone und etwas Radio – aber eine gesunde Luft. Im Regierungsgebäude berät gerade Herr Nationalrat Muggli mit Herrn Kaufmann Mögli über einen Volksentscheid zur Einführung des Alkoholverbots in schweizerischen Seemannsheimen ... Bern – du gute Schweizerstadt!

London ... Nein, zu sehen bist du nicht. Aber da, hinter dem Neuen Hafen, gleich da, wo der kleine dicke, phallusrunde Leuchtturm steht, dahinter wirst du wohl liegen. Elektrische klingeln in den Straßen, ernsthafte Engländer gehen vorbei, mit nicht so übermäßig vergnügten Gesichtern; die das Wort ›Lady‹ wie ›Laidi‹ aussprechen, was nicht gerade von Feinheit zeugt, sind fröhlicher als die andern, denen es besser, aber nicht so gut wie früher, also schlechter geht. Kinos, Zeitungen und Telefone, Nebel und eine emsige Wahlbewegung mit traditioneller Aufgeregtheit. Am Tisch eines Boardinghauses sprechen gerade fünf Damen und ein unglücklicher Mann miteinander. »Ein feiner Tag heute!« – »Haben Sie gestern gutes Frühstück gehabt?« – »Wir hatten ein sehr gutes Frühstück!« – »Der König ist heute nach Windsor gefahren!« So prallen die aufgeregten Leidenschaften aufeinander. Und andere Frauen, die sich langsam vom Kontinent herübergeholt haben, was ihnen so lange gefehlt hat ... sie tragen die neue Erotik mit wenig Glück, scheints ... Sei gegrüßt –!

Paris! Die Elektrischen klingeln durch die Straßen, die riesigen Autobusse jagen um die Ecken; daß die Sonne untergeht, ist nicht gewiß, daß Gott aber am zweiten Tage das Déjeuner und am dritten das Diner erschaffen hat, das ist ganz bestimmt. Wie unromantisch du bist, du beschwingte Stadt! La Fouchardière schreibt gerade seinen täglichen Artikel, zwei Societärinnen der Comédie Française sind in einen tödlichen Streit geraten, der nie, spätestens aber morgen nachmittag, zu Ende sein wird, ein Zeitungsverkäufer schwingt seine Blätter, eine Hymne singend, die heißt: »Intran – – – Spoooort!«, und die Theaterdirektoren Brüder Isola sind traurig, weil ihnen ein ungetreuer Kassierer die Karriere verdorben hat. Die gestrige Skandalaffäre ist im Verblassen. Nur ein kleiner deutscher Schmock schlachtet sie noch aus, weil er davon lebt, von den faits divers (französisch: Schmonzès), und morgen wird sein kümmerliches Deutsch im heimischen Blatt prangen. »Viel Aufsehen erregt in Paris ...« Kein Mensch weiß etwas davon. Und Kinos, Telefone und Zeitungen ... Bon soir, les copains –!

So suche ich den ganzen Horizont ab, da oben auf meiner Brücke. Und während vom Mittelländischen Ozean her der Wind in meinen Locken spielt, entdecke ich an einer Stelle der Windrose etwas, einen Namen, zwei kleine Silben, nicht ausgekratzt, wahrhaftig unversehrt, klar und deutlich.

Berlin. Sehnsüchtig wende ich mich ab und zeige ihr eine ganze volle Kehrseite.

Der Reisegott Zippi

Ich habe einen Reisegott, und er ist aus Gummi, man kann ihn aufblasen. Er kommt überall mit.

Mit seinem richtigen Namen heißt er ›Zippi Oloron‹ – weil er aus einer kleinen Stadt in Frankreich stammt, die heißt Oloron. Da lag er in einem verstaubten Schaufenster und sah trübsinnig drein, weil sich niemand um ihn kümmerte. Er hatte etwas durchaus Götzenartiges –: er war hellgelb, mit grünen Gesichtszügen, die unentwegt grinsten, als Uniform hatten sie ihm so etwas wie einen Frack der großen französischen Akademie aufgemalt. Auf dem Kopf saß ihm eine spitze, hohe, rote Tüte. Ich kaufte ihn sofort.

Von Oloron habe ich wenig gesehen – ich blies den ganzen Tag Zippi auf. Er hatte es mir gleich mitgeteilt, daß er Zippi hieße, Glück bringe und von Beruf Reisegott sei.

Man konnte ihn auf tausenderlei Weise aufblasen. Man konnte ihn rapide aufpusten, daß wir beide ganz dick vor Anstrengung wurden – auch konnte man ihn andante beblasen, säuselnd sozusagen ... Dann lernte er manches: er konnte, wenn man ihn dazu anhielt, stramm stehen oder die Hände auf dem Rücken verschränken, ach! und dann kamen die beiden kleinen dicken Wurstärmchen wieder nach vorn geschnellt, wenn er es gar nicht mehr aushalten konnte vor lauter Atmosphärendruck.

Zu seiner ganzen Geltung aber kam Zippi erst in Lourdes.

Ich hatte mir über einer Baumwurzel ein Bein aufgeschlagen, und mußte nach Lourdes zurückfahren, um mir von einem richtigen Menschenarzt im Bein herumschneiden zu lassen. Mit der Wunderquelle hatte ich es nicht so im Sinn ... Der Arzt, ein tüchtiger pieksauberer Mann, schnitt, verband und packte mich für zehn Tage ins Bett. Zippi immer mit.

Da regierte er den ganzen Laden. Er stand auf dem Kopf, las alles mit, bekam zu essen und machte alle seine Kunststücke auf einmal. Nachts kuschelte er sich unter das Bettdeck, und einmal wäre er um ein Haar in den Verband mithineingewickelt worden. »Was ist denn das –?« sagte der pieksaubere Doktor. »Das … eh … das ist eine Puppe!« sagte ich. (Was eine Gotteslästerung war. Zippi ist keine Puppe.) Der Arzt sah mich scheu von der Seite an, ob mir vielleicht auch noch andere Pflege not täte. Nein, danke.

Zippi bringt Glück auf der Reise – das ist erwiesen. Gepäck, das mit dem Zuge nicht mehr mitkommen kann, weil es – immer mal wieder – zu spät aufgegeben wurde, kommt auf geheimnisvollen Wegen nachgetrudelt; Züge, die traditionelle Verspätung haben, kommen pünktlich an, und er, der Gewaltige, hat sogar schon einem Mitropa-Kellner anständigen Kaffee entlockt. Da waren wir aber beide sehr stolz.

Zippi fährt nicht gern im großen Schrankkoffer; er wohnt in der Handtasche. Er trinkt nur ein wenig Zahnwasser, sonst benimmt er sich recht manierlich, und auch Opfer will er nicht dargebracht haben, der Gott. Von Zeit zu Zeit nur – ich fühle das in meinem Herzen – will er hinaus. Dann mache ich die Tasche auf und blase den Flachgeglätteten auf. Er darf dann aus dem Fenster sehen. Sind junge Damen im Coupé, so halten sie das für eine höchst dämliche Art der Anknüpfung, und die Luft wird ganz hellkalt, sie sehen mich gar nicht mehr an. Sind es ältere Damen, so erwachen Mutterinstinkte in ihnen, und eine besonders nette, freundliche, alte Dame hat sich Zippi denn auch einmal herüberreichen lassen. Aber er wollte nicht, schüttelte sich, oben fiel der Propf aus seinem Hutzipfel, pfiff! machte es – und die entsetzte Greisin hielt einen weichen Gummilappen in der Hand.

Zippi ist widerstandsfähig und sehr tapfer. Zwischen Basel und Bern habe ich ihn einmal einem schrecklichen Kerl unter den Sitz geschoben, der fuhr auf, wie vom wilden Affen gebissen, und warf Zippi in die Ecke. Ich hob ihn still auf und tuschelte ihm etwas zu – da verließ der Kerl das Coupé und wollte es nicht mehr wissen.

Man kann Zippi auch an die Gasleitung anschließen, doch ist das nicht sehr fein, und er hat es auch nicht gern. Ich drohe ihm manchmal damit, wenn er mir meine Wünsche nicht erfüllt. Er hat maßlose Angst davor: wenn er ganz voller Gas ist, sieht sein Kopf aus wie ein älterer Gummiball, mit leichten Rissen, und sein Gelächter klingt dann krampfhaft, er grinst nur noch vor Anstrengung, nicht aus dem Leim zu gehen. Übrigens kann er so ziemlich alle Sprachen, die wir brauchen: französisch und englisch und schweizerisch und grob – und jetzt habe ich ihm die aufgemalten Zähne wegradiert, nun hat er kein Gebiß mehr, und nun kann er auch dänisch.

Ich bete ihn selten an, wir glauben uns beide das nicht so recht. Er ist zwar als Hausgötze angestellt – aber schließlich bei dem Gehalt ... Es ist ein Gott, mit dem man sich duzt; ich sage, wenn ich in eine fremde Stadt komme, so beim Auspacken: »Na, du – Zippi ...!« und dann grinst er. Wir sind uns zu nahe, um Gläubiger und Gott zu spielen – dazu gehört Distanz. Merkwürdig, wenn man einen Lachenden, wie diesen Zippi, sehr lange ansieht, dann wird das lächelnde Gesicht erst zur Maske, dann zum bemalten Ball, dann unerträglich – und auf einmal ist es ganz ernst. Da gleitet nun alles so an ihm vorüber – unbeweglich bleibt er, wohin lacht der Kerl –?

Ich bin ihm neidisch – er sieht etwas, was ich nicht weiß. Nachts habe ich ihn manchmal heimlich belauscht; einmal lehnte er an der Whisky-Flasche, und ich guckte um die Ecke und sah ihm zu. Vielleicht würde ich es jetzt herausbekommen, worüber er lacht ... Aber als ich fünf Minuten und zehn Minuten gestanden hatte, da sah ich: er hatte mich schon lange bemerkt, grinste vor sich hin und über mich und nach wie vor über sein großes Unbekanntes. Habe ich dich dafür, mit deinen kurzen Batterbeinen, der Katze aus dem Rachen gezogen, sehr vorsichtig und unter frommem Gemurmel? Du Gummigott.

Sieh, wie er lacht! Ja – sei still. Bald wirst du eingepackt, wenn wir hier oben fertig sind, in dem fetten Dänemark, und dann rumpelt es eine ganze Weile, und du wirst ein bißchen von den Zollmännern revidiert – und dann, wenn du aufwachst, wenn du wieder aufwachst, du dummer ewiger Hausgötze: dann sind wir wieder zu Hause, bei dir zu Hause – in Frankreich. In Paris.

Halt auf freiem Felde

Erst fangen die Bremsen unter dem langen Wagen an, in tiefem Ton zu singen, dann läßt das regelmäßige Stuckern der Räder nach, die Fenster klirren nicht mehr so einschläfernd. Dann wird die Bewegung des D-Zuges langsamer, ganz vorsichtig zieht er nur noch einher, – dann steht er. Die nicht mehr ganz junge Engländerin in der perlgrauen Ecke des Coupés richtet sich halb hoch; sie ist schlank wie der Schaft einer Lanze, sie hat diskreten guten Geschmack, einen herrlichen Pelz, fleischfarbene seidene Strümpfe, einen hellvioletten Schatten in den Maschen und, aus Angst vor Eisenbahnräubern, eine schäbige, abgetragene schwarze Handtasche. Sie läßt ihr Buch sinken und sieht hinaus. Sie lächelt – mit einem merkwürdigen untergründigen Lächeln. Was ist?

Da draußen steht vor ihrem Bahnwärterhäuschen die ganze kleine Familie! Er: ein strammer, junger Bursche, in Hemdsärmeln, nicht in Adjustierung, denn der Zug hält hier unerwartet, vorn steht ihm das Hemd über einer kräftigen Brust halb offen, seine Haut hat einen braunen Ton, seine Zähne blitzen, er lacht. Sie: eine ganz junge, verschüchterte Frau, zart, schmächtig, mit hellen, dünnen Haaren. Das Kindchen, das auf der Erde krabbelt und sich am Rock der Mutter festhält. Alle drei sehen auf den Zug. Das Kind streckt die kleinen, dicken Hände aus und will alles haben: die Eisenbahn, die vielen Leute an den Fenstern und den weißen Rauch über der Lokomotive. Die junge Frau sieht ganz glücklich und beinah ein bißchen ängstlich auf die Reisenden. Das Abteil erster Klasse hält gerade vor ihr, ihre sehnsüchtigen Blicke sagen: Perlen! und Geld, so viel Geld! und Wein! und in hohen Sälen tanzen! Sie trinkt für ihr Leben gern Champagner. Der junge Bahnwärter sieht die Leute an und lacht. Die Engländerin lächelt noch immer und zeigt eine Reihe großer Zähne. Plötzlich hat sie ein kräftiges Kinn, und die hellen Pupillen in den Augen weiten sich ... Sie ißt für ihr Leben gern Rindsbraten, gutes, kräftiges Fleisch mit Senf, auf ungehobeltem Tisch ... Einmal, in den Alpen, ist sie einem Mann begegnet, der kam von den Bergen herunter und war vier Wochen allein gewesen. Er hatte nach Erde geschmeckt, nach Quellwasser und sonnigen Steinen ... Das Kind kreischt in den Rauch, die schmächtige junge Frau starrt auf die reichen Leute, der Bursche lacht, und die Engländerin sieht noch immer fest auf den jungen Bahnwärter ... So sehen sich alle ein paar Minuten an. Aber nun ruckt der Zug an und setzt sich langsam in Bewegung.

Vier Sommerplätze

Von der Normandie habe ich schon erzählt. Das ist ein heiteres, grünes Land, mit kleinen Badeständchen und großen mondänen Plätzen, um die bequeme Wege herumführen. Bevölkert wird dasselbe von Eingeborenen und einigen Fremden, die französisch sprechen; die Landessprache ist englisch. Kleiner Mittelstand, der über die Schienenstränge schlägt, ist bekanntlich das schauerlichste, was es gibt – nicht zu Unrecht sind die Franzosen manchen Reise-Amerikanern und Valuta-Engländern gegenüber gereizt. Die affenartige Wiederholung einiger Inflationssymptome zeigt aufs neue, was es mit dem Nationalstolz auf sich hat: Romantik von gestern, vorgehängt vors Geschäft von heute. Wenn zum Beispiel kleine Ausschreitungen gegen Fremde vorkommen, dann sagt auch nicht ein Blatt: Dies ist blödsinnig – sondern jedes sagt: Es schadet unsern Handelsbeziehungen. Das haben wir alles schon einmal gehört. Im übrigen weiß vom normannischen Bauern keiner was, der nicht bei seinen Erbteilungen, Hypothekenaufnahmen und Grundstücksauflassungen dabei gewesen ist. Die Originalität von ›Sitten und Gebräuchen‹ liegt hauptsächlich da – der Stamm der Spittelmarktindianer macht keine Ausnahme.

Der Übergang von der Normandie nach Garmisch war etwas schroff.

Wir sind vor Jahren die ersten gewesen, die den Ruf »Reisende – meidet Bayern!« ausgestoßen haben, damals, als es sehr, sehr nötig gewesen ist. Etwas geholfen hat er. Und auch heute noch lockte es mich nicht in das Land, von dem der ursaupreußische Fridericus in seiner echt kernig-deutschen Sprechweise gesagt hat: »C'est un paradis, habité par des animaux« – aber ich war gewiß nicht zu meinem Vergnügen in Garmisch. Das muß auch schwer sein.

Auf den Wegen stapfen unwirsche Norddeutsche, Sachsen, als Diroler verkleidet, und solange sie nicht den Mund auftun, ist die Täuschung vollkommen: dann hält man sie für Berliner. Die

Männer sehen alle viereckig aus, auf dem Hals tragen sie eine kleine Tonne, daran ist vorn das Gesicht befestigt. Morgens setzen sie es auf, und was für eines –! Die Frauen schlapfen daher. Alles baumelt an ihnen, auch die Seele. Ich war seit zwei Jahren zum ersten Male wieder in Deutschland; in der Heimat kann ich nicht sagen, weil es sich ja um Bayern handelt – wir würden uns das beide verbitten.

Das erste, was auffällt, ist: Ganz Deutschland besteht aus Augen. Große Telleraugen, blanke Glasscheibchen, trübe Wasserflecke – sie starren dich an. Alle sehen alle an, ganz genau. Sie mustern, machen Inventur, prüfen, überprüfen, riechen mit den Augen. Auch machen sie eine unendliche Wirtschaft aus allem, sich und den andern das Leben schwer und das Reisen zu einer Dienstpflicht, der sie mit zusammengepreßten Lippen und angestrengtem Gesichtsausdruck obliegen; noch nie habe ich auf einer französischen Bahn einen solchen Trubel um nichts erlebt. Wo einer sitzt, ob das Fenster auf oder zu ist, und wie der Handkoffer liegt, und was es da alles gibt … es sind typische deutsche ›Probleme‹: anderswo gibt es sie gar nicht, oder sie sind keine. Muß das Dasein hier Kräfte kosten –!

Kostet es auch. Die Luft ist geladen mit Spannung – man empfindet das nie so stark, wie wenn man von draußen kommt, wo das Leben keineswegs paradiesischer, aber geölter dahinläuft, auch da, wo es stockt. Ein französisches Verkehrshindernis erfordert von den Beteiligten weniger Nervenkraft als der deutsche glatt abgewickelte Verkehr.

Alle sind gestrafft, ihrer Zuständigkeitsrechte sich durchaus bewußt, scharf abgegrenzt gegen den lieben Fernsten. Einmal bin ich durch eine Gruppe Sprechender auf einem Korridor mit einem leise gemurmelten Gebet hindurchgegangen – ich durchschnitt eine pappendeckelfeste Atmosphäre von Übelwollen und Offensivgeist. Stramm, stramm.

Dabei ist äußerlich alles praktischer, aber auch beinahe alles hübscher als in Frankreich: Konditoreien, Hotels, Straßen, Häuschen, Zigarrendüten. Und dennoch –

Leider haben sie auch eine Bar, wo Prokuristen und Zahnärzte so auszusehen sich bemühen, wie es in ihren Dienstvorschriften – den illustrierten Zeitungen – vorgeschrieben steht. Inferno. Mit heißen, roten Köpfen drehten sich prustende Klumpen in einem bonbongelben Licht zu den Klängen eines synkopierten Parademarschs. Einer trank eine Flasche Sekt und nahm damit zu sich: klassenbewußte Lebensbejahung, wohlverdientes Ferienglück, Distanzierung gegen die da unten. Ein guter Popo ist ein sanftes Ruhekissen.

Auch schwebten wir die Zugseilbahn hinauf, ich paßte auf, daß Fritzi Massary nicht herausfiel und daß mir nicht übel wurde. Die befohlene Aufgabe wurde voll erfüllt.

Die Zugspitzbahn ist ein Triumph menschlichen Erfindergeistes, ein Wunderstück deutscher Technik, die Überwindung der Elementargewalten durch die Kraft der Beharrlichkeit und etwas völlig Blödsinniges. Wenn ich Zugspitze wäre: man müßte sich ja zu Tode schämen. Sieht man von den Ski-Leuten ab, die sich ›mit die Brettln‹ im Winter da heraufziehen lassen können, um herrlich wieder herunter, zu Tal, zu fahren – der Berg ist gar kein Berg mehr. Entzaubert, von seinem Thron jäh heruntergeholt, eine Plattitüde von dreitausend Metern. Oben stehen die Leute und wissen nicht genau, was sie da sollen. Manche lassen sich anseilen, um bis zum noch unasphaltierten Gipfel zu steigen: grinsend zog an uns ein bayerischer Führer vorbei, seine Opfer, das Seil über den Sommerüberziehern, zog er hinter sich her. Ihre Augen sagten: Ihr Lümmels in der Etappe …! Ein Grammophon mit Schinkensemmeln zeigte an, bis zu welchen Gebirgshöhen heute die menschliche Zivilisation vordringen kann. Polgar, der mit heraufgeschwebt war, suchte eine Ansichtskarte, die er an Hans Müller schicken könnte. Dann schwebten wir wieder herunter.

Von dem nun folgenden Fex-Platta oberhalb Sils-Marias kann ich diesbezügliche Aussagen nicht machen. Mein dort ansässiger Brotherr, S. J., schloß mich bei meiner Ankunft gerührt in seine bärtigen Arme, wies mir kurz das Nietzsche-Haus, drohte mit Ludwig Fulda, der darin sein Wesen trieb, und bedeutete mir streng: »Und dann ist hier noch viel Natur – setz dich hin und arbeite.« Darauf sperrte er mich in einen hängenden Stall, den er als Balkon ausgab, legte mir einen Band Reichsgerichtsunterscheidungen unter den wackelnden Stuhl, weiße Rückseiten alter Korrekturfahnen auf den Tisch und schloß ab. Zu den Mahlzeiten wurde ich ein Stündchen herausgelassen. Das Fextal soll eine sehr schöne Landschaftlichkeit besitzen.

Dann fuhr ich nach Hause.

Unterwegs stießen rauhe Schweizerkehlen noch manchmal einen alten schwyzerischen Schlachtruf: »Passug!« aus, was ich für den Anfang eines Landsknechtsliedes hielt, es ist aber ein Mineralwasser, ich kaufte auf einer Station ein Lokalwitzblatt und erwachte in Tränen gebadet, in Basel umgurgelten mich zum letzten Mal die Kehllaute der Saalmädchen, und am frühen Morgen, als auf dem Gare du Nord jemand neben mir sagte: »Na nu mah rin ins Vajniejen!« – da hatte Paris mich wieder.

Jetzt sitze ich in der Bretagne und lerne Englisch, um durchzukommen. Zum Abschied in Bayern hatte ich Pallenberg gebeten, mir etwas Französisch aus seiner reich assortierten Sprechkiste zu holen; er tat es sofort und erklärte mit aufgeweichten Konsonanten, er sei ein armes Mädchen, das man im Kriege in einer belgischen Kupplerei beschäftigt – man braucht hier übrigens in der Bretagne kein Französisch. Doch, man brauchts, wenn man die kleinen windstillen Ecken aufsucht.

Nun senken sich langsam die Eindrücke der Reise nieder, wie weitflüglige Vögel nach einem langen Flug fallen sie sacht aus der Luft: In Quimper lag im Stadtfluß ein toter Hund, starr wie ein zackiger Baumstamm; der Speisewagen von Chur nach Basel hatte mattfarbene Ornamente, wie vom vorjährigen Picasso; bayerische Beamte sind manchmal höflich; kein hübsches Mädchen diesmal neidisch vorbeiziehn gesehn; es gibt einen gewissen norddeutschen Frauentypus, der nur mit Prügel zu regalieren ist, diese Frauenzimmer fühlen sich an wie gegen den Strich gebürstete Zylinderhüte; man möchte sein ganzes Leben lang allein sein; in der Schaukel der Zugspitzbahn stand ein einarmiger famoser österreichischer Offizier; man möchte nicht mehr allein sein.

Aus der Luft kommt noch ein Vogel matt herabgefallen.

Man möchte doch allein sein.

Tourist

Ich reise schon zwei Monate – bald bin ich gar nicht mehr da.
Die scharfen Schneidekanten der Eisenbahnschienen schälen mir im Gleiten die Aura herunter, eine Haut nach der andern – ich friere.

Jeden Abend: ein neues Zuhause.
Jeden Abend: das Klinkengefühl der Hand, der Orientierungsgang zu Toilette und Schreibzimmer –
»Wo ist denn hier die Post –?«

am nächsten Morgen will das anwachsen. Du sagen – nachmittags geht ein Zug.
Bekümmert gehe ich durch die langen Hotelkorridore, mit einem Schlüssel in der Hand: daran ist eine kindskopfgroße Kugel gebunden oder eine gewaltige Münze oder ein Stuhlbein –

der Schlüssel geht mit mir,

und unten werden wir beide abgegeben: er beim Portier, und ich im Eßsaal,

und dann habe ich keinen Schlüssel mehr.

Beim Essen lese ich, den Kopf in die Hand gestützt, ich esse vom Blatt.

Wieviel traurige Junggesellen sitzen um mich und tun ebenso; wer bessert ihnen die Wäsche aus, nimmt ihnen die Bettbeichte ab, leitet Jähzorn und gefleckten Mißmut in stille Kanäle –?

Manchmal stehe ich auf dem Aussichtsturm und sehe allein hinunter.

Da liegt eine Stadt, Gebrauchsmusterschutz angemeldet, da liegt eine Stadt.

Stumpfrote Dächer zeigen ihre Giebel, eine kleine Lokomotive rutscht über schwarze Fäden; der geschwungene Bogen des blanken Flusses beschämt meine Geographie …

Immer wird in der Stadt gehämmert und gebosselt, geklopft und gestampft, in der Stadt. Immer bauen sie, nie sind sie fertig, das ist das rauschende, zeugende Leben, müssen Sie wissen.

Wie schön wäre es, einmal in eine stille Stadt hinunterzusehen!

Wirbelnd im Meer der fremden Stadt, rette ich mich auf die beleuchtete und geheizte Insel: das Hotel.

Reisen. Reisen. Die Wurzeln schleifen, blasse, dünne Fäden, die so gern trinken wollen und einen Boden suchen, der ihnen schmeckt.

Jeder Mann seine eigene Erde.

»Yousana–wo–bi–räbidäbi–dé?«

Fremde Sprachen sind schön, wenn man sie nicht versteht.

Ich habe einmal den großen J. V. Jensen gefragt, wie er es denn gemacht habe, um Asien uns so nahe zu bringen wie zum Beispiel in den ›*Exotischen Novellen*‹ – und ob er lange Chinesisch gelernt habe ... »Ich reise so gern in China«, sagte Jensen, »weil da die Leute mit ihrer Sprache nicht stören! Ich verstehe kein Wort.« Hat recht, der Mann.

Fremde Sprachen sind schön, wenn man sie nicht versteht. Ein Wirbel wilder Silben fliegt uns um den Kopf, und Gott allein sowie der, der sie ausgesprochen hat, mögen im Augenblick wissen, was da los ist. Wie nervenberuhigend ist es, wenn man nicht weiß, was die Leute wollen! »Da möchte man weit kommen«, hat der weiseste Mann dieses Jahrhunderts gesagt, »wenn man möcht zuhören, was der andere sagt –!« Im fremden Land darf man zuhören, es kostet gar nichts – höflich geneigten Kopfes läßt man den Partner ausreden, wie selten ist das auf der Welt! Und wenn er sich ganz ausgegeben hat, dann sagst du, mit einer vagen Handbewegung: »Ich – leider – taubstumm und ... kein Wort von dem, was Sie da erzählen ...!« Das ist immer hübsch, es ist ausgezeichnet für die Gesundheit.

Das fängt an der Grenze an, wo der Zollmensch viele Sachen sagt, von denen wahrscheinlich die gute Hälfte aus Unannehmlichkeiten besteht – aber sie dringen nicht bis an unser Gehirn – sie gehen, wie die pariser Schauspielerin Maud Loti das einmal auf einer Probe zu ihrem Regisseur gesagt hat, zu einem Ohr hinein und zum – ja, ich glaube, zum andern Ohr wieder heraus ... Und wenn der Zollfritze nicht gerade Krach mit seiner Frau gehabt hat, besteht die Möglichkeit, daß er uns zufriedenläßt; das Idiotische ist ja doch stärker als alle Vernunft.

Nun ist das auf der ganzen Welt so, daß die Leute, wenn man sie nicht versteht, schön laut mit einem reden; sie glauben, durch ein Plus an vox humana die fehlenden Vokabelkenntnisse der andern Seite zu ersetzen ... Und wenn du klug bist, läßt du ihn schreien.

Schön ist das, in einem fremden Lande zu reisen, und auf fremdländisch grade »Bitte!«, »Danke!« und »Einschreibepaket!« sagen zu können – gewöhnlich ist unser einziges Wort eines, das wir auf der ganzen Reise nicht verwenden. Das mit dem Lexikon und den Sprachführern habe ich längst aufgegeben. Sagt man nämlich solch einen Satz den fremden Männern, so ist es, wie wenn die mit einer Nadel angepiekt seien – der fremde Sprachquell sprudelt nur so aus ihnen heraus, und das steht dann wieder im Sprachführer nicht drin ... Aber wie schön, wenn man nichts versteht –!

Was mögen die Leute da alles sagen –! Was können sie denn schon alles sagen –?

Du hörst nicht, daß da zwei Männer sich eine sehr wichtige Sache wegen der Übernahme der Aktienmajorität des Streichholz-Trustes erzählen, und dann eine Wohnungsschiebung, und dann einen unanständigen Witz (alt! alt!) – und dann Gutes über eine Frau, die sie beide nicht haben wollen, und denn Schlechtes über eine, die sie nicht bekommen konnten –: das brauchst du alles nicht mitanzuhören. Der kleine Kellner auf dem Bahnhof ruft etwas aus, was wahrscheinlich nicht einmal die Einheimischen verstehen, und daß er mäßiges Obst verkaufen will, siehst du alleine. Sanfte Träumerei umspinnt dich – was mögen diese wirren, ineinandergekapselten, schnell herausgekollerten, halb heruntergeschluckten Laute nur alles bedeuten ...! Andere Kehlköpfe müssen das sein – andere Nasen – andere Stimmbänder – es ist wie im Märchen, und was du auf der Schule gelernt hast, hilft dir nicht, weil diese das offenbar nicht oder falsch gelernt haben; und ist es nicht schön, wie ein sanfter Trottel durch die Welt dahinzu ...

»Na, erlauben Sie mal –! Wenn ich auf Reisen bin, da will ich aber ganz genau wissen, was los ist; man muß als gebildeter Mensch doch wenigstens etwas verstehen –!« Es ist so verschieden im menschlichen Leben ...

Im Irrgarten der Sprache herumzutaumeln … das ist nicht eben vom Übel. »Schööör scheeh Ssä Reeh!« rufen die Franzosen; laß sie rufen. »Tuh hau wi paak!« gurgeln die Engländer; laß sie gurgeln. Und ich frage mich nur, was mögen wohl die Ausländer in Deutschland hören, mit ihren Ohren, wenn unsere Bahnhofsportiers, Schutzleute, Hotelmenschen ihnen etwas Deutsches sagen …?

Es ist ein kleines bißchen unheimlich, mit Menschen zu sprechen, ohne mit ihnen zu sprechen. Da merkt man erst, was für ein eminent pazifistisches Ding die Sprache ist; wenn sie nicht funktioniert, dann wacht im Menschen der Urkerl auf, der Wilde, der da unten schlummert; eine leise Angstwolke zieht vorüber, Furcht und dann ein Hauch von Haß: was ist das überhaupt für einer? Ein Fremder? Was will der hier? Und wenn er hier selbst was zu wollen hat: was kann ich an ihm verdienen? Und besonders auf den Straßen, vor den Leuten, die nicht gewerbsmäßig mit Fremden zu tun haben, fühlt man sich ein bißchen wie ein im Urwald auftauchender Wolf – huhu, Geheul unter den hohen Bäumen, der Wanderer faßt den Knüppel fester … und nur wenns gut geht, fuchteln sie dann mit den Händen.

Sonst aber ist es hübsch, durch eine Welt zu wandeln, die uns nicht versteht, eine, die wir nicht verstehen – eine deren Laute nur in der Form von: »Yousana – wo bi – räbidäbi – dé –« an unser Ohr dringen … Mißverständnisse sind nicht möglich, weil die gemeinsame Planke fehlt – – es ist eine saubere, grundehrliche Situation. Denn wie sprechen Menschen mit Menschen –?

Aneinander vorbei.

Der Reisebericht

Das Auto fuhr den Lago Maggiore entlang. Der Himmel war strahlend blau, für den Monat Dezember geradezu unverschämt blau; die weite Wasserfläche blitzte, die Sonne sonnte sich, und der See tat sein möglichstes, um etwas Romantik zu veranlassen – dieses fast berlinisch gewordene Gewässer, an dessen Ufern die deutschen Geschäftsleute sitzen und über die schweren Zeiten klagen. Vorbei an Locarno, wo die Hoteliers weltgeschichtliche Tafeln in die Mauern gelassen haben – wegen Konferenz; vorbei an Ascona ... eine herrliche Aussicht: oben Emil Ludwig und unten der See, ganz biographisch wird einem da zu Mute ... Brissago ... und dann weiter ... »Soll ich bis an die italienische Grenze fahren?« sagte der Fahrer. »Allemal«, sagte ich in fließendem Schweizerisch. »Dürfen wir?« fragte ich. »Die Grenzer kennen mich«, sagte der Fahrer; »ich drehe auf italienischem Boden gleich wieder um.« Das war tröstlich und mochte hingehen, aus vielerlei Gründen. Los.

Noch eine Biegung und noch eine ... die Bremsen knirschten, der Kies rauschte ... nun fuhr der Wagen langsamer, denn da war eine Kette über den Weg gespannt, eine dicke, schwarze Kette ... ein italienischer Soldat hielt sie und senkte sie, der Wagen fuhr darüber hinweg – und nun war ich, zum ersten Male in meinem Leben, in Italien. Zehn Meter rollte der Wagen noch, am Haus der Zollwache vorbei – dann erweiterte sich der Weg zu einem kleinen Rondell, der Fahrer drehte ... Da lag der See. Weit und breit waren nur drei Menschen zu sehen: an der Kette der Soldat; am Ufer schritt ein Bersagliere, er trug ein düsteres Gesicht im Gesicht sowie einen kleinen, dunkeln Bart, den Mantel hatte er vorschriftsmäßig-malerisch um die Schultern geschlagen, er sah aus wie ein Opernstatist. Gleich würde er den Arm hochheben und mitsingen:

Den Fürsten befreit –
Den Fürsten befreit –
Den Fürsten befrei–hei–heit!

Nichts. Er schritt fürbaß. Das dritte menschliche Wesen war ein Knabe; der saß oben auf einem Baum und baumelte mit den Beinen. Am Ufer lag ein alter Stiefel. Der Fahrer drehte und schlug mit dem Wagen einen gewaltigen Reif, dann fuhr er knirschend über die immer noch gesenkte Kette, zurück in die Schweiz; einen Augenblick lang sah ich dem Soldaten in die Augen, es war ein blonder Mann, seine Lippen bewegten sich unhörbar und leise, er grüßte ... Ich war in Italien gewesen. Das Ganze hatte eine einzige Minute gedauert – ich war in Italien gewesen.

Weil ich jedoch weiß, was ich meinem Beruf schuldig bin, und weil ich die Reisebeschreibungen meiner Kollegen hübsch der Reihe nach gelesen habe, und weil es sich überhaupt so gehört, so folge hier der

Bericht von einer italienischen Reise

An einem strahlenden Dezembertage fährt man aus Italien wieder heraus. Zum wievielten Male? Erinnerungen steigen in einem auf ... Teresita ... Traviata ... Pebecca ..., und dann damit die kleine Schwarze in Verona, bei der man – lange vor den Faschisten – ein nahezu schwarzes Hemd festgestellt hatte ... lassen wir das. Man denkt an Genua, wo einem der portugiesische Ministerpräsident die Hand gedrückt und die prophetischen Worte gesprochen hatte: »Interessanten Tagen sehen wir entgegen!« Die Wirkungen des faschistischen Regimes sind in Italien nicht zu verkennen.

(a. Für Hugenberg-Blätter): Der ›Schmied Roms‹ hat keine halbe Arbeit geleistet. Seine vielleicht nicht immer starke Gesundheit hat alles überwunden: die Angriffe seiner Gegner, die Angriffe der italienischen Emigranten, ja, sogar eine deutschnationale Lebensbeschreibung hat ihm nichts anhaben können. Die

Herrschaft Mussolinis steht, wie ein geübtes Auge sogleich festzustellen in der Lage ist, verhältnismäßig felsenfest. Sein Werk ist in allem und jedem erkennbar:

Stolz die Bevölkerung und mannhaft; schlicht die Kleidung und fest das Auge, ernst die Bärte und wacker der Schritt. Die Ketten, mit denen dieser Mann die destruktiven Elemente Italiens gebunden hat, liegen am Boden – man fühlt sie, aber man sieht sie kaum. Das weibliche Element ist auf den Straßen wenig vertreten – züchtig wirkt das italienische Mädchen, emsig schafft die italienische Frau im Innern des Hauses; die Jungfrau betreut ihre Kinder, die Mutter wartet auf einen Mann, der sie beglücke ..., ein echtes und reines Familienleben ist überall bemerkbar.

Kinder werden in Italien auf Bäumen großgezogen.

Stolz trägt der Soldat seine Waffen; die Waffe ist stolz auf den Soldaten, der Soldat ist stolz auf seine Waffe, und überhaupt sind alle – besonders vormittags – sehr stolz. Schon die Art, wie die italienischen Seen an die Ufer schlagen, berührt den deutschen Reisenden heimisch; Welle auf Welle rollt zierlich heran, ordnungsgemäß eine nach der andern, nicht alle zugleich – in keiner Republik wogt so der See, dazu bedarf es einer festen, einer diktatorischen Herrschaft. Handel und Wandel sind gesund, besonders der Wandel – an manchen Stellen steht die gesamte Bevölkerung unter Waffen. Was auffällt, ist das Vorkommen alter Stiefel an Seeufern. Italien aber ist ein Volk der Männer geworden, ein Hort des freien Mannes! Es lebe Italien!

(b. Für radikale Blätter): Das erste, was der Reisende in Italien erblickt, ist das Symbol dieses Landes: Die Kette. Ketten an den Grenzen und Ketten um die Gehirne, alle Taschenuhren liegen gleichfalls an der Kette ... Versklavt ist dieses Italien und unfrei. Mürrisch tun die Soldaten ihren Dienst; geht man nah an ihnen vorbei, so hört man sie mit den Zähnen knirschen; kommt so eine Knirschung zur Kenntnis der Behörden, so wird der Betreffende eingesperrt, und zur Strafe muß er manch schwere Arbeit leisten. So hat neulich ein geknirscht habender Universitätsprofessor im Arrest die Frage vorgelegt bekommen: »Wie vereinbaren die

deutschen Nationalisten ihre Lobeshymnen auf Mussolini mit seiner Politik in Südtirol?« Woraufhin der Professor dem Wahnsinn verfiel, in dem er heute noch weilt.

Das ganze Land steht unter Waffen. Zivilisten sieht man überhaupt nicht. Die Soldaten haben alle zu enge Stiefel an und sehen daher recht unglücklich aus; an manchen Stellen ist die Landstraße mit Stiefeln besät. Einen Soldaten sah ich, der war an eine lange Kette geschmiedet, die ihm drei Meter nachschleifte. Oben auf den Bäumen fristet die Jugend des Landes ihr kärgliches Leben; dorthin sind viele Knaben vor dem Terror geflohen. Auf den Häusern hingegen lasten schwere Hypotheken. Mussolini selbst ist gänzlich unsichtbar. Wahrscheinlich verbirgt sich dieser feige Tyrann hinter dem Wall seiner bewaffneten Soldateska: ich zum Beispiel habe ihn nicht ein einziges Mal zu sehen bekommen, ein Symptom seiner Herrschaft. Italien ist ein Land der Sklaverei geworden; sogar das Schilf am Seeufer rauscht nicht, wie in freien Ländern – es flüstert nur. Nieder mit Italien!

(c. Für alle Blätter): Die rein menschliche Einstellung der Italiener ist irgendwie sofort erkennbar. Rein kulturpolitisch-geographisch ist die italienische Mentalität typisch südlich: der Staat verhält sich dort zur Kirche wie die Einsteinsche Relativitätsphilosophie zur Kunstauffassung der zweiten chinesischen Kung-Periode und etwa noch wie die Gotik des frühen Mittelalters zu den Fratellinis. Ein Symptom, das dem geschulten Reisenden sogleich in allen Straßen auffällt.

Berückend der menschliche Zauber der Landschaft, die man durchfährt: Pinien gaukeln im Morgensonnenscheine, Zypressen säuseln, Schmetterlinge ziehen fröhlich pfeifend ihre Bahn, die fein geschwungenen Nasen der Kinder laufen mit diesen um die Wette, und wenn es regnet, so fühlt auch der Wanderer aus dem Norden: so kann es nur im sonnigen Italien regnen! Angemerkt mag werden, daß Neapel-Reisenden empfohlen sei, auf der Strecke Brissago-Pallanza nicht in Kottbus umzusteigen, was die Ankunftszeit beträchtlich verzögert.

Mein seliger Schwippschwager hat immer zu mir gesagt: »Peter«, hat er gesagt, »Reisen bildet. Sieh dich überall um, wohin du auch kommst, beobachte aufmerksam und berichte uns des öfteren aus den fernen Ländern.«

Was hiermit geschehen sei.

Koffer auspacken

In der Fremde den Koffer auspacken, der etwas später gekommen ist, weil er sich unterwegs mit andern Koffern noch unterhalten mußte: das ist recht eigentümlich.

Du hast dich schon ein bißchen eingelebt, der Türgriff wird leise Freund in deiner Hand, unten das Café fängt schon an, dein Café zu sein, schon sind kleine Gewohnheiten entstanden … da kommt der Koffer. Du schließt auf –

Eine Woge von Heimat fährt dir entgegen.

Zeitungspapier raschelt, und auf einmal ist alles wieder da, dem du entrinnen wolltest. Man kann nicht entrinnen. Ein Stiefel guckt hervor, Taschentücher, sie bringen alles mit, fast peinlich vertraut sind sie dir, schämst du dich ihrer? Wie zu nahe Verwandte, denen du in einer fremden Gesellschaft begegnest; alle siezen dich, sie aber sagen dir: Du –! und drohen am Ende noch, sprichst du mit einer Frau, schelmisch mit dem Finger. Das mag man nicht.

Wer hat den Koffer gepackt? Sie? Eine warme Welle steigt dir zum Herzen empor. So viel Liebe, so viel Sorge, so viel Mühe und Arbeit! Hast du ihr das gedankt? Wenn sie jetzt da wäre … Sie ist aber nicht da. Und wenn sie da sein wird, wirst du es ihr nicht danken.

Die Sachen im Koffer sprechen nicht die Sprache des Landes, nicht die Sprache der Stadt, in der du dich befindest. Ihre stumme Ordnung, ihre sachliche Sauberkeit im engen Raum sind noch von da drüben. Da liegen sie und sprechen schweigend. Mit etwas abwesenden Augen stehst du im Hotelzimmer und erinnerst dich nicht … nein, du bist gar nicht da – du bist da, wo sie herkommen, atmest die alte Luft und hörst die alten, vertrauten Geräusche … Zwei Leben lebst du in diesem Augenblick: eines körperlich, hier, das ist unwahrhaftig; ein andres seelisch, das ist ganz wahr.

Ein Mann, der sich lyrisch Hosen in den Schrank hängt! Schämen solltest du dich was! Tuts ein Junggeselle, dann geht es noch an; mit sachlich geübten Händen baut er auf und packt fort, glättet hier und bürstet da ... Ein Verheirateter, das ist immer ein bißchen lächerlich; wie ein plötzlich selbständiges Wickelkind ist er, ohne Muttern, etwas allein gelassen in der weiten Welt.

Der Bademantel erinnert nicht nur; in seinen Falten liegen Stücke jener andern Welt, aus der du kamst. Das ist schon so. Aber faltest du ihn auseinander, dann fallen die Stücke heraus, verflüchtigen sich, auf einmal hängt er vertraut und doch fremd da, ein gleichgültiger Bademantel, den das Ganze nicht so sehr viel angeht ... Und da ist etwas praktisch zusammengerollt, hier ist ein besonderer Trick des Packens zu sehn, hast du die Krawatten gestreichelt, alter Junge? Als ob du noch nie gereist wärst!

Leicht irr stehst du im Zimmer, in der einen Hand einen Leisten, in der andern zwei Paar Socken, und stierst vor dich hin. Gut, daß dich keiner sieht. Um dich ist Bäumerauschen, ein Klang, Schmettern dreier Kanarienvögel und eine Intensität des fremden Lebens, die du dort niemals gefühlt hast. Tropfen quillen aus einem Schwamm, den du nie, nie richtig ausgepreßt hast. So saftig war er? Hast du das nicht gewußt? Zu selbstverständlich war es, du warst undankbar – das weißt du jetzt, wo es zu spät ist.

Eine Parfumflasche ist zerbrochen, das gute Laken hat einen grünlichen Fleck, ein Geruch steigt auf, und jetzt erinnert sich die Nase. Die hat das beste Gedächtnis von allen! Sie bewahrt Tage auf und ganze Lebenszeiten; Personen, Strandbilder, Lieder, Verse, an die du nie mehr gedacht hast, sind auf einmal da, sind ganz lebendig, guten Tag! Guten Tag, sagst du überrascht, ziehst den alten Geruch noch einmal ein, aber nach dem ersten Aufblitzen der Erinnerung kommt dann nicht mehr viel, denn was nicht gleich wieder da ist, kommt nie mehr. Schade um das Parfum, übrigens. Die Flasche hat unten ein häßlich gezacktes Loch, es sieht fast so aus, wie etwas, daraus das Leben entwichen ist ... Also das ist dummer Aberglaube, es ist ganz einfach eine zerbrochene Flasche.

Unten, auf dem Boden des Koffers, liegen noch ein paar Krümel, Reisekrümel, Meteorstaub fremder Länder. Jetzt ist der Koffer leer.

Und da liegen deine Siebensachen auf den Stühlen und auf dem Bett, und nun räumst du sie endgültig ein. Jetzt ist das Zimmer satt und voll, fast schon ein kleines Zuhause, und alle Erinnerungen sind zerweht, verteilt und dahin. Noch ein kleines – und du wirst dich auf deiner nächsten Station zurücksehnen: nach diesem Zimmer, nach diesem dummen Hotelzimmer.

Wo sind meine Schuhleisten –?

Wo sind … Ob das nicht jedesmal so ist, wenn man sich abends im Hotel auszieht – wo sind meine Schuhleisten! Wahrscheinlich gestohlen. Himmeldonnerwetter, wo sind die Dinger! Da … nein. Da …? Auch nicht. Na, wo stellen denn diese Zimmermädchen bloß die Leisten hin! Das muß eine internationale Verschwörung sein: bevor eine Zimmermädchen wird, muß sie einen großen Eid ablegen, den Gästen immer die Schuhleisten zu verstecken! Und da sind sie auch nicht! Na, ist das zu glauben? Mark Twain hat mal eine Geschichte darüber geschrieben, wie Hausmädchen immer wichtige Briefe wegwerfen, dagegen irgendeinen alten Fetzen Papier einem beharrlich und vierzehn Tage lang immer wieder auf den Nachttisch packen … wo sind denn die Dinger? Unterm Bett … Jetzt muß ich armer, alter Mann mit meinem dicken Bauch mich auch noch bücken, das ist mir auch nicht an der Wiege gesungen worden. Mama konnte übrigens gar nicht singen. Da hätte sie eben das Grammophon andrehen sollen. Unterm Bett sind sie auch nicht. Also man sollte es nicht für möglich halten: haben denn diese Mädchen keine Leisten! Das ist doch keine so große Sache … Ich werde klingeln. Nein, ich werde *nicht* klingeln. Wir wollen doch mal sehen, ob die männliche Intelligenz nicht imstande ist, den Schleichwegen weiblichen Schafsinns zu folgen. Wahrscheinlich hat sie sie in den Nachttopf gelegt. Auch nicht. Im Schreibtisch …? Mich soll das nicht wundern. Frauen sind zu allem fähig. Einmal, in Gremsmühlen, lagen die Dinger in der Badewanne. »Ich dachte …« hat das Stubenmädchen nachher gesagt. Wenn sie schon anfangen, zu denken … Frauen sind eine muntere Erfindung … Man sollte Zimmermännchen haben, das ist mal sicher. Wenn ich reich wäre – da sind sie auch nicht – wenn ich reich wäre: nur einen Diener. Einen faltigen, ausrasierten Kammerdiener, der überhaupt nicht spricht und aussieht wie ein alter Raubvogel. Nein, lieber einen jungen – einen fixen, alerten Kerl … jetzt sage doch ein Mensch an, wo dieses Mädchen die Leisten hingepackt hat! Frauen ... also das ist überhaupt nichts. Kochen können sie nicht. Na, können sie vielleicht kochen? Keine Ahnung haben sie, keine Ahnung. Die großen französischen Restaurants haben alle einen Chef de Cuisine – Männer können kochen. Frauen können nicht kochen. Schuhleisten richtig weglegen können sie auch nicht. Was können Frauen eigentlich? Na ja ... aber jetzt will ich meine Schuhleisten haben, und sie sind nicht da. Also, wenn ich Reichskanzler wäre, da würde ich einen Erlaß herauslassen, daß Hotelzimmer nur von Männern, also von denkenden Wesen, aufgeräumt werden dürfen. Ja. Frauen sind dazu nicht imstande. Nein. Schuhleisten sind ein Grundrecht der Verfassung. Denn wenn die Schuhe eine Nacht lang ohne die Leisten stehen, erkälten sie sich, und überhaupt. Na, ist das nicht zum ... Ich werde klingeln. Wers nicht im Kopf hat, der muß es eben in den Beinen haben. Frauen ... das ist ja nichts.

Ja –? Ja, ich habe geklingelt. Fräulein, wo haben Sie denn meine Schuhleisten hingetan? Was? Wie? Na, sone Dinger zum in die Stiefel zu tun. Was? Die haben Sie nicht gesehen? Das ist ja gar nicht möglich – ich hab sie doch heute morgen noch hierhin ... Sehen Sie doch bitte mal nach ...! Nein, da habe ich schon nachgesehen; da auch; da auch. Ja. Na, was nu? Sehen Sie – sie sind nicht da! Na, wo haben Sie die denn hingetan? Wo tun Sie denn sonst immer Schuhleisten hin? Was? In den Nachttisch? Da sind sie aber nicht. Ach, du lieber Gott. Danke. Ja. Nein. Ja, sehen Sie morgen noch mal nach.

Wenn ich jetzt die Schuhleisten hätte, ich schmisse sie ihr nach! Also mit Weibern ist ja kein Auskommen. Es ist kein Auskommen. Mensch, heirate – du lachst dir tot. Aber das kommt davon, daß ich überhaupt von zu Hause weggegangen bin; man soll eben nur zu Hause reisen. Himmelkreuzbombendonnerwetter, und natürlich hat sie sie irgendwo hingepackt, aber das weiß sie nicht mehr, denn was geht schon in so einen Frauenkopf rein! Ein paar Filme und Adolar. Na, ich sollte hier Hoteldirektor sein; die Damen hätten nichts zu lachen. Also nicht – keine Schuhleisten.

Pyjama. Wo ist der Pyjama? Der ist im Koffer. Da wollen wir gleich mal …

Hm. Da liegen die Schuhleisten obenauf. Ehüm.

Da gehören sie auch hin. Schuhleisten gehören in den Koffer. Natürlich. Und deswegen habe ich sie heute morgen da auch reingelegt. Männer … Männer halten eben Ordnung!

»Hiermit erkläre ich die Ostsee für eröffnet«

Unterwegs in Deutschland und Dänemark

Saisonbeginn an der Ostsee

232 km. Warnemünde. (Plan s. S. 114)
Gasthöfe am Strande: Hübner mit
Konditorei, 150 Zimmer zu 1.25 M –
5 M, Frühstück 1.25 M, Pension 5–6 M.
BAEDEKER 1914

Es läuft der Vorfrühlingswind
durch kahle Alleen;
seltsame Dinge sind
in seinem Wehn.
HUGO VON HOFMANNSTHAL

Oben an der Nordostküste Deutschlands rollen die Wogen in langen Linien auf den Strand – es ist sehr kalt und frisch, und der Sand ist ganz naß. Horch! läutets da nicht silberhell durch die Lüfte? Du hast dich nicht verhört, herzliebster Leser: ist ers doch, der rosafüßige Frühling, der soeben – mit Genehmigung der zuständigen Wetterwarte – seinen Einzug gehalten hat. Frühling, ja, er ists! Marie, der Lenz ist da – und allenthalben hebt ein geschäftiges Leben und Treiben an und versetzt die biedere Bevölkerung der Wasserkante in die höchste Aufregung.

Die Ostseewirte sind aus langem Winterschlaf erwacht und recken faul die gewaltigen Glieder. Langsam kriechen sie aus den wärmenden Speckhüllen, die sie in der rauhen Jahreszeit vor den Unbilden des unwirschen Klimas geschützt haben, die Fenster fliegen auf, und in riesigen Schwaden entweicht ein trüber Grogdunst in den hellblauen Frühlingshimmel. Kräftige Fäuste pakken die Stoffüberzüge, mit denen winters die Wälder zugedeckt werden, zerren daran und reißen sie herunter; die jubelnde Jugend reinigt den Strand und schüttet frischen Sand als Streu für die zu erwartenden Kurgäste auf. Saisonbeginn!

Die fleißigen Gemeindeväter treten zu ernster Beratung zusammen: gilt es doch, die Kurtaxe mit Rücksicht auf den Ernst der Zeit um das Dreifache zu erhöhen und den lieben Gästen das

Leben im Ort so angenehm wie möglich zu gestalten. Nachdem noch rasch der Mindestpreis für das Zimmer mit voller Pension (Mittagessen mit einbegriffen, Beleuchtung, Bewässerung, Bedienung und Beschlafung extra) auf 410 Mark festgesetzt worden ist, eilen die wetterfesten Männer an die Arbeit.

Da heißt es, angeschwemmte Strandgutplanken zum Familienbad zusammenzuzimmern, Strandkörbe werden ausgebessert, ja, ein luxuriöser Badeort, dessen Name hier nicht genannt sein soll, trägt sich bestem Vernehmen nach mit der Absicht, einen Rettungsring anzuschaffen. Er soll Ende August eintreffen. Der Strand wird rasch von Quallen und Tang befreit und beides vor die einzelnen Häuser ausgebreitet, zwecks Herstellung der ff. Seeluft. Viele große Badeorte schließen mit Berlin Lieferungsverträge für den kommenden Sommer ab, und große Kisten Flundern rollen aus der Residenz an, wohin sie das fleißige Fischervölkchen verschoben hat. Die Weinkarte (mit Gummizug) wird aktualisiert, auch werden große Sterilisationsapparate aufgestellt, mit denen man Seewasser trinkbar machen kann. Bei dieser Gelegenheit wird der alte Bestand in den Weinkellern aufgefrischt. Waisenkinder verteilen längs des Strandes Bernsteinstücke, die später bestimmungsgemäß von den aufjubelnden Kurgästen gefunden werden. Viele Muscheln erleiden einen qualvollen Tod: sie tragen als Aschbecher und Briefbeschwerer verkleidet, das Bild Hindenburgs und werden mit Recht den daheim gebliebenen Verwandten zum Andenken mitgebracht.

Auf mancherlei Besuch gilts sich einzurichten. Tiere und Menschen suchen in heißer Sommerszeit das kühlende Naß der Ostsee auf – an manchen Orten verkehren auch Sachsen. Zinnowitz läßt auf dem Gemeindehaus ein großes blank poliertes Hakenkreuz anbringen: im dortigen Herrenbad werden Badehosen nur nach vorheriger Revision durch den Badearzt abgegeben. (Es sollen dabei böse Vertuschungsmanöver vorgekommen sein.) Ein herzerfrischender antisemitischer Wind pfeift brausend über den judenreinen Strand des anmutigen Badeörtchens, seine Toiletten sind sämtlich schwarz-weiß-rot angestrichen und mit frommen Wünschen für die Monarchie versehen. Horrido –! Die Stellung kann bezogen werden.

Ein sanfter Zephyr hingegen mauschelt um die geschwungene Bucht Heringsdorfs. »Freya«, der germanische Dampfer, das einzige arische Lebewesen weit und breit, ächzt durch die Fluten; pflichttreu, alt und gebrechlich, hat das wackre Boot, das kurz vor Erfindung der Dampfmaschine in Dienst getreten ist, schon manchen Kummer erlebt. Es ist auch heuer zur Stelle. In den Hotels wibbelt und kribbelt es: einem neu eingetretenen Angestellten, der ein Zimmer aufzuschrubbern versucht, wird vom Direktor seine Ungehörigkeit ernst verwiesen, und der zweite Gemeindevorsteher geht mit seinem Söhnchen spazieren, um ihm eine Fensterscheibe zu zeigen, die er einmal als Knabe eingeschlagen hat. Nach gutem alten heringsdorfer Brauch ist sie bis heute nicht erneuert.

In Mecklenburg hängen sich die Schiffer die Umhängebärte um, die ihnen ein so biderbes Aussehen verleihen, und die übrige Landbevölkerung lernt noch einmal rasch aus dem Polyglott Kuntze das gute Platt, um bei den Preisangaben durch mangelhafte Verständigung mit dem hochdeutschen Kurgast gedeckt zu sein. Ostpreußens Steilküste strahlt in schönster Ausstattung und ist am besten dran: Mücken und Berliner sind daselbst unbekannt.

Auf den Dünen werden die Polizeiverordnungsschilder neu angepinselt: »Das Betreten der Dünen und das Ausreißen derselben ist streng untersagt. Königl. Preuß. Hafenamt. 14. Juli 1876.« (Wie habe ich immer die Leute beneidet, die am 13. Juli 1876 da gebadet haben! Die durften noch!) Rasch werden einige hundert Schilder mit der Aufschrift ›... ist verboten‹ ausgeteilt – die Lücke kann später beliebig ausgefüllt werden. Am Horizont dampft inzwischen das deutsche Kriegsschiff zu Reklamezwekken hin beziehungsweise her. Ganz Berlin kann mit Operngläsern feststellen, wofür es seine dicken Steuern bezahlt ...

Die frisch gesalzenen Wogen rollen an den Strand. In einer Reihe, die ganze Küste entlang, stehen die Wirte, großen Raubvögeln gleich, vor ihren Horsten und lauern auf Beute. Sie klappern mit den Schnäbeln, die leeren Kröpfe baumeln im Winde, ab und zu fällt einem von ihnen hinten ein kleiner Prospekt heraus. Sie scharren ungeduldig mit den riesenhaften Fängen im Sande. Und warten.

Sieh! Da naht ein langer Zug ernster Männer dem Strande. Es ist der Landrat von Swinemünde, gefolgt von einer unabsehbaren Reihe Badeort-Delegierter. Von Holstein bis Samland ist alles vertreten. Die Geistlichkeit beider Konfessionen sowie heringsdorfer Kultusbeamte eröffnen den Zug. Fahnen wehen ihnen voran. Die Emma-Möwen kreischen und klacksen kleine Glückwünsche. Der Wind weht. Schulkinder singen. Der Zug steht.

Und hervor tritt der Landrat und hält eine schöne Rede, in der er auf die gute alte Zeit hinweist und darauf, wie grade die Ostsee allezeit treu zum Deutschen Reiche gehalten habe, weil in ihr (früher: auf ihr) dessen Zukunft liege, und weil Nepptun der Gott des Meeres sei. Biegen oder Brechen sei auf See stets die Losung gewesen. Von der Schmutzkonkurrenz der Nordsee wolle er schweigen – hie gut Ostsee allewege! Die Möwen schreien. Die Geistlichkeit spricht Gebete, Messen und Broochen und erfleht vom Himmel eine feiste Saison. Das Meer wird eingesegnet.

Und der Landrat hebt den Zylinder und spricht. Auftakt und Anfangssignal der Sommerzeit 1922: »Hiermit erkläre ich die Ostsee für eröffnet –!«

Kleine Reise 1923

> Das Rathaus zu Goslar ist eine weißangestrichene Wachtstube. Das danebenstehende Gildenhaus hat schon ein besseres Ansehen. Ungefähr von der Erde und vom Dach gleich weit entfernt stehen da die Standbilder deutscher Kaiser, räucherig schwarz und zum Teil vergoldet, in der einen Hand das Zepter, in der andern die Weltkugel; sehen aus wie gebratene Universitätspedelle.
>
> HEINRICH HEINE: ›*Die Harzreise*‹

Graf Koks lehnte sich behaglich in die weiche Ecke des warmen Coupés zweiter Klasse, das zu benutzen ihm seine Mittel gestatteten. Draußen der Gang des D-Zugwagens war gerammelt voll, er streckte sich wohlig auf seinem Sitz. Die Brotkartengesichter um ihn herum schliefen oder dösten. Er bat Aphrodisiaka, die ihm gegenüber saß, ein glückliches Gesicht aufzuziehen, was sie freundlich lächelnd tat, genoß die Vorstellung: fünf freie Tage, fern von Berlin – und schlug sein Lieblingsbuch auf, bei dessen Titel man schon das Schmunzeln bekam: ›*Collin ist ruiniert*‹ von Frank Heller.

Wie da Geschichte und – erdichtete – Realität durcheinander wirbelten und ineinander verwebt waren! Wie man bald nicht mehr aus noch ein wußte, kaum noch unterschied, ob Professor Pelotard eine Romanfigur oder ein wirklich existierender Mensch war, ob Ereignisse als gedruckt oder als gelebt zu gelten hatten, und von Gnaden welcher Phantasie eigentlich Lavertisse lebte und durch die Seiten wandelte! Der Weihnachtszug fuhr knackend über die Weichen, stieß polternd bei den Kurven an und nahm alle süßen Ecken mit … Wieviel gute Laune sang aus diesem Buch! Mit welchem Behagen war daran gearbeitet worden! Graf Koks hatte vergessen, wie der bürgerliche Name dieses Schriftstellers eigentlich lautete – auf alle Fälle war er schwer zu beneiden! Wieviel sanfte Nachmittage, leuchtende Morgen, braun hindämmernde Abende waren in dies Buch hineingenommen worden! Wie glatt mußte alles funktioniert haben, als der Autor sein Kind austrug: Wetter, Bankauszüge, Verdauung und die Dame seines Herzens! Eine unbändig gute Laune sprach aus allem: tausendmal machte der Fabulierer in der Fabel halt, verlustierte sich an bunten kleinen Einzelheiten und beschrieb mit ebensoviel Sorgfalt wie himmlischem Humor italienische Straßenszenen und spaßige Einzelheiten aus sicherlich erlebten, sehr sorglosen Tagen ... Ja, das war ein amüsantes Buch.

Aufatmend legte er beiseite, was er glückselig lächelnd durchgekostet hatte ... Goslar.

Wenn man ausstieg, war noch gar nichts. Goslar fing nicht am Bahnhof an; es war, wie wenn sich jemand auf einem Maskenfest in einem nüchternen Vorraum erst die Gummischuhe auszieht ... Bahnübergang, graue preußische Backsteinbauten – aber dann, nach fünfzig Schritten: Lebkuchen, kleine Giebel, angeklebte Fenster, weicher Watteschnee auf den Spitzwegdächern – Regie: der Winter, und es war sehr hübsch inszeniert. Graf Koks und die Gräfin Koks wandelten leise erfreut durch die krummen Straßen, nahmen im Hotel Zur Goldenen Girlande Wohnung und zogen sich in ihre Appartements zurück.

Das gräfliche Paar strich unproduktiv und in keiner Weise zum Wiederaufbau Deutschlands beitragend die Straßen entlang. Dunkelblaugrau war der Weihnachtsnachmittag, sacht nahm der Beleuchter das Licht aus den Soffitten und verdunkelte langsam die Rampe ... Die ersten Lichter in den Stuben zwinkerten.

Die Ausgestoßenen wandelten durch die Sträßchen, keiner familienhaften Weihnachtsfeier teilhaftig. Der kalt glitzernde Schnee knirschte unter ihren Schritten, nur wenige Goslarer gingen hastig, bepaketet und festlich zur Eile getrieben, dahin. Durch die Fensterchen funkelten die Lichter der ersten Weihnachtsbäume, man ahnte die Freude, und wenn man genau hinhörte, roch es gebraten und warm.

Da feierten sie. Es feierte der sächsische Industrielle, der sich seine Tarifverhandlungen durch die Reichswehr führen ließ; es feierte der Offizier, der mit der einen Hand für die gefangenen Brüder an der Ruhr focht und mit der andern die Brüder aus Thüringen in die Schutzhaft sperrte, daß es nur so knackte. »Ihnen gilt in erster Linie unser Weihnachtswunsch nach Frieden und Freiheit«, hatte unser Reichskanzler durch den Rundfunk weitergegeben. ›Ihnen‹ – damit meinte er natürlich die in Thüringen und Sachsen. Oder war er auf eine andre Wellenlänge eingestellt? Da umstand den Weihnachtsbaum der Landgerichtsrat, der in Hannover einen kleinen ostgalizischen Devisenschieber zu acht Monaten Gefängnis verurteilt hatte; es zündete an die christlichen Lichter jener Richter, der Kaufleute freigesprochen hatte, weil sie einer Frauensperson aus Köln ob ihres Umgangs mit Franzosen die Zöpfe abgeschnitten hatten: sie alle feierten warm und wohlbehalten Weihnachten. Manche Fenster waren dunkel: vielleicht heulte hinter ihnen in der Kälte eine Frau, deren Mann in einem Gefängnisloch hockte, stumpfsinnig, und von Gott und dem Ausnahmezustand geschlagen, den sein Präsident über ihn verhängt hatte. Hatte sich Christus der Sünder erbarmt – der Wehrkreiskommandeur dachte über diesen Fall anders.

Das gräfliche Paar hob die Köpfe. Gesang? Gesang quoll über die Häuser, zog linde durch die schneidend kalte Luft. Und Orgelklang … Sie gingen ihm nach und kamen an eine Kirche.

Graf und Gräfin Koks traten ein. Weihnachten! Das hohe Fest der christlichen Kirche – wie wurde das gefeiert?

In einem steinkalten Raum standen lieblos geputzte Tannenbäume. Man sang recht und schlecht und falsch. Ein fahles Dutzendpublikum füllte die Bänke und machte hoffnungslos stumpfe Gesichter. Auf diesen Gesichtern stand: Brotkarte, Tarif, Wohnungsamt, Abbau, Tarif, schematischer Abbau, Tarifabkommen.

Ein Gehaltsempfänger in schwarzem Behang schritt auf die Kanzel und sagte auf, wozu er verpflichtet war. Aber getragen vorgebrachte Papiersätze sind noch kein Pathos, und so wurde auch dies keines. Nicht ein Wort, das einen anging, nicht ein Wort, aus dem die geistige Not dieser Zeit sprach – nicht ein Wort davon, daß so vieles zerbrochen, so vieles neu, aber unvollkommen geboren ward ... Zitate aus der (inzwischen verfilmten) Bibel zierten die Ansprache, und was darüber war, bewegte sich auf dem Niveau einer Weihnachtsbetrachtung des ›*Berliner Lokal-Anzeigers*‹. Die Masse saß starr und stumpf; der einzige natürliche Laut in diesem Raum war das selbstvergessene Lallen eines Kindes, das, mit dem Finger im Mund, selig in die flimmernden Kerzen guckte und von Gott und diesen seinen Vertretern noch nichts wußte. Der sorgsame Küster hatte die Tür abgeschlossen, die gräflichen Besucher konnten nicht herausgelangen und hingen nun mit gekreuzten Beinen an den Lippen des verehrten Redners. Er sprach die angenehme und klare Mundart der niedersächsischen Gegend, die einen der saubersten Dialekte Deutschlands hat. Aber was er sagte, mußte selbst den jammern, in dessen Namen er zu sprechen vorgab ... Es war zum Gotterbarmen.

Das gräfliche Paar begab sich elastischen Schrittes auf den Heimweg. Oben, auf dem Turm der ...kirche stand ein Bläserchor und tat das Seine. Die kuppelüberdachte Plattform, die aussah wie die Spitze eines Baumkuchens, war schwach erhellt, weihevoll und erschröcklich schief drangen die Töne von »O du fröhlicheee« herunter in das Weltgewühl von mindestens zweiundvierzig Passanten. Das war hübsch. Welch ein Anachronismus, dieses Weihnachten! Man denke sich in den irren Lärm der drei berliner Börsensäle ein Weihnachtslied gespielt – es paßte nicht ganz dorthin. Aber man denke sich dort: ›*Yes, we have no bananas!*‹ – Rhythmus, Melodie und Text würden nur noch aufreizender, noch aufregender, noch bejahender wirken. Fatal, daß so viele Leute nur Weihnachten feiern, weil so viele Leute Weihnachten feiern.

Das Paar ging zur Ruhe. Gute Nacht.

Für den nächsten Tag war Schlittenfahrt angesagt. Wie gut, daß an der Wirtshaustür: »Denkt an die Schande von Versailles!« angeschlagen stand! Denn so war der schlechte, aber teure französische Rotwein, den es zum Frühstück gegeben hatte, erklärlich und bekömmlich gemacht. Draußen blus die Platzmusik aus leicht angefrorenen Posaunen, die Schellen auf den Pferdekopfbüschen vorm Schlitten klingelten – los gings.

Der Schnee »stand rieselnd«, wie Alexander von Villers sagt, der Schlitten klingelte sich zu Tal, und die ernsten, schweigsamen Tannen ...

(Folgen zwei Seiten Landschaftsschilderung.)

Durch den weißen Schnee kamen einem Leute entgegen. Tarifgesichter; grau und gelb von Zimmerluft, verkniffen und gefaltet von vielerlei rechthaberischen Verhandlungen, paßten sie nicht einmal in diese Natur. In die Ecke, Stubenwesen – seids gewesen, seids gewesen ...!

Nun ist der Harz allerdings nur noch ganz schwach mit Natur gefüllt. Da gibt es nichts mehr zu entdecken, da ist kein Neuschnee, da blüht nichts mehr unverborgen: kein Fußbreit Boden, auf dem nicht ein Sachsenschuh entlanggelatscht wäre, alles ist eingezäunt, mit Tafeln versehen, tausendmal erklärt und gänzlich ausgelaugt. Eine Stadtanlage.

Im Achtermann zu Goslar ist eine Bismarck-Nische. Von Historie geschwängert liegt die niedrige Decke bedeutungsvoll über den dicht mit Bildern besäten Wänden. Bismarck zu Pferde und Bismarck zu Friedrichsruh, Kitschonia, die Göttin der achtziger Jahre, beut gewänderumwallt dem reisigen Helden irgendeine symbolische Klistierspritze, und was der Kladderadatsch da an ranzigem Fett unter Glas und Rahmen zu hängen hat, das ist gar nicht zum Blasen. Immerhin fehlt auch eine handschriftliche Probe des Gewaltigen nicht: »Wenn der Deutsche sich auf sich selbst besinnen soll, muß er erst eine Flasche Wein im Leibe haben ...« Heil!

Es wird überhaupt ein bißchen viel geheilt in Goslar. Die Zeitungen sind voll von Versammlungsberichten der Jungmannen verschiedenster Observanz. Stahlhelm, Jungdeutscher Orden, Bismarckbund und was sonst noch so in Preußen gut und verboten ist, tagt dort ununterbrochen. »Ein flottes Tänzchen beschloß die von echt deutschem Geist durchwehte Weihnachtsfeier.« Geleitet von Studienräten, Geistlichen und andern Jugenderziehern, die einer neudeutschen Jugend das ganze von den Romantikerepigonen entlehnte Vokabularium an den Kopf werfen, womit sie schon einen Weltkrieg verloren haben: noch mal! noch mal! Man denke sich ein dünnes Abziehbild der Original-Imitation eines Fichte-Kopisten, und man hat ungefähr einen Begriff von dieser Diktion. Nicht eine Spur von Selbsteinkehr, nicht ein Lichtlein Demut, Selbstkritik, Blick nach innen – vielmehr ein dummdreistes Geschrei gegen den Erbfeind, ein Gassenantisemitismus, der einen zum innigsten Verehrer des berliner Konfektionsviertels machen könnte, und ein rohes Gebrüll gegen die Arbeiter und für den Zwölfstundentag der andern. Die Herren selbst sind mit seiner lukrativen Organisation beschäftigt. Masochisten im Stahlhelm, umbrodelt von einer heidnischgermanisch-christlichen Bieranschauung.

Krumme Gassen, gaßauf, gaßab. Sie gingen hintereinander, weil das Trottoir so schmal war. Wie, wenn sich nun plötzlich eine Hand aus einer pfefferkuchenbraunen Tür streckte und die Gräfin wegschnappte, Koks merkt es erst an der nächsten Ecke, ruft angstvoll: »Aphrodisiaka!« – aber sie ist und bleibt verschwunden ... Nein, hier ist Preußen. Märchenhaft sind nur unsre Richter. Sonst nichts.

Letzte Promenade durch die verwinkelten Gassen. Begreiflicher Hang der Bewohner, bei solchen Kulissen auch immer wieder die alten Stücke aufgeführt zu sehen. In einem Laden eine Uhr, nur aus Stroh, wie so vieles in diesem Lande. Eine Zeitung hatte die Nachricht gebracht: »Eine Violine aus Streichhölzern erbaut. Wiederum ein Beweis deutschen Fleißes ...« Wobei zu bemerken, daß dort kein Satz mehr ohne dieses nicht geographische, sondern wertbejahende Adjektiv gedruckt werden kann. Eine echt deutsche Schmockerei!

Letzte Promenade, Winke-Winke, Abschied und Räderrollen. Durch vereiste Scheiben flimmern die Lichter Goslars.

Der Graf setzte sich wiederum in die Ecke, zog den Schelmenroman Frank Hellers aus der Tasche und sprach in seine kleine, aber wohlgepflegte Zigarre:

»Frau Gräfin, wir fahren jetzt in den zwanzigsten Jahrgang der ›*Weltbühne*‹ hinein! Zehn Jahre davon bin ich auch dabei gewesen, und es waren nicht meine schlechtesten! Das ist die einzige Stelle in Deutschland, wo man sagen kann, wie einem ums Herz ist, und wo ich immer die Wahrheit sagen durfte: ohne taktische Rücksichten auf Verleger, Inserenten und Leser und ohne jene maßlos törichte Feigheit der großen Presse vor ihrer eigenen ›Kulturmission‹. Komm, schreib an S. J. eine Ansichtskarte und gratuliere ihm: ahnungslos, aber herzlichst!« – »Und warum«, fragte die Gräfin, »sind Sie zur Zeit nicht mehr dabei, Herr Graf?« Da sah der Graf noch einmal von seinem Buch auf und sagte: »Weil die Zeit mir dagegen zu sein scheint. In einem schlecht geheizten Warteraum voll bösartiger Irrer liest man keine lyrischen Gedichte vor. Wenn irgendeiner uns in das Ausland unter richtige Menschen holt, damit wir erst einmal wieder einen klaren Kopf bekommen, Übersicht und Festigkeit, dann will ichs wieder versuchen. Bis dahin bleibt – über diese Sozialdemokratie, über Industriewegelagerer, Städteaushungerer und Schutzhaftgenerale, über den Bürgerpräsidenten Louis Philippe Ebert, über Radeks sitzengebliebene Zöglinge und Bayerns Ehrenwortfabrikanten – bis dahin bleibt nur eines:

Schweigen. Schweigen. Schweigen.«

Kleine Station

»– ’menau!« rufen die Schaffner. »– ’menau!« Mit dem Ton auf der letzten Silbe. Wir sehen hinaus.

Da rauschen ein paar Bäume, der Stationsvorsteher hat sich Sonnenblumen gezogen, die aus der Zeit herrühren, wo er noch nicht Fahrdienstleiter hieß, da steht ›Männer‹ dran und da ›Frauen‹, und für die Zwitter ist auch noch ein Güterschuppen da. Die Lokomotive atmet. Niemand steigt aus. Niemand steigt ein. Aber hier ist: Aufenthalt.

Von »– ’menau« ist nichts zu sehen, das liegt wohl hinter den Bäumen. Doch, hier ist ein kleines Stückchen Straße, wenn nicht alles täuscht: die Bahnhofsstraße, maßlos häßlich, hoffen wir, daß es da hinten hübscher aussieht. Sicherlich tut es das.

Da steht ein Schillerdenkmal (1887) und ein Kriegerdenkmal – nein, zwei: eins von dunnemals und eins von heute, eins mit einer Zuckerjungfrau und eins mit einem Stahlhelmmann. Eine Kaiser-Wilhelm-Straße ist da, und die lange Chaussee trägt den Namen der nächsten großen Stadt. Die Kirche ist aus romanischem Stil und das Postamt aus Backsteinen.

Einer ist der reichste Mann von »– ’menau« – einer muß doch der Reichste sein. Er ist viel in der Stadt und weilt nicht oft im Orte, wie das Blättchen schreibt. Am Stammtisch sorgen der Amtsrichter, der, ach Gottchen, Referendar, der Apotheker und der Postinspektor für die Aufrechterhaltung der Republik, wie sie sie auffassen. Manchmal darf da auch der Redakteur sein Bier trinken.

Wenn Markt ist, schwitzen dicke Bauerngesäße in der Kneipe, alles ist voll Dunst und Rauch und Geschrei. Der Lehrer hat ein bißchen die Tuberkulose, aber das macht nichts: im Sommer fällt ohnehin der Unterricht so oft aus, wie der Gutsbesitzer die Kinder zur Feldarbeit braucht. Es ist ein Arzt da, der viele Kinder hat, merkwürdig. Am Marktplatz wohnt Fräulein Grippenberg, sie spielt Klavier; wenn nachts der Mond geschienen hat, singt sie am nächsten Tage, die Hunde haben das nicht gern. Ein Polizeibüro ist da, worin es grob und säuerlich riecht; der amtierende Polizist hat hervorstehende Augenbrauen, fast kleine Buschen; er war aktiver Wachtmeister, seine Einjährigen hatten nichts zu lachen, aber er hatte was.

Wo die Liebespaare wohl hingehen? Wahrscheinlich in die Felder. Die Gemeinde zählt 1245 Seelen, da heißt es fleißig sein; der Kaiser braucht Soldaten … ach nein! Ja doch. Telefonieren kann man beim Doktor, sonst im Gasthaus, aber da ist das Telefon kaputt. Auf einem brachliegenden Felde in der Gemarkung VIII des Kätners Römmelhagen steht ein Runenstein. Schadt nichts, laß ihn stehen.

Möchte man hier leben –? Auf dich haben sie nicht gewartet; sie haben ihre Schicksale, sterben, saufen, handeln, lassen Grundstückseintragungen vornehmen, prügeln ihre Kinder, stecken der Großmama Kuchenkrümel in den Mund und verzweifeln – höchst selten – an der Welt. »– 'menau!«

Ja, und dann fahren wir wieder.

Drei auf dem Bodensee

Er:

ist ein Geschäftsmann auf Urlaub. Über dem harten Kinn ist der Mund wie ein Säbelschnitt eingehauen – mit ihm Kirschen essen und Geschäfte machen muß kein Vergnügen sein. Die grauen Augen erstaunen nicht mehr – dahinter denkt es noch weiter, wenn auch das Schiff schon im Sinken wäre. Es sinkt aber nicht. Auf den großen Händen mit den Sommersprossen wachsen rötliche Härchen. Der Mensch ißt gut, er fühlt sich gesund, kräftig, im Vollgefühl einer Macht. Ich weiß nicht, welcher. Jetzt sitzt er auf der langen Bank an der Bordbrüstung, leicht angelehnt, manchmal sieht er auf seine kleine Familie, und seine freundlichen, erbarmungslosen Augen lachen alle aus, die da vorüberziehen: die aufgeregte dicke Madame, die einen Koffer, zwei Schirme und ihre Seelenruhe verloren hat; den Mann, der schon zum zweitenmal das Schiffsmenü herunterißt; eine Mama, mit einem Hühnerhof voller Kinder, die sie laut umgakkern. Er hat nichts verloren, er will jetzt kein Menü, ihn umgakkert nichts. Er ist auf Urlaub, atmet die freie Seeluft ein. Sieht kaum auf die Seeufer, die da vorüberziehen – jedesmal steht ein Zollmensch am Landungssteg und spielt: Staat. Interessiert hierorts nicht. Er ist auf Urlaub. Aber bis zu mir herüber vibrieren noch die in der Stadt angeschlagenen Nerven, wittern Gegner, Widersacher, wollen kämpfen … Er kann noch nicht lange von Hause fort sein. Es macht noch in ihm: Tack-tack … Manchmal sieht er auf

Sie.

Sie ist gut und gern ihre hmzig Jahre alt, aber nur, wenn sie so den Kopf dreht – so, wie jetzt –, dann fällt das glänzende Wellenlicht zu scharf auf den Puder. Aber wenn sie anders herum sitzt, das ist schon etwas anderes! Das ist eine Frau in den besten, aber schon in den allerbesten Jahren – neben ihr steht, in Leder gehüllt, das Bündel Golfschläger. Sie weiß, was sie will.

Sie hat: abends ein gutes Hotel, in das sie mit kühlem Gruß eintritt, Schlafzimmer, Badezimmer, morgens den Tee – dann Golf – dann Frühstück – dann den riesigen Wagen, der langsam vor die Hoteltür gebrummt kommt – abends das Essen, etwas Tanz ... Seltsam, wie ihr Gesichtsausdruck vom Licht umgeformt wird, wie das hin und her spielt ... Freundin ist sie jetzt, Freundin des Mannes; dann: Dame, glatt, undurchdringlich; einmal ein kleiner Blitz aus den Augenwinkeln – ah? Und in allem eine so ruhige Selbstverständlichkeit, die sich über nichts wundert, weil alles vorhergesehen ist. Sie hat das Leben so fest in der Hand wie das Lenkrad ihres Wagens. Sie trägt große Lederhandschuhe. Und nun auf einmal ist sie nicht mehr Freundin, nicht Dame, nicht jenes andere – jetzt ist sie Mutter. Sie spricht mit ihrem Jungen.

Es

ist etwa elf Jahre, sieht blond und englisch erzogen aus, sauber gebadet, gerade an der Grenze entlangkippelnd, wo das spielende Kind ganz leise schon in den Rayon für Männer herüberblinzelt. Es hat eine breite Nase, ein klein wenig ungelenke Gelenke, vereselt sich schon oder noch und befühlt sachverständig die Golfschlägergriffe. Es kennt das Leben von Papa und Mama nur von der mühelosen Seite, hat es nicht miterwerben helfen, es wunderte sich nur, wenn es nicht so wäre. Das gibt ihm einen fast grausamen Zug um die Jungenslippen: es kann maßlos verachten, auch schon ein bißchen quälen, wer gerade da ist, ein Tier, einen Spielkameraden ... Dem flößt kein Geschäftsführer des Hotels mehr Angst ein. Der kann schon befehlen.

Und ein Band umschlingt alle drei – das Band des jahrelangen Zusammenlebens, Reisen, Essen, die Mauer des Geldes und der Geltung. Sie benehmen sich so ruhig, so unauffällig, so leise, wie man das nur tut, wenn man sehr, sehr viel ist. Es sind kleine Könige mit zahllosen kleinen Reichen, die man überall aufrichten kann, wo es einem beliebt: in Rorschach und in St. Moritz; in Scheveningen und in Biarritz. Kulissen, die man wählen kann. Drei Augenpaare sehen ruhig auf die kräuselnden Wellen des

Kielwassers. Sie sitzen acht Schritt von mir entfernt, und sind zwei Welten weit. Glückliche Reise –!

Übrigens soll man Fahrtgenossen nicht so scharf ins Auge nehmen.

Das Wirtshaus im Spessart

Würzburg; Sonnabend. Die beiden Halbirren brechen frühmorgens in meine Appartements im ›Weißen Lamm‹. »Aufstehen! Polizei!« und »In dieser Luft kannst du schlafen?« Jakopp in einem neuen Anzug, greulich anzusehen, Karlchen, die Zähne fletschend und grinsend in einem Gemisch von falschem Hohn und Schadenfreude. Die seit einem Jahr angesagte, organisierte, verabredete, immer wieder aufgeschobene und endlich zustandegekommene Fußtour beginnt. Du großer Gott –

Abends. Wir hätten sollen nicht so viel Steinwein trinken. Aber das ist schwer: so etwas von Reinheit, von klarer Kraft, von aufgesammelter Sonne und sonnengetränkter Erde war noch nicht da. Und das war nur der offene, in Gläsern – wie wird das erst, wenn die gedrückten Flaschen des Bocksbeutels auf den Tisch gestellt werden …! Oben auf der Festung ist ein Führer, der ›erklärt‹ die alte Bastei und macht sich niedlich, wie jener berühmte Mann auf der Papstburg in Avignon. Aber hier dieser feldwebelbemützte Troubadour singt denn doch ein anderes Lied: er sieht Friderikusn in jedem Baumhöcker, beschimpft die aufrührerischen Bauern wie weiland Luther und überhäuft einen Mann namens Florian Geyer mit Vorwürfen: der habe unten in der Ratsstube gesoffen, während die Bauern hier oben stürmen mußten. Das muß ich in den letzten Jahren schon einmal gehört haben. Der Brunnen ist so tief, daß ein angezündeter Fidibus … wie gehabt. In der Burg liegt Landespolizei und kann auf das weite gewellte Land heruntersehn. Wir hätten sollen in der Gartenwirtschaft Steinwein trinken.

Ochsenfurt; Sonntag. Als die Uhr auf dem Rathaus sechs schlug, ließen wir die Würfel liegen und stürmten hinaus, um uns anzusehen, wie die Apostel ihre Köpfe heraussteckten, die Bullen gegeneinander anliefen und der Tod mit der Hippe nickte. Dann liefen wir aber sehr eilig wieder in die Wirtsstube, wo die Würfel auf dem Tisch plärrten, weil man sie allein gelassen hatte.

Wenn wir nicht das Barock des Landes würdigen und, den geschichtlichen Spuren der großen historischen Ereignisse folgend, dieselben auf uns wirken lassen, dann würfeln wir. Wir spielen ›Lottchen guckt vom Turm‹, ›Hohe Hausnummer rasend‹ und ›Kastrierter Waldaffe‹ sowie die von mir erfundenen, schwereren Dessins: ›Nonnenkräpfchen‹, ›Gretchen bleibt der Kegel weg‹ und ›Das Echo im Schwarzwald‹. Wir müssen furchtbar aufpassen, weil mindestens immer einer mogelt. Ich würde nie mogeln, wenn es jemand merkt. Auch muß alles aufgeschrieben werden, damit nachher entschieden werden kann, wer den Wein bezahlt. Ich habe schon viermal bezahlt. Es ist eine teure Freundschaft.

Iphofen; Montag. Ich werde mich hüten, aufzuschreiben, wo wir gewesen sind. Als wir das erste Glas getrunken hatten, wurden wir ganz still. Karlchen hat eine ›Edelbeeren-Trocken-Spät-Auslese‹ erfunden, von der er behauptet, sie sei so teuer, daß nur noch Spinnweben in der Flasche … aber dieser war viel schöner. Ein 21er, tief wie ein Glockenton, das ganz große Glück. (Säuferpoesie, Säuferleber, die Enthaltsamkeitsbewegung – Sie sollten, junger Freund …) Das ganz große Glück. Das Glück wurde noch durch ein Glanzlicht überhöht: der Wirt hatte einen 17er auf dem Faß, der war hell und zart wie Frühsommer. Man wurde ganz gerührt; schade, daß man einen Wein nicht streicheln kann.

Iphofen ist ein ganz verschlafenes Nest, mit sehr aufgeregten Gänsen auf den Straßen, alten Häusern, einer begrasten Stadtmauer und einem ›Geologen und Magnetopathen‹. Habe Karlchen geraten, sich seine erdigen Fingernägel untersuchen zu lassen. Will aber nicht.

In *Ochsenfurt,* auf dem Wege hierher, haben wir am äußersten Stadttor einen Ratsdiener gesehen, der stand da und regelte den Verkehr. Die Ochsenkutscher, die Mist karrten, streckten den linken Arm heraus, wenn sie ans Tor kamen – hier muß eine schwere Seuche ausgebrochen sein, die sich besonders an Straßenecken bemerkbar macht. Schrecklich, die armen Leute! Das kommt davon, wenn sie auf dem Broadway den Verkehr regeln. Wir nehmen uns jeder zwei Flaschen von dem ganz großen

Glück mit, um es unseren Lieben in der Heimat mitzubringen. Jeder hat noch eine Flasche.

Kloster Bronnbach; Mittwoch. Der Herbst tönt, und die Wälder brennen. Wir sind in Wertheim gewesen, wo der Main als ein Bilderbuchfluß dahinströmt, und wo die Leute mit einer Fähre übersetzen wie in einer Hebelschen Erzählung. Drüben, in Kreuzwertheim, war Gala-Pracht-Eröffnungs-Vorstellung des Welt-Zirkus. Vormittags durfte man die wilden Tiere ansehen: einen maßlos melancholischen Eisbären, der in einer vergitterten Schublade vor sich hinroch und schwitzte; etwas Leopard, und einen kleinen Panther, den die Zirkusjungfrau auf den Arm nahm, das Stück Wildnis. Da kratzte er. Und die Jungfrau sagte zur Wildnis: »Du falscher Fuffziga!« Das konnten wir nicht mitansehen, und da gingen wir fort.

Hier in Bronnbach steht eine schöne Kirche; darin knallt das Gold des alten Barock auf weißgetünchten Mauern. Ein alter Klosterhof ist da. Mönche und die bunte Stille des Herbstes. Wie schön müßte diese Reise erst sein, wenn wir drei nicht da wären!

Hier und da; Donnerstag. Große Diskussion, ob man eine Winzerin winzen kann. Miltenberg, Mespelbrunn und Heiligenbrücken: vergessen. In Wertheim aber stand an einem Haus ein Wahrspruch, den habe ich mir aufgeschrieben. Und wenn ich, einst für meine Verdienste um die deutsche Wehrmacht geadelt werde, dann setze ich ihn mir ins Wappen. Er hieß: »Jeder hat ja so recht!«

Lichtenau; Sonnabend. Die Perle des Spessarts. Dies ist nicht das Wirtshaus im Spessart, das liegt in Rohrbrunn – aber wir benennen das um. Hier ist es richtig.

Unterwegs wurde Jakopp fußkrank; er taumelte beträchtlich, ächzte und betete zu merkwürdigen Gottheiten, auch sagte er unanständige Stammbuchverse auf, daß uns ganz angst wurde, denn wir haben eine gute Erziehung genossen. Wir waren froh, als wir ihn gesund nach Lichtenau gebracht hatten, den alten siechen Mitveteranen. Und als wir ins Gasthaus traten, siehe, da fiel unser Auge auf ein Schild:

»Autoverkehr! Automobil-Leichenwagen nach allen Richtungen«

Des freute sich unser Herz, und froh setzten wir uns zum Mahle. Der Wirt war streng, aber gerecht, nein, doch nicht ganz gerecht, wie sich gleich zeigen wird. Wir gingen ums Haus.

Dies ist eine alte Landschaft. Die gibt es gar nicht mehr; hier ist die Zeit stehengeblieben. Wenn Landschaft Musik macht: dies ist ein deutsches Streichquartett. Wie die hohen Bäume rauschen, ein tiefer Klang, so ernst sehen die Wege aus ... Die Steindachlinie des alten Hauses ist so streng – hier müßten altpreußische Reiter einreiten, etwa aus der Zeit Louis Ferdinands. Die Fenster sind achtgeteilt; um uns herum rauscht der abendliche Parkwald. Wir sitzen zu dritt auf einer Stange und bereden ernste Sachen. Dann gehen wir hinein.

... Wir schmecken einmal, zweimal, dreimal. »Dieser Wein«, sage ich alter Kenner, »schmeckt nach Sonne.« – »Und nach dem Korken!« sagen die beiden andern gleichzeitig. Herr Wirt! Drohend naht er sich. Nun heißts Mut gezeigt! Auf und drauf!

»Herr Wirt ... es ist nämlich ... also: probieren Sie mal den Wein!« – Er weiß schon, was ihm blüht. Und redet in Zungen, ganz schnell. »Wo ist der Korks? Erst muß ich den Korks haben! Also zuerst den Korks!« Der ›Korks‹ wird ihm gereicht – er beriecht ihn, er schnuffelt an der Flasche, er trinkt den Wein und schmeckt ab; man kann es an seinen Augen sehen, in denen seltsame Dinge vorgehen. Urteil: »Ich hab gleich gesehen, daß die Herren keine Bocksbeuteltrinker sind! Der Wein ist gut.« Berufung ... »Der Wein ist gut!« – Revision ... »... ist gut!« Raus.

Da sitzen wir nun. Ein mitleidiger Gast, der bei dem Wirte wundermild zur Kur weilt, sieht herüber. »Darf ich einmal versuchen –?« Er versucht. Und geduckten Rückens sagt dieser Feigling: »Meine Herren, der Wein schmeckt nicht nach dem Korken! Wenn er nach dem Korken schmeckt, *dann möpselt es nach* –!« Natürlich möpselt es. Wir hatten keine Ahnung, was das Wort bedeutete – aber es ging sofort in unsern Sprachschatz über. Jeder Weinkenner muß wissen, was ›möpseln‹ ist. Aus Rache, und um den Wirt zu strafen, trinken wir noch viele, viele Flaschen Steinwein, von allen Sorten, und alle, alle schmecken sie nach Sonne.

Lichtenau; Sonntag. Bei uns dreien möpselt es heute heftig nach.

In einem Weindorf; Montag. Auf der Post liegt ein Brief der schwarzen Prinzessin, den haben sie mir nachgeschickt. Sie sei zufällig in Franken; sie habe gehört, daß ich ... und ob ich nicht vielleicht ... und ob sie nicht vielleicht ... Hm. Sie liebt, neben manchem andern, inständig ihr Grammophon, das ihr irgendein Dummer geschenkt hat. Einmal spielte das Ding – mit der allerleisesten Nadel – die ganze Nacht. Sie hat da so herrliche amerikanische Platten, auf denen die Neger singen. Eine, das weiß ich noch, hört damit auf, daß nach einem infernalischen Getobe von Gegenrhythmen der Bariton eine kleine Glocke läutet, die Musik verstummt, er läutet noch einmal und sagt: »No more!« Ich telegrafiere ihr.

Abends ist Festessen. Wir haben uns eine Gans bestellt, die aber ohne inwendige Äpfel erscheint. Eine Gans für drei Mann ist nicht viel – besonders wenn einer so viel ißt wie Jakopp, so schnell wie Karlchen, so unappetitlich wie ich. Wir nehmen uns gegenseitig alles weg; den Wirt grausts. Jakopp hat die s-Krankheit. Er sagt ›Ratshaus‹ und ›Nachtstopf‹ und ›Bratskartoffeln‹. – »Das sind Bratskartoffeln, wie sie der Geheimrat Brats aus Berlin selbst erfunden hat.« Beim Würfeln gewinne ich furchtbar, und die beiden wollen nicht mehr mit mir spielen. They are bad losers.

Heimbuchenthal; Dienstag. Wie arm hier die Menschen sind! Alle Kinder sehen aus wie alte Leute: blaß, gelb, mit trüben Augen.

Zu Fuß gehen ist recht schön. Manchmal sagen wir gar nichts – wir haben uns ja auch alles gesagt. Wir freuen uns nur, daß wir beisammen sind. Stellenweise hält einer ein Kolleg, keiner hört zu. Manchmal ... wenn Männer untereinander und allein sind, kommt es vor, daß hie und da einer aufstößt. Es ist sehr befreiend. Bei einer Freundschaft zu dritt verbünden sich meist zwei gegen den Dritten und fallen über ihn her. Das wechselt, die Fäden laufen auf und ab, teilen sich und vereinigen sich; die Dreizahl ist eine sehr merkwürdige Sache. Eine Vierzahl gibts nicht. Vier sind zwei oder viele.

Würzburg; Mittwoch. Abschiedsbesuch in der Residenz; das grüne Spielzimmer mit den silbernen Wänden, unter dem Grün glänzt das kalte Silber in metallischem Schein. Hier hat Napoleon geschlafen ... schon gut. Das Gehen fällt uns nicht leicht – der Steinwein fällt uns recht schwer. Die älteren Jahrgänge vom Bürgerspital wollen getrunken sein. Wir trinken sie.

Würzburg; Freitag. Ich habe die beiden auf die Bahn gebracht, mit dem festen Vorsatz, sie nie wiederzusehen. Welche Säufer! Jetzt rollen sie dahin: der eine in sein hamburger Wasserwerk, der andere in sein Polizeipräsidium. Der gibt sich als ein hohes Tier aus; ist wahrscheinlich Hilfsschutzmann. Und mit so etwas muß man nun umgehen! Um Viertel vier läuft die Prinzessin ein.

Veitshöchheim; Sonnabend. Die Sonne strahlt in den Park, die Putten stehen da und sehen uns an, die Prinzessin plappert wie ein Papagei. Sie sagt ›daddy‹ zu mir, eigentlich höre ich das gerne. Nun ist die Sonne röter, der Abend zieht sachte herauf, und die Prinzessin wird, wie immer, wenn es auf die Nacht geht, Mutter und Wiege und Zuhause. Wir sagen gar nichts – wir haben uns lange nicht alles gesagt, aber das muß man auch nicht, zwischen Mann und Frau. Der 25er wirft uns fast um. Wir fahren nach Würzburg zurück, das Grammophon spielt, Jack Smith flüstert, und ich höre allen Atelierklatsch aus ganz Berlin. Gute – – Wie bitte? Gute Nacht.

Würzburg, den ich weiß nicht wievielten. Auf einmal ist alles heiter, beschwingt, vergnügt – die Läden blitzen, wir trinken mit Maß und Ziel, ich pfeife schon frühmorgens in der Badewanne. Wir werden noch aus dem Hotel fliegen – das tut kein verheirateter Mann.

Auf der schönen Mainbrücke steht ein Nepomuk – wir gehen hin und legen ihm einen Glückspfennig zu Füßen, um die Ehrlichkeit des Heiligen und der Bevölkerung zu prüfen. Morgen wollen wir nachsehen ... (Wir sehen aber nicht nach, und nun liegt der Pfennig wohl heute noch da.) Die Prinzessin lugt schelmisch in die Schaufenster und unterhält sich auffallend viel über Damenwäsche, Kombinations, seidene Strümpfe ... Der schönste Schmuck für einen weißen Frauenhals ist ein Geizkragen.

Gar kein Ort; gar keine Zeit. – – – –

Zwischen Nancy und Paris; heute. Der Abschied war gefühlvoll, unsentimental, wie es sich gehört. Jetzt flutet das alles vorbei, in schweren Wellen: Jakopp und das vom Wein leicht angegangene Karlchen; die Barockpuppen im Park der Residenz, das Wasserschloß und der möpselnde Mann; Lichtenau und Miltenberg. Es ist sehr schwer, aus Deutschland zu sein. Es ist sehr schön, aus Deutschland zu sein. Ich sage: »Nun dreh dich um und schlaf ein!« Sie dreht sich, aber zu mir. Gibt die Hand. Am Morgen ist das erste, das ich sehe, ein gelbes seidenes Haarnetz. Und ein Mund, der vergnügt lächelt. Wie die Bahn rattert! Tackt wie eine Nähmaschine, Takt und Gegentakt. Der Neger singt: »Daddy – o Daddy!«, die Musik arbeitet, eine kleine Glocke läutet, jemand sagt »No more«, und dann ist alles zu Ende.

Wer kennt Odenwald und Spessart?

»Ich hab mein Herz ...«

Was ein richtiger Deutscher ist, so kennt der sein Italien und Sizilien und die Riviera und Schweden und Norwegen ... aber ob er auch sein eigenes Land genau kennt, das steht noch sehr dahin. Wer ist schon einmal auf der Kurischen Nehrung gewesen? Wer kennt die naturerfüllte, menschenleere Struktur des böhmisch-bayerischen Waldes? Deutschland hat zwischen Holstein und Zugspitze mehr Schönheiten als sich seine Schulweisheit träumen läßt.

Was das Herz in Heidelberg anbetrifft, so haben wir davon genug gesungen, der Mensch besteht nicht nur aus dem Herzen allein, und drum herum ist es auch ganz schön. Von Heidelberg nach Nordosten zu gibt es viel zu sehen, noch mehr zu wandern und allerhand zu trinken.

Das sieht nun so aus:

Wer diese süddeutschen Waldgebirge im Auto bereisen will, was fast mühelos zu machen ist, der richte sich so ein, daß er hübsch langsam fahren kann, er wird sonst wenig Genuß von seiner Fahrt haben. Reisen ist eine Kunst – mit dem Auto zu reisen ist eine große Kunst.

Wer Spessart und Odenwald aber zu Fuß durchwandern will, wird wahrscheinlich den größeren Genuß davontragen. Er wird drei Schönheiten in sich aufnehmen können: den Wald, den Wein und die kleinen Städte.

Diese kleinen Städte – am Main und am Neckar – sind in jeder Jahreszeit schön, am schönsten aber im Herbst, wenn die Luft klar über den alten Dächern steht und die Architektur sich scharf gegen den hellen Himmel abhebt. Wundervoll, wie Fluß und Landschaft fast immer zusammenstehen, wie organisch so ein Städtchen um den Fluß herum und an ihm entlang gewachsen ist, so daß sich das breite Flußbett mühelos in das Bild einordnet.

Selten nur stört ein Fabrikschornstein oder ein verständnislos angelegtes Gebäude den Gesamtaspekt, den man nicht: »malerisch« nennen sollte, sondern: »natürlich« – die Städtchen sind in diese Natur hineingewachsen, gehören ihr einfach an und bilden mit ihr ein Ganzes. So am Neckar, so die alten kleinen Orte am Main, die noch oft ihren alten Charakter voll bewahrt haben. Für sie alle gibt es nur einen einzigen Wink an den Reisenden: man laufe keinen echten oder eingebildeten ›Sehenswürdigkeiten‹ nach, sondern lasse die Musik dieser süddeutschen Landschaft auf sich wirken wie einen Orgelklang. Wer sich vor der Reise in ein paar Landschaften Dürers versenkt, tut vielleicht mehr für eine gute Vorbereitung als der emsige Geschichtsjäger mit dem Führer in der Hand; es gibt ja Reisende, bei denen man das Gefühl nicht los wird, daß sie nur ausziehen, um zu sehen, ob auch noch alles da ist …

Besonders der Norddeutsche wird diese Gegend lieben, weil sie so anders ist als seine Heimat; sie ist, fast möchte ich sagen, gelassen, menschliche Ansiedlungen sind der Natur nicht abgerungen, sondern ruhen friedfertig im Grünen; bei allem Fleiß der Bevölkerung ist etwas Leichtes in der Luft, die Sorgen wiegen, scheints, nicht so schwer, und jeder freut sich, daß er auf der Welt ist.

Manchmal trifft mans ganz idyllisch: Kloster Bronnbach ist wie eine Fermate an Stille, nicht einmal der nahe Eisenbahndamm kann uns stören, Klosterhof und berankte Mauer atmen Ruhe und Beschaulichkeit; es sind das jene Flecken, die in jedem Großstädter unweigerlich den Wunsch erwecken: hier sollte man … hier müßte man … Und dann geht man weiter.

Das süddeutsche, spielerische, farbenfrohe Barock ist hier überall zu finden – es knallt mitunter vor Buntheit wie ein bunter Bauernstrauß, ist aber fast immer in künstlerischer Zucht gebändigt. Nebeneinander liegen stets der alte Fachwerkbau der Bürger, der Zünfte, der Arbeitenden – und das feierlichprunkhafte Barock der damals Herrschenden, der Bischöfe, der kleinen Fürsten. Es stimmt aber gut zusammen, weil dieses Bürgertum seinen Stolz nach oben gehabt hat, man siehts an der Architektur, die ja überall für den, der sehen kann, einen soziologischen Wertmesser ersten Grades darstellt. Oft liegt eine Burg über dem Ort, ihn beschirmend, beherrschend, für sich reklamierend – wer Zeit hat und vor der Reise ein bißchen gelesen hat, wird erkennen, wieviel deutsche Geschichte hier über das Land gefahren, gezogen, marschiert, gestürzt und getobt ist. Es ist auch etwas von ihr hängen geblieben, wie ja immer etwas zurückbleibt; man fühlt hier ungeheuer intensiv, was das ist: Deutschland.

Man fühlts auch in den Wäldern.

Hier herrscht der Laubwald vor, und wenn er auch nie mehr das werden kann, was er nach den alten Jagdberichten einmal gewesen ist: ein Ort, strotzend von Getier, erfüllt vom Kreischen, Singen, Kriechen, Hüpfen und Röhren der Tiere, wenn unser Wald fast überall schon eine mäßig belebte und bewegte Holzkammer geworden ist, so atmet er doch sehr viel deutsche Luft. Der Spessart hat stellenweise noch den Charakter der alten Wildparks bewahrt, die einmal in ihm gewesen sind, auch laufen noch viele Wildsauen herum (aber fürchten Sie sich nicht, gnädige Frau, sie tun nichts; nur der einzelgehende Eber ist ein böser Bürovorsteher des Waldes; wenn Ihnen aber eine dicke Mama mit ihren kugeligen Kindern über den Weg trudelt, bergen Sie sich nur getrost an der Brust Ihres Gemahls, dem zwar auch nicht ganz wohl dabei ist, der es aber doch nicht so zeigen darf ...) – der Laubwald also herrscht vor, hügelig aufgebaut, mit hohen, weiten Wipfeln; manchmal, bei grauem Wetter, steht so eine dunkelgrüne Masse starr und still in der Luft, ruhend, unbeweglich ... Es liegt ein musikalischer Friede auf den Waldschneisen, weite sonnenbetupfte Wege gibt es, über die irgendein kleines Tier hoppelt, dann ist es wieder ganz still, und wenn nicht gerade, was selten ist, ein Flieger über die hohen Bäume dahindonnert, dann können Sie die Zeit vergessen und, wenn Sie wollen, auch sich selbst.

Ja, und dann der Wein.

Wer den Bocksbeutel gut kennt, dem werde ich nichts erzählen; wer ihn aber nicht gut kennt, der sei gewarnt. Er hat keine Blume, und man merkt ihm nicht so ohne weiteres an, was in ihm steckt – aber er hats in sich. Man trinke ihn möglichst auf den Weindörfern, und wenn die Zeit danach ist, versäume man niemals, den Most zu probieren (jeder verträgt davon ein Glas weniger als er glaubt) – und auch den jungen Wein des Vorjahres trinke man, den es überall offen zu kaufen gibt. Der Wein ist kräftig, hart, eine richtige Männersache – für die mitwandernde Dame werden Sie, in den meisten Fällen, irgend etwas Nasses bestellen, aber nicht gerade Steinwein. Wenn Sie einen ganz besonders schönen und süffigen Wein gefunden haben, dann nehmen Sie sich ein paar Flaschen mit oder lassen Sie ihn sich nach Hause schicken, wohin er in dieser Qualität fast niemals dringt.

Es ist keine Leierkastenpoesie in dieser Landschaft, und die dummen Kitschlieder haben im Grunde nichts mit dem Odenwald, nichts mit dem Spessart, nichts mit den süddeutschen Waldgebirgen zu tun. Wer zwischen dem Dreieck: Frankfurt – Würzburg – Heidelberg einmal langsam im Auto reist oder zu Fuß wandert, der hat an Wein, Städtchen und Wäldern ein Erlebnis, das ihn ins Mark Deutschlands führt, in jenes Deutschland, das der Deutsche nicht so gut kennt, wie es das verdient.

Eine schöne Dänin

»Daß die Leistungsfähigkeit der Kühe unter diesen Umständen sehr gering war«, stand in dem schönen Führer durch Dänemark, den man mir freundlicherweise im Außenministerium gegeben hatte, »ist selbstredend. Die durchschnittliche Milchleistung pro Kuh –« Gut. Wovon aber gar nichts in diesem Buche zu lesen war, das waren die Frauen des Landes.

Nordische Frauen –! Was habt ihr doch für einen falschen Ruf! Da heißt es von der Französin, sie sei locker, kokett, der Liebe ergeben, und was weiß ich. Und ist doch das treueste Heimchen am Herd, das sich denken läßt – es gibt keinen Frauenberuf in Frankreich – keinen! oh, ihr nordischen Schwestern – in dem das nicht zu spüren wäre. Ihr hingegen … Das ist ein weites Feld.

Guten Tag, Kopenhagen! Wohlschmeckend schritten die jungen Damen dahin und guckten Esperanto und sprachen ihre Sprache. Wenn die Dänen das, was sie zu sagen haben, auf Schilder gedruckt dem Fremdling entgegenhielten, ließe es sich allenfalls erraten – so viel Plattdeutsch und Englisch verstehen wir auch bei Regenwetter. Zum Sprechen eignet sich die dänische Sprache weniger – sie zerschmilzt den Hiesigen auf der Zunge und eilt leichtsilbig dahin, und alles ist ein einziges Wort, und es ist sehr schwer. Und wenn man also im ›Fiske-Restaurant‹ gar nichts sagt, bekommt man zu viel zu essen, und wenn man etwas sagt, erstickt man in kalten und warmen Speisen; und ich glaube: wenn einer richtig Dänisch kann und etwas bestellt, dann bekommt er den Wirt in Gelee. Gott segne die dänischen Kalorien.

Ja, die Frauen … Ich war den ganzen Tag herumgelaufen und freute mich auf den Abend. Für den Abend hatte ich mir etwas ausgedacht. Da stand an einem Tanzlokal – soviel konnte ich lesen –, daß da also getanzt werden würde, und daß da zwei Orchester spielten, und dann:

INGEN PAUSER

›Ingen‹ – das war wohl die dänische Form für ›Inge‹ –, welch ein schöner Name! Ingen Pauser ... Wie mochte sie aussehen? Lang, weiß, schlank, blond – mit einer Schnuppernase und fest im Fleisch. Ja, das wollten wir also wohl einmal sehen.

Inzwischen war Lange Linie zu besichtigen und im Hafen herumzufahren, und es waren alle jene netten Überflüssigkeiten zu exekutieren, die im Führer stehen. Nach der vierten begann ich zu schwänzen ... es war viel amüsanter Klatsch zu hören und den Nebel, in dem die dänischen Berühmtheiten für uns dahinschreiten, sich zerteilen zu sehen – und siehe da: da hatten sie hochgeschnürte kleine Provinzbusen und lispelten und schielten und waren dreimal geschieden, und ein Glitzerwerk von Ironiegeflitter ging über die Armen dahin, vor denen ich zu Hause, vor dem Bücherschrank, so eine große Hochachtung gehabt hatte. Richtig – Inge!

Ich würde nach den ersten Formalitäten ›Inge‹ sagen – ›Ingen‹ das ist nichts. Wenn sie einen Funken Nettigkeit im Leibe hat, besitzt sie eine Tante auf Jütland. Wir wollen nach Jütland fahren – in Kopenhagen ist sie vielleicht zu bekannt. In Jütland soll eine kleine Stadt dastehen mit einem Backsteinkirchturm und abendlich erdunkelnden Bäumen auf dem Marktplatz ... Vor dem Schlafengehen spazieren wir ein bißchen durch die Sträßchen und Straßen und dann einen Feldweg entlang, und Inge erzählt von ihrer Schwester, die in Amerika lebt, und von einer Reise nach London – dann blinzelt der erste Stern herunter, und dann sagen wir gar nichts mehr ...

Ja, sie kann Deutsch. Natürlich kann sie Deutsch. Sie spricht es auf diese entzückende Art, in der es hier viele Leute sprechen: lehrreich und bezaubernd falsch. »Soll ich das Essen heißen?« fragen sie, und – warum soll man das eigentlich nicht sagen? Wenn es ›erwärmen‹ gibt – warum soll es nicht ›heißen‹ geben? Und sie sagt mir: »Kopenhagen ist selbstfroh«, was wohl so etwas wie ›mit sich zufrieden‹ bedeutet – und es tut den Ohren und allen Sinnen wohl, Deutsch auf eine so neue und so überraschende Art zu hören. Es ist, wie wenn jemand die Sprache neu zu schaffen unternähme... Schmeckt ihr Kuß salzig? Das werden wir ja sehen. Das werden wir ja alles sehen –

Das Gold auf dem Rathaus erglänzt im letzten Sonnenlicht. Aus den Schaufenstern der Kinos blicken geschmalzte Fotografien auf die Straßen, und die Gesichter der Stars sehen süß und fett aus wie die dänischen Kuchen, und vor dem Tivoli steht ein Mann und singt ein Lied, das ich schon einmal gehört haben muß ... ›*B. Z.*‹ sagt er –

Und im Tivoli hängt in den Bäumen die Sehnsucht aller dänischen Matrosen, die gerade auf hoher See sind, ›Tivoli‹ denken sie, wenn sie in die Wanten klettern, und ›Tivoli‹ in den Kohlenbunkern und ›Tivoli‹ auf dem Broadway ... Und hoch oben, gegen den hohen blauen Abendhimmel, steht ein deutscher Artist im weißen Trikot, bereit, zu einem Looping abzuspringen: »Achtung!« ruft er – und da lachen Leute vor einem Freilicht-Kino, und da kreischen sie auf der Rutschbahn ... Und ich denke an Inge. Ingen Pauser –

Und bei Vivel wedeln die Kellner ungeduldig mit den Servietten, und wenn jetzt der Oberkellner mit dem Finger winkt, dann ergießt sich aus dem doppeltgeöffneten Tor eine ganze Heringsflottille hervor, man möchte ein Hering sein, nur um zu wissen, wie ein dänischer Magen von innen aussieht, es ist nicht vorstellbar.

Jetzt aber ist es neun Uhr, und nun will ich zu Inge gehen. Ja, und wenn wir in der jütländischen Stadt angekommen sind, dann soll aus einem geöffneten Fenster der kleine Walzer ›*Allways*‹ herausklingen, das denke ich mir besonders hübsch, und dabei wollen wir einschlafen. – – –

Schade, ›Ingen Pauser‹ ist kein Name. Es heißt ›Keine Pause‹ – und pausenlos spielen die beiden Orchester in dem Tanzlokalchen, es ist gar keine Inge da, und auf leicht nach innen gesetzten Füßen stiefle ich ins Freie, sanft begossen vom Schein des Mondes und einer umsonst geliebten Liebe.

Besuch bei J.V. Jensen

Das kleine Dänemark hat ein großes Auge, mit dem es die Welt sieht – und dieses Auge ist der, der hier oben mit einer Abkürzung ›Johannes V.‹ genannt wird. Darf man guten Tag sagen?

Dem dunkelroten Ziegelhaus mit den platten Fenstern gegenüber liegt eine königliche Brauerei, und während ich die kleinen Treppenabsätze hinaufklettere, mache ich eine ethnographische Reise: da wohnt Herr Warncke und Herr de Fontenay und Herr Salomon, und ganz oben erst wohnt Columbus, der größte Reisende unserer Zeit.

Er hat den schmalen Kopf eines gütigen englischen Landpfarrers, aber wenn sich die Mundwinkel biegen, wenn die großen Augen hinter den Brillengläsern manchmal hart im Ausdruck werden, dann ist da noch etwas anderes. Die Stirn ist hoch und ausgebuchtet, die blassen Hände wirken mitunter ein klein wenig entmaterialisiert. Aber es ist wohl besser, Herrn Liebermann zu zeichnen ... Er spricht deutsch.

Das Gespräch beginnt, wie es sich für ein ordentliches Gespräch gehört, beim Wetter – ja, der häßliche Frühling – und wie lange wollen Sie denn noch in Kopenhagen ...? Die Worte laufen, und ich kann ihm doch nicht gut einen Lorbeerkranz auf die Stirn drücken, das fiele entschieden auf, ich habe auch gar keinen bei mir. Immerhin ist es der Mann, der *›Arabella‹* geschrieben, aus dem Nichts geholt, geschaffen hat; der *›Louison‹* durch Paris wandeln ließ, durch Paris, das der Glückliche noch erlebt hat, als er auf dem ›Imperial‹ der Omnibusse fahren durfte; der den chinesischen Kuli sprechen ließ und die spanischen Stiere schnaufen machte – und weil jeder Schriftsteller neben seinem Werk steht, kann ich ihm das nicht so sagen. Aber da hat sich das Gespräch nun gefangen, die Vorfühler haben sich ineinander gehakt – nun haben wir uns.

Natürlich hat er Whitman, den großen Abenteurer, übersetzt und eingeleitet, und nun spricht er über ihn, wie er ihn hört – »Es sind niemals Rhythmen, die man abmessen kann, keine Daktylen, keine Jamben – das wäre verkappter Vers. Nein, das ist es nicht.« – »Ein unterirdischer Rhythmus?« – »Ja. Und weil Whitman einmal Typograph gewesen ist, auch mit dem Auge wahrnehmbar – er hat beim Schreiben gewußt, wie das Geschriebene gesetzt aussehen wird. Er ist heute noch so modern wie damals vor vierzig Jahren, als er lebte und dichtete: ›eine Synthese aus Annonce und Bibel‹.«

Wir sprechen von Jensens geistigen Vätern – und was die freien Verse (die leider im Deutschen noch nicht nachgeschaffen sind) anbetrifft, zeigt er auf Heine und den Goethe des *›Prometheus›*. – Kipling? Nein. Bei aller Bewunderung seines Könnens nennt er dessen Haltung während des Krieges infam – »Er muß doch immerhin eine Schulbildung genossen haben – welche Barbarei!« – und er erklärt das mit der von Kipling bis zur Raserei abgestrittenen Mischblütigkeit. Kipling? – »Kennen Sie sein *›Rikki-Tikki-Tavi‹?«* Ja, das kenne ich – es ist die Geschichte von dem Mungo, dem katzenartigen kleinen Raubtier, das mit den Schlangen im Garten kämpft. »Da haben wir ihn ganz: genau so ist er selber.«

Und weil wir bei den englisch sprechenden Völkern sind: Sinclair Lewis – ja, das ist sein Mann. Ich erzähle ihm vom Autor *›Babbitts‹* das wenige, das ich von einer Zusammenkunft in Paris weiß – er hört aufmerksam zu. Wie er aussieht, und was er gesagt hat, und wie er wirkt … »Das ist die Kollektivseele – sehen Sie, da steht schon einer auf gegen das Horden-Amerika.« – »Auch gegen die mechanisierte, durch Radio und Kino und Ford egalisierte Welt?« – »Das ist die mindere Gefahr. Viel schlimmer ist die Überproduktion an Menschen. Es gibt zuviel – es ist eine Übervölkerung der Erde da. Und weil ja, wie Sie aus der Geschichte wissen, alles Wichtige und Wertvolle aus der Isolierung entstanden ist, geht den neuen Menschen natürlich etwas verloren.« Pessimismus? Gar nicht. J.V. Jensen ist in den letzten Jahren immer mehr Biologe geworden, einer, der die Natur ansieht, der ihre ewig gleiche Bewegung zu erkennen versucht. Es ist ganz besonders bedauerlich, daß diese Essays, diese Fülle von Erkenntnissen nicht ins Deutsche übersetzt worden sind; ich fürchte, daß man eines oder das andere übertragen wird, und das wird man dann – ohne die voraufgehenden zu kennen – nicht verstehen. Ein Schriftsteller ist ja schließlich ein Mikrokosmos – mit Stückwerk ist da nichts getan. Verleger, wo bist du?

Und dann sprechen wir vom Reisen.

Ja, seinen einzigen wirklich würdigen Nachfolger liebt er und schätzt er wie ich: das ist Arthur Holitscher. Der sähe aus … »Es gibt ein sehr gutes Bild von ihm, kennen Sie es?« – »Das von Gulbransson?« frage ich. – »Nein. Eines, das vor vierhundert Jahren gemalt worden ist. Es stammt von Velasquez.« Und Frau Jensen bringt den Band mit den Bildern von Velasquez und Johannes V. schlägt ihn auf: das ist allerdings Holitscher, und ich soll ihn grüßen und ihm bestellen, daß er da also leibhaftig im Prado hängt und ›Aesop‹ heißt, und er ist es wahr und wahrhaftig.

»Ich habe ja eine Menge Stätten und Orte besucht, die er bereist hat – ich kann es kontrollieren – er ist ehrlich und weiß zu beobachten – er hat noch das Staunen eines Kindes. Er kann sehen«, sagt Jensen dann. »Man hat mich so oft gefragt, wie ich arbeitete, und wie denn meine Methode sei. Methode … Bei mir geht alles durch das Auge. Ich spreche fast nie mit den Leuten – das stört mich eher. Ich *sehe* ja die Leute. In China ist das sehr bequem – man reist ungestört, weil man kein Wort von dem versteht, was sie sagen.« So spricht Intuition, und so kann man freilich keinen Wirtschaftsbericht über die Petroleumquellen in Baku machen – aber man kann, was vielleicht mehr ist, von der Seele fremder Völker etwas sagen.

In Deutschland? Ja, das letztemal mit dem Zeichner Anton Hansen auf der Rückfahrt von Palästina acht Tage in München. Und kurz einmal in Berlin bei S. Fischer.

Die Welt zerfällt natürlich nicht in ›Deutschfreundliche‹ und ›Deutschfeindliche‹ – das ist eine monomane Vorstellung. Aber die Art, wie sich Jensen in Dänemark während des Krieges gehalten hat, war gerecht und wahrhaft europäisch, und das ist sicherlich nicht immer leicht gewesen.

Einen Händedruck. Und eine freundliche Einladung, einmal auf sein Landhaus zu kommen, oben bei Tisvildeleje ... Eine Kompaßnadel aus edelstem Stahl, hart und auf den leisesten Ausschlag nach Norden zu gehorchend – leb wohl, Reisender, Columbus, leuchtendes großes Auge im kleinen Dänemark.

1372 Fahrräder

Ein Polizeipräsidium ... das ist so ein muffiger Kasten mit langen Korridoren, mit unzählig vielen Türen, und alle Zimmer sind schlecht gelüftet, die Leute sind unfreundlich, und man ist froh, wenn man wieder draußen ist. Ausnahmen gibt es vielleicht. Eine Ausnahme gibt es sicher: das ist das Polizeipräsidium in Kopenhagen.

Ein bezauberndes Stück Architektur. Ein Riesengebäude, das zwölfeinhalb Millionen Kronen gekostet hat; sauber, sachlich, einfach und praktisch. Es hat einen kreisrunden Hof, der zum schönsten gehört, was man sich denken kann. Wenn, wie man mir erzählt hat, der Geist der Verwaltung ebenso ist wie diese Architektur ... glückliches Dänemark!

Und in diesem Polizeipräsidium haben sie unten im Erdgeschoß die verlorenen Fahrräder eingesperrt. Da hängen sie. Kopenhagen, wie männiglich bekannt, ist die Stadt der Fahrräder; es soll Kopenhagener geben, die keines besitzen, aber das glaube ich nicht. Wenn die Kinder anderswo zur Welt kommen, schreien sie – in Kopenhagen klingeln sie auf einer Fahrradklingel. So viele Fahrräder gibt es da.

Im Polizeipräsidium hängen 1372 Fahrräder, alle mit dem Kopf nach unten, wenn das nicht ungesund ist! Alte und junge, fröhliche und traurige, auch die Kinderabteilung: da hängt ein kleiner ›Roller‹, mit dem die Kinder spielen, und drei Motorräder sind auch da. Alles das wird monatlich einmal verauktioniert.

»Ja, holen sich denn die Leute ihre Räder nicht ab?« – »Nein«, sagt der dicke Mann vom Präsidium, »viele nicht. Sie kaufen sich einfach ein neues. Ein Fahrrad, was ist denn das!« In Kopenhagen scheint es den Wert eines Zahnstochers zu haben.

Die langen Räume des Polizeipräsidiums, in denen die Fahrräder hängen, erinnern an einen Hundezwinger. Verlaufene Räder ... ich rühre eines an, leise dreht sich das Vorderrad ... wem gehörst du? Schade, daß Fahrräder nicht mit dem Schwanz wedeln können.

So ein Rad bringt nachher auf der Auktion nicht viel ein, zwanzig Kronen etwa. Dafür kann man es schon wieder verlieren.

Wenn man es aber nicht verliert, dann fährt man damit, und in Kopenhagen kann man sich für sein Fahrrad Luft kaufen. Wie bitte? Luft kaufen, ganz richtig. Der Fahrradmann geht an eine automatische Pumpe, wirft fünf Öre hinein und pumpt sein Rad voll. Das trinkt und dann rollt es vergnügt weiter. So ein Land ist das.

Da hängen sie. Alle an langen Gestellen, und sind doch so verschieden voneinander. Manche sehen zornig aus, manche heiter, manche schlafen. Man müßte Andersen bitten, hier einen Nachmittag lang herumzugehen – was gäbe das für ein hübsches Märchen! Ob Fahrräder lebendige Junge bekommen?

Da hängen sie. Sauber und freundlich ist es, praktisch und vernünftig eingerichtet. Schade, daß in den Staaten der Welt nicht alles so gut funktioniert wie die Fundbüros. Es wäre eine Freude, zu leben. Hundert Meter weiter, im selben Haus, werden Menschen aufbewahrt: Untersuchungsgefangene. Und das sieht dann gleich ganz anders aus. Mit 1372 Fahrrädern ist eben leichter fertig zu werden als mit vier lebendigen Menschen.

Wenn Sie aber nach Kopenhagen kommen, dann versäumen Sie nicht, sich das Polizeipräsidium anzusehen. Man wird es Ihnen gern zeigen und Sie werden an Paris denken müssen: an jene staubige Festung auf der Cité, wo geronnener Angstschweiß an den Wänden klebt und wo man Ihnen einen Unterricht in französischer Unhöflichkeit gibt, einer sehr seltenen Sache, daher wird sie den Fremden auch zuerst gezeigt.

Ja, Kopenhagen … Ob Fahrräder schwimmen können? Es wäre ja denkbar, daß die 1372 eines Nachts ausbrächen, dann rollen sie mutterseelenallein durch die Stadt, an den Hafen, stürzen sich ins Wasser, durchschwimmen die See, von der ich nie lernen werde, wie sie heißt: Kattegat oder Großer Belt oder Kleiner

Belt, und dann fahren sie dahin, nach dem Festland, wo sie gleich in eine politische Partei eingereiht werden. Am nächsten Morgen kommt der dicke Mann in den Fahrradzwinger, findet ihn leer und kratzt sich hinter den Ohren. Am Abend sind alle Fahrräder wieder da: es hat ihnen drüben nicht gefallen.

Das kann man keinem verdenken. Grüß Gott, Kopenhagen ...!

Herr Konferenzrat Andersen

> Das war ein merkwürdiger Koffer. Sobald man an das Schloß drückte, konnte der Koffer fliegen. Er drückte, und wips! flog er mit ihm hoch über die Wolken hinauf …
> ANDERSEN: *›Der fliegende Koffer‹*

Freundlicher Mann im Reisebüro zu Kopenhagen! Du hast mir zwar verboten, nach Odense zu fahren, wo der Märchenerzähler und spätere Staatsrat H. C. Andersen geboren ist – aber ich bin doch seinem Leben nachgeklettert, so gut ich konnte. Sei mir nicht böse, Reisemann – das ist die Liebe, die dumme Liebe.

Es ist ja immerhin der, der die schönsten Märchengeschichten der Welt erzählt hat – gesungen hat – hörst du den leisen Pfeifenton, in dem er sie sang? Perlmuttmatt spiegelt sich seine Ironie in der Abendsonne – einmal: »Sein Bart war eher rot als weiß – denn, er war rot«, von einem Mops: »Er ist gleichsam ein Mitglied der Familie, anhänglich und wütend«; und wenn gar die Gegenstände, die der Tor als ›tot‹ anzusprechen gewohnt ist, zu reden beginnen, dann nicken wir allesamt mit dem Kopf – denn so, genau so reden natürlich Halskragen, Zinnsoldaten und Teekessel. Und weil es nicht selten vorgekommen ist, daß Leute aus Japan nach Dänemark gekommen sind, nur, um zu sehen, wie denn der Dichter von *›Des Kaisers neue Kleider‹* gewohnt hat – so darf ich es auch.

Geboren also in Odense, wo in einem Häuschen, das nicht einmal authentisch das Geburtshaus ist, Bilder, Zeichnungen, Stiche und Erinnerungen aufgebaut sind – viele davon waren wohl auch in Berlin, als dort vor zwei Jahren eine Andersen-Ausstellung stattfand. Aus Odense nach Kopenhagen – und dann an die Lateinschule. In die Lateinschule von Slagelse, wo er ins Tagebuch schrieb: »Unglücklicher! Ich habe im Latein elend abgeschnitten. Handwerker oder eine Leiche ist deine Bestimmung!« Das waren Andersens Leiden, und es ist überhaupt reizvoll zu lesen, wie dieser leise, bescheidene und feine Schriftsteller im Leben ein recht betriebsamer und fast aufdringlich zu nennender Herr gewesen ist, der sein Stammbuch mit allerlei Berühmtheiten zu füllen eifrig bestrebt war; der, von innerer Unruhe getrieben, reiste und reiste und sich in der Spiegelgalerie seiner Eitelkeit nicht oft genug sehen konnte, dieser unermüdliche Vorleser seiner selbst. Zugegeben: er kam ganz von unten herauf, und der Weg nach oben war weit. Das knatterte unterwegs von törichten Ratschlägen der Wohlmeinenden. »Können Sie nicht tun, worum ich Sie so oft gebeten habe: nicht so viel an sich selbst zu denken? Sie müssen doch begreifen, daß auf diese Art nie etwas anderes aus Ihnen wird als Sie selber.« Und dies Schreckliche ist ja denn auch eingetreten.

Merkwürdig, daß er sofort mit dem Allerstärksten begann: ›*Die Prinzessin auf der Erbse*‹ findet sich bereits im ersten Märchenbändchen, auch ›*Der große und der kleine Klaus*‹ und ›*Das Feuerzeug*‹. Vorher waren da allerlei Versuche (»Gott bewahre uns!« würden seine Kobolde sagen) – und ich weiß nicht, ob Sie wissen, was ich nicht gewußt habe, daß nämlich ›*Es geht bei gedämpfter Trommel Klang*‹ die Übersetzung eines Andersenschen Gedichtes durch Chamisso ist. Und dann kam also die Berühmtheit. Aber bis es soweit war …

Andersen ist durch Mäzene unterstützt worden – und für einen so eminent unpolitischen Menschen war das ja nur ein Glück. Gibt es eigentlich heute noch Mäzene? Musiker bedürfen ihrer und dürfen annehmen, ohne daß ihre Seele Schaden erleidet – bei uns andern ist es ja eine doppelschneidige Sache; denn man weiß doch nie genau, was der Herr Großkaufmann für die Rente erwarten: an Geschriebenem und noch mehr an zu Verschweigendem … Andersen bekam, nahm, wuchs … Was war das für ein Mensch?

Sieht man das Bild Grahls an, das aus dem Jahre 1846 stammt (und auch in Berlin hing), so ist da der Kopf eines Literaten der Zeit, weich, monoman, nicht angenehm – wen hat dieser Mensch geliebt? Was hat er geliebt? Es gibt da die überlieferten romantischen Frauenverehrungen, das ist wahr – aber es ist etwas Verkümmertes in diesem Kopf, etwas nicht Gereiftes, Heruntergeschlucktes ... Nachher, im Alter, das gefaltete Gesicht eines Rezitators – später die Idylle des Greises ...

Gewohnt hat er als ganz junger Mensch, damals, als er noch zum Theater gehen wollte, in der Holmensgade Nr. 8 zu Kopenhagen, und das Haus steht noch. Das war im Jahre 1821 – aber das schmiedeeiserne Geländer des Treppenhauses ist noch gut erhalten ... Auch die dicken Damen, die das Haus von oben bis unten lächelnd erfüllen, scheinen noch aus der Zeit zu stammen – sie sind ›de l'époque‹, sozusagen. Sehr fett sind sie alle, auf dem Kopf superoxydblond gefärbt, und im Papierladen gegenüber kann man *›Erlebnisse aus der Hochzeitsnacht‹* kaufen, Gott bewahre uns! Die Straße war schon damals nicht sehr fein, und heute ist sie es erst recht nicht, obgleich sie nur ein paar hundert Meter von der kopenhagener Börse entfernt liegt, an ganz respektabeln Straßen. Und keine Prinzessinnen auf der Erbse wohnen da.

Das Haus, in dem der arrivierte Andersen wohnte, liegt Nyhavn 20, an einem der Kanäle, wo die Masten ragen – und keine Tafel kündet, daß einer der größten dänischen Künstler dort gewohnt hat. Im Hof liegen Speicher mit den Rollen der Krane – verachtungsvoll sah eine Katze auf mich herab ... Ich sprach sie auf katzisch an, aber sie hatte wohl Andersen nicht gelesen, und sie verstand mich nicht.

Ja, das war der, der den *›fliegenden Koffer‹* geschrieben hat ... Das war sicherlich eine romantische Sache: denn Koffer, die fliegen, gab es nicht. Und dem jungen Kaufmann, der da im Koffer herumflog und sich der Prinzessin als Türkengott vorstellte, war recht unwohl, als er da so durch die Lüfte flog und der Boden des Koffers leise knackte ... Wir flogen in unserm Koffer zu vier – von Kopenhagen nach Hamburg –, und es war so ziemlich das Gegenteil von Romantik. Einer schnarchte, einer reinigte sich die ganze Zeit die Nägel, einer las, und ich sah hinaus: wie wir über Dänemark durch das gute Wetter flogen, über den Wolken, und in Deutschland durch graues Wetter, unter den Wolken, und ich verkniff mir jede Allegorie. Und auf der Erde sah ich keine Türken, die da hüpften, daß ihnen zur Freude die Pantoffeln um die Ohren flogen – und keine türkische Prinzessin stand auf dem flachen Dach ihres Hauses und wartete auf uns … Oh, Andersen – wie hat sich das alles geändert! Keine Elfen tanzen mehr, und keine Kobolde laufen durchs Gras, und wenn du einen Teekessel reden hören willst, mußt du schon ins Parlament gehen – ach, Andersen!

Du hast so nach Anerkennung gelechzt, dein Leben lang! Wenn Herr Konferenzrat erlauben und wenn es Herrn Konferenzrat Freude macht: Herr Konferenzrat sind unser Aller-Allerbester! In diesem Sinne, Herr Konferenzrat, mit einem Gläschen Fliederblütentee: Skal –!

Heimweh nach den großen Städten

Manchmal, wenn ich der Ostsee den Rücken wende, der alten Frau, sehe ich in das schwedische Land Schonen hinein, die Ostsee plätschert, ich guck gar nicht hin. Denn wir sind verheiratet, seit …zig Jahren – wir kennen uns, lieben uns, haben uns ganz leicht über, gehen mitunter ein bißchen auseinander, betrügen uns (ich sie mit der Nordsee, sie mich mit der Literatur auf Hiddensee –) – vor mir liegt Schonen. Ein hübsches Land; hier, wo ich sitze und meins in die Schreibmaschine klappere, ist es leicht gewellt, gar nicht so ›flach wie ein Eierkuchen …‹ Manchmal wohnen da Menschen, aber es sind hierorts nicht viel; das Badepublikum setzt sich aus 6 (sechs) Häuptern zusammen. Meinst du, es wäre eine hübsche Frau dabei? Keine ist dabei. Aber so ist es immer.

Und ich gucke auf die Hügel, einer heißt ›Kleiner Stein‹, einer heißt ›Steinkopf‹, wie soll man denn heißen, wenn man Hügel ist … Es gibt fett zu essen, alles ist prächtig und gut, sogar über den rationierten Alkohol wäre hinwegzukommen, wenn nur nicht einer den Schweden etwas von Kaffee erzählt hätte. Das ist schier undenkbar, was sie damit machen. Sie –

Geh mal raus, ich trau mich gar nicht, das laut zu sagen – sie –

Also: sie kochen den Kaffee, den lebendigen Kaffee kochen sie in Wasser! Als ich diese Prozedur zum ersten Male sah, erschrak ich bis ins innerste Gebein; sie kochten den Kaffee, wie man Aal kocht oder Wäsche, und ließen diese braune Sache eine Stunde lang auf dem Herd stehen. Dann kamen lebendige Menschen und tranken das, bitte, ich habe es selbst gesehen. Seitdem koche ich mir meinen Kaffee allein, aber die Bohnen müssen auf dem Meeresgrund gewachsen sein, es ist kein Kaffee … nun, lassen wir das.

Wenn aber der harte Abend über den schwarzen Bäumen verdämmert, wenn das elektrische Licht rot glüht, wenn mein Nachtleben beginnt, das da heißt: Flaubert, Swift und was der

Mensch so braucht, dann habe ich Sehnsucht, Sehnsucht nach den großen Städten. Da wühle ich ein bißchen in der Bücherkiste.

›*London*‹ liegt da; ›*London, Liebe* zu *einer Stadt*‹ von Wolf Zucker (erschienen bei Williams u. Co., Berlin-Grunewald). Ein hübsches Buch.

Ich kenne London nicht; in unermeßlicher Faulheit bin ich noch niemals hingemacht, also erfüllt das Buch seine Aufgabe, einem Unbefangenen den Eindruck einer Stadt zu geben. Dies ist nun Zuckern seine erste große Stadt; der Autor, den ich für ein beachtliches journalistisches Talent halte, hat sich natürlich prompt in sie verliebt, aber das ist schön, man sieht dann nämlich mehr. Nicht alles: aber er hat genau das geschildert, was er von seinem Standpunkt aus sehen konnte, und er hat nicht dazu gelogen. Das verdient angemerkt zu werden.

Wahrscheinlich ist London tausendmal komplizierter, und wenn einer dort dreißig Jahre lebt, wird er vermutlich anfangen, die Stadt zu begreifen. Zucker gibt ein Mosaik kleiner Züge, die sich zu einem höchst bezaubernden Bild zusammensetzen; er zeigt vor allem etwas, das der Fremde am Engländer am wenigsten vermutet: die Gelockertheit des englischen Charakters, sagen wir: des Londoners –, das Natürliche, das Einfache, das Reibungslose. Durch das lesenswerte Buch geht eine reizende Melancholie, der Herr hätten sich in London einmal verlieben sollen, und das nicht nur in die Stadt; der Verfasser ist so schön allein mit sich und ganz London, und es glücken ihm oft subtile Formulierungen. (So, wenn er einmal von dem prachtvollen Jack Hylton sagt: »Dieses Singen, in dem es keine Arien und keine lauten Effektstellen gibt, das dahingesungen wird, einfach und doch unendlich abschattiert, wie das Klingen eines Kristalleuchters, der sich leise bewegt, weil im Nebenzimmer Musik gemacht wird, dieses Singen ist die Freude Londons.«) Und wußten Sie, daß der Londoner Rundfunk in seinem Programm eine Musik angesetzt hat, nur für die Leute, die in den fotografischen Ateliers warten müssen? Ich wußte das nicht.

Das Buch Zuckers ist wie ein Präludium zu ... ja, wozu? Das werden wir hoffentlich noch sehen. Ein hübsches Buch.

Ganz still ist es im Zimmer, still vor dem Haus, still in Schonen. Mein Trommelfell, auf dem so viel herumgetrommelt wird, ruht aus; die Luft schwingt nicht, kein Hund macht wuffwuff und baubau; keine Sängerin heult über den Tasten; mein Grammophon liegt bescheiden unter dem Bett und wedelt artig mit der Kurbel. Horch, die schöne Stille – –

Und dann liegt in der Bücherkiste eine Bilderbibel, die haben sie mir hierhergeschickt; die heißt ›*Paris*‹, ist erschienen im Albertus-Verlag zu Berlin und enthält über 250 Fotos jener einzigen Stadt. Und weil ich auf dem Boulevard des Italiens vor mich hinstolperte, sanft: »Schweden! Schweden!« murmelnd, blättere ich nun hier in diesem Buch und will, auch ohne die Unterschriften zu lesen, erkennen, was Herr Mario von Bucovich, der berliner Fotograf, da abgebildet hat. Er hats gut gemacht.

Das alte Paris ist leicht zu fangen – das neue Paris, das redende, lebendige Paris ist sehr schwer zu fassen. Anschaulich sind alle Bilder; ›malerisch‹ leider einige; pariserisch die meisten, und verfehlt wohl keines.

Nun hat freilich jeder von uns *sein* Paris, das ist wahr – und worin das allemal besteht, wird schwer zu ergründen sein. Das Album ist sozusagen neutral – jeder kann sich sein Paris heraussuchen. Es ist alles da – und wenn mich der Herr Fotograf fragt, warum ich denn so ein Gesicht mache und was mir denn fehle, so kann ichs ihm nicht sagen. Immerhin kann man diese Stadt nun aufblättern, und Anhaltspunkte zur Erinnerung wird man nicht vermissen. Freilich: ›das‹ – das kann man wohl nicht fotografieren.

Unter die Brücken hat er seinen Apparat gehalten, und Plätze hat er hergenommen und Spatzen und Versailles und immer wieder die Seine – und bei dieser Gelegenheit habe ich endlich gelernt, wie es im Schloß zu Fontainebleau aussieht, wo ich gewohnt habe. Aber wir alten Fontainebloher gehen nicht in das Schloß ... und das erinnert mich daran, daß ich einmal einem alten Pariser den Eiffelturm gezeigt habe, er war noch nie oben gewesen, und vor lauter Freude kaufte er auf der Plattform eine Flasche Sekt, die ich brühwarm … die Erinnerung übermannt mich, lassen Sie mich einen Schluck Kaffee trinken. Und nun wird es noch schlimmer.

Ja, ich blättere das Album von vorn nach hinten durch, es ist ganz still in der Stube, eine Libellentänzerin schwirrt um die Lampe, und ich muß mich besorgt fragen, in welchem Tanzbund sie organisiert ist … ich blättere. Die Brücken sehe ich und die Place des Vosges, die ich anders sehe; und die großen Plätze am Louvre und Passy, und hier ist dies gewesen und da jenes, und ich rieche die graue Luft der Stadt und den Dunst und den scharfen Rauch – und die nassen Flächen auf dem glitschigen Asphalt sehe ich, man kann auch im Asphalt wurzeln. Alles, alles kann man entbehren. Die Literatur: schwer; den Whisky: schon schwerer; Lisa, Musch, Mara, Margot: am schwersten. Aber eines kann unsereiner nicht entbehren:

die große Stadt, die abends die Lichter anzündet, die Stadt, wo man sich anonym in seine Bestandteile auflösen kann; wo so viele da sind, daß keiner mehr da ist, und wo zwar nichts wächst, aber wo es gekocht wird, alles miteinander. Schilt mir den Landmann nicht, er … ich weiß. Aber du, schilt mir die Städte nicht, die Chronometer der Zeit, Wasserstandsanzeiger und Dampfdruckmesser in einem. Schön ist es in Schweden; schön ist es auf dem Lande. Die Luft ist rein, mein Herz ist klein … Über ein kleines aber, und ich stehe auf dem Bahnhof, der Zug ruckt an, bald durchwühlen schwarze Zöllnerhände meine Koffer, und sie spielen: Europa, diese Herren aus der politischen Postkutschenzeit, und da sind die blauen Träger mit den Kappen, und ich bin zu Hause, zu Hause.

Es ist heiß in Hamburg

Hamburg, du schönste deutsche Stadt! – »Den zuckenden Fisch an der Nordsee« hat dich Larissa Reissner genannt; Hamburg, Stadt für Männer, Stadt der kraftvollen Arbeit, Stadt auch für Liebende – wie ein kleines Meer lag die Alster (Ozean privat) morgens um halb fünf in der hellblauvioletten Stunde, Mona Lisa stand schon oder noch am Fenster und sah hinaus … Guten Tag, Hamburg.

Es ist heiß in Hamburg. Aber weil hier die Sonne nur auf Abzahlung scheint und immer ein frischer Wind von der See her weht, ist es doch nicht zu heiß. Jakopp stöhnt vor Hitze.

Jakopp ist mir seit alters befreundet; Etappe an Etappe haben wir die große Zeit durchgestanden, und nun ist er irgend etwas Hervorragendes im hamburger Wasserwerk. Wenn es heiß ist, tut er so, als müsse er selber das Wasser für die ganze Stadt aus dem Boden pumpen – er hat so viel zu tun! Jakopp wohnt am Harvestehuder Weg, der ohne die Rs auszusprechen ist, und durch eine in der Bodenkammer sinnreich angebrachte Hühnerleiter, Symbol des Lebens, kann man ihm aufs Dach steigen. Da sitzen wir denn abends auf dem flachen Haus und sehen in das blaue Bassin und in den altgoldenen Whisky, den Jakopp vermittels eines weiten Havelocks in Helgoland einzukaufen pflegt … Ein rascher Seitenblick belehrt mich, daß Jakopp nicht weit von jenem Stadium ist, wo er glaubt, das Alsterbassin selber angelegt zu haben. Er stöhnt vor Hitze.

Es ist heiß in Hamburg, und vor Hitze gerinnen auch unsere Gespräche. Es ist eine jener hamburger Unterhaltungen, die, besonders wenn der Stoff peinlich ist, im Schlicksand verlaufen, die Worte fließen spärlich wie Jakoppens Wasser im Sommer, und auf einmal ist es aus. »Wie geht es denn Ihrer Tante?« – »Tje … der Doktor meint, es wäre ja nu nich mehr so … und da wäre es ja denn besser, wenn sie nu gleich …« Aus. Das Wort ›Tod‹ wird taktvoll vermieden, wie überhaupt der Hamburger auch die pathetischen Vorgänge immer ins ›Faine‹ umbiegt. Fein und unerbittlich diesseitig, so ist Hamburg. (Erster Akt *›Hamlet‹*. Eine hamburgische Dame zur andern: »Bis schetzt gar kein Sinn in.« Erledigt, Herr Shakespeare!) Vorläufig ist es aber mal bannig heiß.

»Weißt du«, sagt Jakopp plötzlich, »daß morgen Onkel Ulrich begraben wird?« Ich weiß es. Onkel Ulrich ist kein betrüblicher Onkel, sondern ein gleichgültiger Onkel – vererbt wird hier nichts, wir haben ihn beide kaum gekannt, und unsere Trauer ist artig-konventionell. »Ich muß hin«, sagt Jakopp. »Bei dieser Hitze –«

Was wird das geben? denke ich. Denn Jakopp neigt, wenn er mit dem Leben zusammenstößt, zu seltsamen Eskapaden; er ist der Mann, der im vorigen Jahr nach Italien nicht ohne seine Bleistiftspitzmaschine reisen konnte; der italienische Zoll geriet fast aus dem Häuschen, alala! – und als schon fünfzehn Mann der Mussolini-Garde die gefährliche Zaubermaschine, Erklärungen heischend, umstanden, da nahm Jakopp einem Faschisten den Bleistift aus der Hand und begann, den Welschen einen vorzuspitzen. Da ließen sie ihn in Ruhe. Was wird das geben? denke ich.

Schon frühmorgens gärt es in Jakopps Schlafzimmer.

Zunächst erscheint er im Nachthemd und Zylinder, einem Kaiser-Wilhelm-Gedächtnis-Zylinder, Modell 1892, und verschwindet wieder. Ich höre ihn brummeln und schimpfen; es sei zu heiß, und Onkel Ulrich sterbe immer im Sommer, und ob er, Jakopp, bei dieser Hitze überhaupt hinausfahre, das sei noch gar nicht entschieden … Ich höre kaum hin. Und werde erst aufmerksam, als ich ihn zur Korridortür hinausrufen höre: »Agda –« (Jakopps Stützen heißen stets so melodisch) – »Agda! Bringen Sie den Begräbnisüberzieher!« Ich nichts wie raus. Das muß ich sehen.

Agda bringt das Ding wirklich an: es ist ein schmächtiger, schwarzer, traurig vom Bügel weinender Paletot. Jakopp zieht ihn an. Er zieht ihn an, und ich sehe zu, ich gucke einmal, ich gucke zweimal – »Jakopp«, sage ich schüchtern, »was wird das? Wo ist denn –« Jakopp antwortet gar nicht.

Er hat an:

Schwarze Hosen, Oberhemd, Kragen, schwarzen Schlips, jenen Zylinder und den Überzieher. Weiter nichts! Rock und Weste hängen im Schrank und wundern sich.

»Ja«, sagt Jakopp. »Es ist eben zu heiß. Man sieht sie ja doch nicht!« Ich halte es für einen Spaß; nein: so wahr ich Gott im Himmel bin, Jakopp geht zur Tür, markiert Frühstück im Nebenzimmer und geht dann in dieser Verfassung broschiert zu Onkel Ulrich. Ich liege auf dem Sofa und lache mir einen Bruch.

Als er wieder da ist, strahlt er bis zu seinem Zylinder, dem sich, offenbar beim Anblick der andern Zylinder, die Haare gesträubt haben. »Alle haben so geschwitzt«, sagt er. »Nur ich nicht.«

Und kleidet sich aus und um und an.

Jakopp darf sich, so seltsam das klingt, zu Beginn des nächsten Jahres verheiraten. Seine Braut ist aus Bayern – also den Anblick halb bekleideter Männer gewöhnt.

Es erhebt sich nunmehr für den Zuschauer die beklemmende Frage:

Wenn Jakopp sein System, nicht zur Sache gehörige Kleidungsstücke einfach fortzulassen, konsequent durchdenkt –: was wird er dann bei seiner Hochzeit weglassen –?

Auf der Reeperbahn nachts um halb eins

Im ›Grenzfaß‹, da, wo Preußen an Hamburg stößt, gibt es morgens um halb fünf eine herrliche Hühnerbrühe, die gut tut, und nun tanzen sie nicht mehr, nirgends – nun hat es sich ausgetanzt. In der ›Finkenbude‹ dürfen sie auch nicht schlafen – sie dürfen überhaupt nicht mehr in den früheren Logierhäusern schlafen, fast nirgends mehr – die Kommunalbehörden haben das aufgehoben, Gott weiß, warum. In der ›Finkenbude‹ (Finkenstraße) war, als wir eintraten, jener schnelle kühle Luftzug durch das Lokal geflitzt, der immer hindurchzuziehen pflegt, wenn Leute eintreten, die da nichts zu suchen haben – telepathisch geht ein unhörbares Klingelzeichen durch den Raum: »Achtung! Polente!« Und dann sehen die Leute so unbefangen drein, und die Kartenspieler spielen so eifrig und so harmlos, und alle sind *so* beschäftigt … Mit vielen »Hähäs« setzte uns ein langer Berliner auseinander, daß er nun bald wieder Arbeit auf einem Schiff annehmen würde … »Denn, nicha, Herr Wachtmeister – schöne Aussicht hier – was?« Gott weiß, was sie da kochten …

Im chinesischen Restaurant sangen sie beim Tanzen, die ganze Belegschaft, einstimmig und brausend – eine kleine Blonde hatte eine Kehle aus Blech – es klang wie aus einer Kindertrompete. Südamerikaner tanzten da und Siamesen und Neger. Die lächelten, wenn die kleinen Mädchen kreischten. Ich suchte, ob die Somali von Hagenbeck Vertreter entsandt hätten – aber so schön war hier niemand …

Im ›Hippodrom‹ trabten die Pferde für zwanzig Pfennig, und wenn man eine Mark aufwendete, durfte man sie galoppieren lassen; der Stallmeister drehte sich unentwegt um sich selbst, als stände er auf einer rotierenden Scheibe, und wippte mit der Peitschenschnur, die er manchmal aufknallen ließ … Die Pferde hatten müde, traurige Augen, weil sie nachts hier unten, ein paar Kellerstufen unter dem Trottoirpegel, herumlaufen mußten, ohne jemals ans Ziel zu kommen … Es waren nicht nur Nachtbräute da, auch Tagesdamen und Familien mit Schwägerin, Tante und Großmama, denn es war Sonnabend.

Da, an der Ecke, wollte uns der Portier hineinlocken – die Damen seien alle in Schwimmhosen, versicherte er. Aber das konnten wir uns gar nicht vorstellen …

Und in der rechteckig gewinkelten kleinen Gasse, die auf beiden Seiten durch Tore abgeriegelt war, standen und latschten viele junge Leute; und vor dem Eingang, an der Kleinen Freiheit, stand ein Zettelverteiler von der Deutschen Mitternachts-Mission und sprach die jungen Leute an: Hier, in den Häusern mit den verschlossenen Fensterläden hätten sie nichts zu suchen … »Was suchen Sie hier?« stand auf seinen Traktaten. Um den Redner herum standen zwanzig Menschen, und wenn sie ihn angehört hatten, gingen sie alle, einer nach dem andern, durch das Tor.

So leid es mir tut:

Sankt Pauli ist sehr brav und fast gut bürgerlich geworden. Der stöhnende Trubel der Inflation ist dahin; und es gibt keine ›Sailors‹ mehr, die vier Monate auf dem Meer mit dem Schiffszwieback und den Ratten und dem Kapitän allein waren, und vier salzige Monate lang keine Frau mehr gesehen hatten; und es gibt nicht mehr diese tobenden Nächte und nicht die bunten Verbrechen … Oder liegt es an uns, an unsern Augen –?

Menschen sind romantisch. Gegenstände sind es nicht. Die Romantik liegt im Auge des Beschauers.

Sieh die jungen Leute an, die da mit ihren Mädchen Sankt Pauli durchziehen – es ist ganz unleugbar, daß der Sport auch hier Wellen schlägt. Das sind neue Leute, unromantisch auch sie. Die älteren haben den Krieg gesehen, und alle die Inflation, und sie wundern sich so leicht nicht mehr. Bei aller Naivität: es wundert sie so leicht nichts mehr. Der Schauer vor dem ›Laster‹ ist dahin, und die Geheimnisse und vieles andere noch. Kühler sind die Augen, härter die Falten um den Mund, kälter und glatter die Gesichter. Die Polizeirapporte sind nüchterner –. Und es ist gut so.

Denn ich wünschte, daß wir die Reeperbahn, nachts um halb eins, so ansehen, wie man gesellschaftliche Vorgänge jeder Art nun einmal ansehen soll: sachlich, kühl, möglichst unromantisch – klar. Mit den Geschlechtskrankheiten ist es erst besser geworden, seitdem man ohne Schauer, ohne dummes Grinsen, ohne moraltriefendes Gewäsch davon und darüber sprechen darf – das ist mühsam erkämpft worden, aber es hat genützt. Tausende sind so bewahrt worden – Hunderttausende leichter geheilt. So soll man auch soziologische Vorgänge: Prostitution, Arbeitslosigkeit von Angehörigen der Handelsmarine; Konzessionsentziehungen; Zwistigkeiten zwischen Leuten, die unter Polizeiaufsicht stehen, und der Polizei; Wohnungsnot; Alkoholkonsum; Vergnügungsbetrieb –: kurz, Sankt Pauli – so soll man auch dies sachlich betrachten. Man kommt weiter damit. (Und das ist mit dem Nationalismus nicht anders.)

Längst bin ich aus Altona fort – ich stehe auf dem nächtlich leeren Gänsemarkt zu Hamburg und sehe eine kleine enge Gasse herunter, die brav und bieder geworden ist, seitdem sie die öffentlichen Häuser hier geschlossen haben. Niemand steht dort mehr in den Haustüren und winkt; wenn man herunterging, plapperte die ganze Gasse mit einem Male. »Na Kleiner! Komm! Dich kenn ich doch noch aus Honolulu!« Ich war niemals in Honolulu … es muß eine Personenverwechslung vorliegen … In meinen Ohren klingt noch wirre Musik von der Reeperbahn, nachts um halb eins.

Fahrt ins Glück

Ich ziehe meinen Rolls-Suiza aus dem Bootsschuppen, prüfe die Propeller und reite ab. Der Landweg führt durchs Holsteinische, vorbei an dem Dörfchen Lütjenburg, wo im Jahre 1601 Jakob Wasa mit Georg dem Heizbaren die berühmte Schlacht bei Lütjenburg schlug, in der ihm sechs Pferde unter dem Leib ... vorüber; Baumwipfel und kleine Kuppen grüßen – und da liegt Mütterchen Ostsee. Die Straße führt durch Haffkrug, Scharbeutz, Timmendorfer Strand.

Wir sind im Herbst, und Villen, Hotels und Kurhäuser stehen leer; nur hier und da ragt noch ein Strandkorb mit Wimpeln und einer Fahne; die Manikür-Fräulein sitzen gelangweilt vor den Frisiersalons in der Sonne und putzen sich selber die Nägel, um nicht aus der Übung zu kommen; Hunde lungern herum und schnüffeln in alten Zeitungen, lesen und heben ein Bein; die Ostsee ist eigentlich schon zugedeckt. Und je weiter ich komme, desto mehr blähe ich mich auf; ich nehme zusehends zu, vor Schadenfreude bekomme ich fast einen kleinen Bauch ... Was tat der Marquis de Sade? Er röstete kleine Mädchen und bestreute sie mit gestoßenem jungem Mann? Das ist gar nichts. Ich – genieße eine Sommerfrische, die ich nicht zu genießen brauche.

Meine wollüstige Phantasie bevölkert diese leeren Straßen und Häuser; es ist heiß, eng und staubig, alles ist besetzt, und die Wirte sind frech wie die Aasgeier, die nur noch aus Übermut fressen. »Ein einzelnes Zimmer geben wir nur an achtköpfige Familien ab –!« Die Ostsee liegt faul da, wie ein alter Tümpel; sie stinkt widerwillig vor sich hin, das gefangene Raubtier, und die Leute sagen: »Nein, wie erfrischend es hier aber ist –!« Eine Wolke von fataler Ausdünstung lagert über Scharbeutz, Timmendorfer Strand und Haffkrug; Teller rasseln, Hunde bellen, Kinder quäken, und ein Brei des Geredes ergießt sich über den Strand:

– »Geh doch ma rrüber, bei Rrröper – sack man, es wehr für uns!«

– »Nu sehn Sie sich bloß mal Frau Lahmers an, wie sie heut wieder aussieht! Wie macht die Frau das bloß?« – »Kuck mal, ne Judsche!«

– »Einen Umchain haben diese Goiten!« – »Wer mir an meinen Strandkorb rankommt und will die schwarz-weiß-rote Flagge runterholen, den hau ich – na, das wär gelacht! Wir sind doch hier zur Erholung hier!« – »Hab ich nötig, Schwarz-Rot-Gold aufzuziehen? Wir sind doch zur Erholung hier …!« – »Hat er dich für heute abend hinbestellt? Würd ich nicht gehen … Elli, das kannst du nicht tun! Oder du nimmst mich mit!« – »Das kommt ganz auf die Umstände an, gnäjjes Frollein!« – »Auf welche Umstände, Herr Assessor?« – »Nero! Nero! Komm mal her! Komm mal hierher! Komm mal hier mal her! Nero! Pfuit! Pfuiiiit! Kannst du nicht hören! Nero!« – »Mama, Lilly schmeißt mit Popeln!« – »Frau Doktor! Frau Doktoor! Sie haben Ihren Büstenhalter vergessen!« – »Schrei doch nicht so!« – »Na, meinste, man sieht das nicht, daß sie ein hat …?« – »Mir ist die ganze Reise verleidet!« – »Meines Erachtens nach beruht die Rettung Deutschlands wesentlich auf den Kolonien. Also, meine Herren, England …« – »Ein kleiner Kaffee zwei vierzig, ein Teelöffel achtzig, ein Glas Wasser fünfzig, eine Tasse dreißig, Kuchen haben sie nicht gehabt, macht vierzig, zusammen …« – »Donnerwetter, hat die Frau Formen –« Und ich bin nicht dabei.

»Mir ist die ganze Reise verleidet –!« Mütter tosen, bei denen man sich aussuchen kann, ob sie zu wenig geliebt oder zu wenig geprügelt worden sind; die Zuckungen in Unordnung geratener Gebärmütter vergiften ganze Existenzen. Kinder heulen, Väter fluchen, die Hunde kneifen gleichfalls den Schwanz ein, und die Grundlage des Staates ist, woran kein Zweifel, die Familie.

Jetzt bin ich aufgepumpt wie ein Ballon, das Gas der Gemeinheit erfüllt meine kleinsten Poren – ah, nicht dabei sein müssen, wenn sich diese Menschheit zwecks Erholung zu scheußlichen Klumpen zusammenballt wie vereinbaren Sie das Herr Panter mit Ihrer sozialen Gesinnung da erholen sich diese armen Leute so gut sie das können und Sie halt die Schnauze es gibt Flammri, der zittert vor Ekel über sich selbst auf dem Teller, alles ersauft in derselben Sauce, abends knallt eine dolle Nummer von Sekt an den Tischen der Réühniong und fließt derselbe in Strömen aus Schmerz über den Schmachfrieden von Versailles … weil sie sich am Morgen in die wehrlose Ostsee stippen, waschen sie sich nun überhaupt nicht mehr, wieso, wo wir doch morgens baden, Emmy, du bist ein Ferkel, es ist heiß, es ist staubig, es riecht nach Milch und kleinen Kindern und Pipi, es ist überhaupt so schön, wie es nur die Natur und der Bürger vereint zustande bringen – und ich bin nicht dabei.

Hochkragige Fememörder mit Holzfressen, in deren kalten Augen eine stets parate Grausamkeit glitzert; sich erholende Buchhalterinnen für sechs Mark fünfzig den Tag zuzüglich Getränke; sie tragen eine Liebenswürdigkeit im Herzen, die nur für einen ausreicht – dem Rest gegenüber sind sie sauer und so unfreundlich …

Manchmal ist es schön, allein zu sein. Manchmal ist es schön, keinem Verein anzugehören. Manchmal ist es schön, vorbeizufahren.

Der Herbsttag ist blau, die hohen Bäume rauschen, und violett vor Schadenfreude passiere ich die sommerlichen Stätten der Lust, die nicht so groß sein kann wie meine, an ihr nicht teilnehmen zu müssen. Falscher Nietzsche; der Kollektivismus; der typische bürgerliche Intellektuelle; eine Frechheit; im Namen der Arbeitsgemeinschaft der Reichsverbände Deutscher Ostseebäder-Vereine; der pariser Jude Peter Panter; eine Geschmakkklosigkeit, antisemitische Äußerungen zu bringen; wo erholen Sie sich denn, Herr? wir lebhaft bedauern müssen, diesem Artikel in unserm Blatt die Aufnahme zu verweigern, das Nähere siehe unter Inserate; Sie haben eben keine Kinder; wo liegt eigentlich Scharbeutz? wir waren dieses Jahr in Zinnowitz, Gottseidank judenrein; wir waren dieses Jahr in Westerland, also wirklich ein sehr elegantes Publikum – versteh ich einfach nicht, was er hat –

– der Herbsttag ist blau, die hohen Bäume rauschen, die Ostsee sächselt, und ich fahre selig durch die holsteinischen Wälder des Herbstes,

hindurch, vorbei, vorüber.

»Die rue de Vaugirard ist so lang wie ein Satz von Proust«

Unterwegs in Paris

Park Monceau

Hier ist es hübsch. Hier kann ich ruhig träumen.
Hier bin ich Mensch – und nicht nur Zivilist.
Hier darf ich links gehn. Unter grünen Bäumen
sagt keine Tafel, was verboten ist.

Ein dicker Kullerball liegt auf dem Rasen.
Ein Vogel zupft an einem hellen Blatt.
Ein kleiner Junge gräbt sich in der Nasen
und freut sich, wenn er was gefunden hat.

Es prüfen vier Amerikanerinnen,
ob Cook auch recht hat und hier Bäume stehn.
Paris von außen und Paris von innen:
sie sehen nichts und müssen alles sehn.

Die Kinder lärmen auf den bunten Steinen.
Die Sonne scheint und glitzert auf ein Haus.
Ich sitze still und lasse mich bescheinen
und ruh von meinem Vaterlande aus.

Die ›Apachen‹

»Komm mit. Du kennst Paris nicht. Da laufen die Leute nackt herum.«
FRITZ V. UNRUH:
›Louis Ferdinand, Prinz von Preußen‹

»Überhaupt hat sich Paris viel verändert«, klagt einer am 1. Mai in einem Brief an den Vater. Einer war Mozart, der 1. Mai lag im Jahre 1778, und dieser Brief wird wahrscheinlich alle Jahre in Paris geschrieben. »Das hätten Sie früher sehen sollen …!« Wie immer, so ist auch jetzt richtig, zu sagen: Paris hat sich geändert. Die Apachen mit dem rotseidenen Foulard gibt es nicht mehr, die Räuberromantik von La Villette gibt es nicht mehr (wenngleich Montgeole noch immer schlimmstes Scheunenviertel ist); die Hallen sind nicht mehr der Bauch, sondern nur noch der Magen von Paris – und es ist überhaupt nicht angebracht, überall Spuren und Kennzeichen einer Romantik sehen zu wollen, die aus der Zeit stammt, da die Métro noch mit Pferden betrieben wurde. (Kleine Pause. Dann: »Verzeihen Sie …«) Na, gewiß doch. Ein Franzose hat einmal ein neues Interpunktionszeichen vorgeschlagen: den point d'ironie. Es gibt also auch keine Verbrecher mehr in Paris?

Natürlich gibt es sie. Aber wir sehen sie mit unsern Augen. Der schwarze Tod ist eine romantische Sache, solange man die Bakterien nicht gekannt hat, die ihn verursachten. Da unten wimmeln nicht die schlimmsten Verbrecher herum, nicht die Verdorbensten. Die Jämmerlichsten vielleicht, nicht die Bösesten. Wie sehen sie aus?

Auf der Place Maubert bei Guignard gibt es eine verlauste Kleiderbörse, die Häuser drum herum sind ganz manierlich, in der Kneipe hocken Männer und Frauen, Lumpenproletariat, bei dem man nie recht weiß, wo der Lumpenfetzen aufhört und der Mensch anfängt. Vielleicht sind es gestohlene Sachen, aber nicht einmal die Polizei mengt sich darein: es lohnt nicht. Es gibt drei Asyle für Obdachlose in der Stadt, die Quais hinter den äußeren Boulevards sind nachts nicht immer angenehm zu passieren, aber ein französisches Whitechapel gibt es nicht. Das hat sich früher einmal anders abgespielt.

Man kann heute noch auf der Place Denfert-Rochereau die Katakomben besichtigen (Eintritt ein Franc, romantische Kerze extra), aber dieser alte Steinbruch, in dessen Gängen jetzt die Knochen aus alten Kirchhöfen liegen, erstreckt sich weithin unter einem großen Teil von Paris – und in der rue de la Huchette, ganz in der Nähe von Notre-Dame, ist ein kleines, durchaus gewöhnliches Restaurant, das hat einen Keller. Unter diesem Flaschenkeller liegt ein anderer, und der hat eine Tür. Und von dieser Tür führte ein Gang bis zum Löwen von Belfort auf der Place Denfert-Rochereau, was immerhin eine halbe Stunde Untergrundbahnfahrt bedeutet. Da tagten politische geheime Gesellschaften, man sieht noch manche Abzeichen, eine Holztür, die angeblich von Revolverschüssen durchlöchert ist, steinerne Sitze und einen tiefen Brunnen … Die Gänge sind heute verbaut, aber diese Anlagen und einige noch erhaltene Gänge durch Häuser und Gäßchen und Höfe lassen erkennen, daß Eugène Sue eine vorhandene Wahrheit meisterhaft umfrisiert hat, es war etwas vorhanden, für sechsunddreißig Bände war etwas vorhanden. Der Wirt schwört, den Keller keinem Menschen mehr zu zeigen. (»Denken Sie mal an! Grault er sich?« – Nein, aber sie haben ihm ein paar Flaschen Wein aus seinem Keller gestohlen.)

Nachts findest du, was du suchst, in den Bals Musette. Was das Dekor angeht, so ist einer wie alle: Vorn an der Theke im Vorraum der Wirt bei seinen Flaschen und Gläsern, hinten, meist durch runde Eisensäulen gestützt, ein kleinerer oder größerer Raum, viele Spiegel mit bunten Glühlämpchen, oben auf einer Estrade die Jazzband des kleinen Mannes: Harmonika, Geige, Gitarre und – manchmal – ein komplettes Schlagzeug. Nach dem Tanz wird abkassiert.

Der Zuhälter produziert sich nicht. Er ist angezogen wie Sie und ich, die Besseren mit jener spezifischen Eleganz, die Sie kennen. Der Typ, der gefällt, ist nicht geleckt und gescheitelt – das Apachentänzerpaar, ohne das kein besseres Weinkabarett der deutschen Provinz mehr sein kann, würde nirgends größeres Aufsehen erregen als hier. Die Jungens haben oft krauses, hochstehendes Negerhaar, volle Lippen, gehen nicht über Mittelmaß … Viele tragen die große Mütze. Die Mädchen wie überall: immer die kleine freche Schwarze, die süße Blonde mit der schlanken Figur, die Extravagante, die Männliche … das wiederholt sich. Es wird hübsch getanzt, sehr leicht, fast überall sehr dezent. Getrunken wird im allgemeinen wenig: der Alkoholkonsum ist in jeder boîte auf dem Montmartre, wo die Ètrangers-Fremden hochgenommen werden, bedeutend größer. Trotzdem repräsentieren diese kleinen Tanzlokale ganz erhebliche Werte: ihr Verkaufswert beziffert sich auf ein-, zweihunderttausend Francs und mehr, je nach der Lage. Das Geschäft geht fast überall flott, die Unkosten sind nicht übermäßig groß, es rentiert sich.

In manchen saß ein Schutzmann. Wird hier sonst gemordet? Der Wirt bestellt sich für zehn Francs, die in die Polizeikasse fließen, solche surveillance payée, der Agent sitzt ruhig in einer Ecke, und alle Welt weiß, hier wird nicht spektakelt. Aber das ist natürlich durchaus nicht in allen so. In vielen Gäßchen steht der Doppelposten. Sie gehen langsamen Schrittes an diesen kleinen Budiken vorbei oder radeln andante – auf die Wache.

Die Wache … Eine liegt einem Haus mit geschlossenen Fensterläden grade gegenüber. Der Kommissar ist gar nicht von Courteline, sondern ein netter, etwas martialisch aussehender Herr, trotzdem die pariser Polizei in dem Ruf steht, sehr energisch zugreifen zu können, wirkt der Zuschnitt nicht militärisch. Im Korridor steht ein Kasten für entlaufene Hunde, dahinter die Kästen für die Menschen. Die ›violons‹ sind kleine steinerne Zellen (mit Wasserspülung übrigens); die Zementwände voll von Inschriften. Womit schreibt man auf Zement? Mit dem Messer, mit einem Nagel, die Damen mit dem Schminkstift. »Pierette aime Roger p. l. v.« Pour la vie – mit dem Schminkstift. Und, natürlich, die klassische Beschimpfung der Beamten: »Mort aux vaches!« Das gehört dazu.

Straßauf, straßab. Das ist ein hôtel de nuit. Nein, es ist gar nicht pikant, es ist jämmerlich. Da liegt die Klasse Ia der misérables – Männer und Frauen, die zwei oder drei Francs für das Nachtquartier übrig haben: in dumpfen, säleartigen Zimmern liegen sie da in Betten und schnarchen in scheußlicher Luft. Strenges Reglement, Fremdenbuch, das Ganze zwischen unsauber und dreckig. Wüste, zerwühlte Köpfe sehen blöde aus bleiernem Schlummer. Auf Zehenspitzen wieder heraus. So ein Hotel ist jeden Abend stippevoll, eine Notwendigkeit, eine Goldgrube und ein Zeichen … Unmöglich, anders als mit unsern Augen zu sehen; unmöglich, diese Welt anders zu sehen als mit dem heißen Wunsch, daß es so etwas nicht mehr gebe; unmöglich, den Grund und die Basis dieser Zeichen nicht zu sehen, an ihnen vorbeizusehen, in die blaue Romantik hinein … unmöglich.

Kleine Cafés für diese oder jene Spezialität nächtlicher Profession – Absteigequartiere; in manchen Vierteln noch ältere Frauen, die auf und ab gehen (›ils s'expliquent‹ ist der Fachausdruck), ohne Hut, mit einem Schal, einem Regenschirm, durchaus noch von Steinlen. Aber sonst lebt in diesen kleinen Sträßchen, unter diesen glitschrigen Torbögen, an den finsteren Höfen, um diese trüben Laternen herum schon ein Geschlecht das die Fabrik in den Klauen hat, die Bodenverteilung der Stahl- und Kohlenherren … es ist unbarmherzig.

Vieles ist verschwunden, so der Kaufmann des Schlafes, der père Fradin, wo man im großen Saal sein Nachtquartier bekam auf einer Bank: vor der Bank war ein Strick gezogen, und da lagen sie mit den Ellbogen drauf und schnarchten. Morgens wurde der Strick losgehakt, und dann fielen alle herunter. Vorbei. (Oscar A. H. Schmitz hat diesem Fradin übrigens eine ausgezeichnete Schilderung gewidmet.) Es ist so vieles nicht mehr da – weil sich diese Kreise dezentralisiert haben – es gibt noch Pünktchen, aber keinen Brennpunkt mehr.

Lokale Helden sind noch da, Löwen des Quartiers, die ganz

Großen scheinen im Augenblick keinen Vertreter hier zu haben. Battistin Travail, der König der Einbrecher, ist im Kriege gestorben; seine letzten Heldentaten waren merkwürdig genug; woran dies Manko der jungen Generation liegt, ist schwer zu sagen: vielleicht ist die französische Polizei zu gut, überwacht sie zu exakt, wer weiß.

Jetzt ist es Nacht, Paris ist still, die Boulevards sind leer, oben auf Montmartre, wo die Lokale ihre Pagen, ›chasseurs‹, haben – daher man denn die Parallele ›Jägerstraße‹ sich nicht ganz verkneifen kann – oben auf Montmartre spielt ein Kohorte Ausländer den andern Ausländern noch etwas pariser Nachtleben vor – die Bürger schlafen, weil sie morgen früh, sehr früh aufstehen werden.

Einmal habe ich Heinrich Zille gefragt: »Sehen Sie – da sind die neuen Tüchtigen, diese Abart vom ehrlichen Kaufmann, die großen Geldmenschen mit der neuen Gangart – –. Was sagt dazu Ihr Milljöh?« Er antwortete: »Nischt. Sie haben ihren Meister gefunden.«

Sie haben ihren Meister gefunden.

Ganz in der Nähe der Madeleine, da spielt ein Mann entzükkend Klavier, ein Mischblut tobt diskret am Schlagzeug. Sehr junge Engländer, alte Amerikaner, Frauen, die keine Frauen, Männer, die keine Männer, die doppelt Mann, die alles sind, was man bezahlt. Es flirrt von Witz, Schmuck, Glanz, guten, sehr guten Parfums, halben Blicken und ganzen Gesten. Nichts Unpassendes ereignet sich. An den Wänden Plakate, hingehuschte Aquarelle, eine Fotografie: schlanke Beine auf einem Tisch, nichts als ein Paar Beine im dünnen Rahmen. Hier ist alles, alles, was Sie wollen: wirkliche Korruption, Dekadenz, lasterhaftes Getue, Getue und Laster, Bösartigkeit, das gesellschaftlich kaschierte Verbrechen, Schaukelmenschen, die Wedekind »Hopp-Hopp« genannt hat, Lumpen, gerissene Dummköpfe, wenig Bedenken, aber sehr viel Kokain.

Die ›Apachen‹? – Im Parterre? – Nein, bitte schön, wollen Sie sich weiter nach oben bemühen: im ersten Stock.

Einer pfeift sich einen

Die rue de Vaugirard ist so lang wie ein Satz von Proust. Ich gehe schon eine dreiviertel Stunde – das macht aber gar keinen Spaß. »Hepp!« Kein halber Pogromruf – so ruft der feine Mann in Paris einen Wagen. Das Automobil schnurrt ab.

Während ich mich von einer Backe auf die andre setze und mich freue, wie rasch der Wagen bremsen und wieder anfahren kann, und wie haargenau er die Kurven nimmt, höre ich ein leises Pfeifen. Wahrscheinlich ein Straßenjunge – huit, vorbei. Hier in der Buchhandlung bin ich einmal gewesen; da habe ich die herrlichen ›*Holzkreuze*‹ von Dorgelès gekauft, ein ausgezeichnetes Kriegsbuch, ein guter Führer für den nächsten. Ich weiß noch genau, wie der Verkäufer erst gesucht hat ... inzwischen darf man sich den halben Laden ansehen, alles umkramen, aufblättern ... Wieder das leise Pfeifen. Merkwürdig, wie die Gassenjungen in Paris pfeifen. Wie die Mäuse. Das ist eine feine Beobachtung, ich werde sie mir merken. Ja, da stand ich in dem Buchladen, draußen in der Straßenauslage wühlten die Leute in den Ständen; es wird wenig gestohlen: man berechnet den täglichen Verlust bei einer Buchhandlung auf etwa zwanzig Francs, das geht an. Und ist zum Beispiel die Ladentür geschlossen, so gehen, ausprobiert, viel weniger Kunden in den Laden. Sie wollen wohl empfangen sein. Aber wer pfeift denn da –? Das können doch keine Jungen sein, so viel pfeifende Jungen gibt es doch gar nicht. Radelt einer hinter mir her? Ich sehe durch das kleine Fensterchen rückwärts: da fährt ein bockbeiniger Ford-Wagen – Ford pfeift nicht, davon steht nichts in seinem Buch. Also wer ist es dann? Immer noch dauert das leise Pfeifen an. Ich bin es nicht. Also –?

Der Chauffeur pfeift. Er lenkt, hupt, tritt in die Bremsen, gibt Gas und Saures – und pfeift sich einen. Wie denn? Im Dienst? Er hat gar keinen Dienst. Er pfeift, weil er zufrieden ist, weils ihm Spaß macht, auf der Welt zu sein, weil er gut gegessen hat, weil er nicht mehr Sorgen hat, als zum notwendigen Betrieb und zur

Aufrechterhaltung des Schwergewichts absolut nötig sind. Der Mann wird gut und gern seine achthundert Francs verdienen, wahrscheinlich mehr. Aber er kommt damit aus, manchmal drückt manches, aber es geht doch. Essen, Wein, Kleidung, nur die Wohnung liegt qualitativ – wie bei allen Parisern – mehrere Stufen unter der übrigen Lebensführung, es ist, als wohnten sie in der Wohnung eines minderbemittelten Freundes. Jedenfalls pfeift er. Wupp, um die Ecken und dabei einen sehr komplizierten Java ausstoßend – es geht gut mit dem Tempo des Wagens. Ob er Sonne im Herzen hat? Ich kann ihn nicht danach fragen: das kann man nicht übersetzen. Er ist weder Optimist noch Mitglied des französischen Reichsbundes Allgemeiner Droschkenchauffeure noch Arbeitnehmer und als solcher ... er ist: natürlich. Ist dem nahe, was andre Leute beinahe vergessen haben: dem Leben und der Natur, dem Ding, das man nicht nennen kann.

Gott weiß, was hier kommen wird. Umlauert von baisselüsternen Bankiers, von händel- und handelsüchtigen Politikern, fast überrundet von einer besser organisierten Welt, rings umwimpelt von Nationalfähnchen, diesen Schnupfentüchern unartiger Kinder, liegt Frankreich und arbeitet unter dem grauen Seehimmel des Nordens und der hellen Sonne im Süden. Die andern haben Probleme. Der pariser Chauffeur läßt die Bremse los, fährt an, nimmt die Straßenecke, daß es nur so glitscht, und pfeift.

Das Siebente

Mit den Arrondissements in Paris ist das nicht so wie mit der ›Gegend‹ in Berlin. Wenn einer vor Hunger nicht krauchen kann, so zieht er um des Himmels willen nicht aus der Geisbergstraße hinter den Alexanderplatz, weil ›man in der Gegend doch nicht wohnen kann‹ – obgleich die Leute hinter dem Alexanderplatz mindestens so viele Vermögen aufzuweisen haben wie der Kurfürstendamm, nur besser fundierte. Mit einem Wort: pariser Arrondissements sind kleine Städte. Le quartier hat sein Kino, sein Theater, seine Stammeinwohnerschaft, seinen Charakter. Es gibt, zum Beispiel, auf dem linken Ufer, um die rue de la Convention, kleine Straßen und Plätze, die so nach Kleinstadt schmecken, nach Weltabgelegenheit, nach stillen Kleinbürgern … Wenn aber einer von uns beiden stirbt: ich zieh ins Siebente.

Das Siebente liegt auf dem linken Ufer. Es ist ein großes rechtwinkliges Dreieck, mit der gebogenen Hypotenuse an der Seine, vom Eiffelturm bis zur Gare d'Orléans, und mit den Katheten der Avenue Suffren und einer Linie, die etwa vom Quai Voltaire bis zur Untergrundbahnstation Sèvres–Lecourbe führt. Da ist die Spitze.

Es hat von allem etwas:

Das schöne Champ de Mars, mit den vornehmen Straßen; von den obern Stockwerken aus sieht man über die weiten buschigen Flächen und die hohen Bäume, die bunten Anlagen vor der École Militaire, daran stille Alleen entlang führen, abends klappert der Maschinist in der kleinen Elektrizitätsbude auf dem Turm die ganze Lichtreklame herunter, und die Mieter können stolz sagen: Eignen Eiffelturm im Hause … Hier wohnen auch feine Leute, Finanz, Beamte und sogar ein deutscher Legationsrat. Und dann ist da der Dôme des Invalides, der so still und weit auf die Seine hinausguckt, besonders, wenn nicht gerade Ausstellung gespielt wird, und östlich davon eine Menge kleiner Straßen, und die meisten sind still. Das war ›le noble faubourg‹, und heute liegt da noch ein Stück des Boulevard St.-Germain, in dessen Salons Proust so gut Bescheid wußte und so verdünnt darüber schrieb, und in dem die deutschen Schmöcke gar nicht Bescheid wissen und so verdickt darüber schreiben … Eine Fülle von alten Palais liegt in diesem Teil der Stadt, keines hat die Fassade auf die Straße, alle verbergen Fronten, Vornehmheit und Architektur; die lange Straßenmauer schließt die Welt ab, und jene andre beginnt erst hinter dem großen Einfahrtstor.

Gleich hinter der Chambres de Députés fängt die Stille an, und alles, was um die Kirche Ste.-Clotilde herum liegt, hats gut: es ist mitten in der Stadt, und doch gehts da leise zu.

Ein feiner grauer Steinton ist in diesem Arrondissement, alles ist getönt, zart und doch kräftig. Wenn man schon in der großen Stadt wohnen muß, dann hier.

Du Unbekannte, die du mir einst dein ganzes Vermögen vermachen wirst, weil du dich seit zwölf Jahren allwöchentlich einmal mit der ›*Weltbühne*‹ zurückgezogen hast, hör mich an. In Paris, wohin meine Sehnsucht mich ruft, kann man keine Wohnungen mieten. Man muß sie kaufen. Laß es so viel sein, daß ich im Sommer in Dänemark leben kann, an den grünen und blauen Seen, wo die Butter und die Damen so frisch sind, daß man nie mehr Margarine essen mag – im Winter will ich eine Stadtwohnung haben. Darin soll dein Name gesegnet werden für und für, denn du wirst eine bessere Wohltäterin sein als Hebbeln seine. Vergiß es nicht: in Paris. Im Siebenten.

Hinter der Venus von Milo

Hinter der Venus von Milo, im pariser Louvre, steht ein kleines Bänkchen, auf das habe ich mich neulich gesetzt. Von der Venus sah ich nur den dunkeln, unbeleuchteten Rücken. Die Besucher standen in voller Tageshelle.

Es rückten an die Völker der Erde, in schlenderndem Museumsschritt, schon ein wenig müde vom vielen Spazierengehen, und von weitem sah man die Stumpfheit ihrer Gesichter. Wenn sie sich aber der Venus näherten, dann wechselte der Ausdruck.

Die meisten waren etwas befangen und traten mit einem Gesicht näher, das Männer machen, wenn sie einen Frack anhaben und einen etwas zu hohen Kragen. Sie gaben sich innerlich alle einen Bildungsruck und ›nahmen Haltung an‹. Also das ist sie ... Selbst die Frauen machten häufig eine halbe Verbeugung – aber nur, wenn sie allein waren –, manche lächelten wie ertappt. Es gab auch Offensivgeister, die traten rasch und resch in den kleinen hohen Raum: »Na sahrn Se ma – sind Sie denn nu wirklich so schön, wie es immer heißt? Das wollen wir gleich ma sehn –!«

Sie traten vor und traten zurück, sie suchten einen ›point de vue‹ und hielten die Hand vor Augen, um das ungehörige Licht abzublenden; sie buchstabierten die kleine Drucktafel, auf der drauf stand, daß dies die Venus von Milo sei, ich sah in weitaufgerissene Nasenlöcher und auf funkelnde Brillengläser. Manche kamen schnell angetrabt, mit etwas in den Augen, das sagte: »Na, da bist du ja!« Und: »Du hängst übrigens bei uns in der guten Stube!« Und: »Wirklich sehr schön!« Für viele hätten blaue und rote Gläser da sein sollen, mit denen man sich das Schauspiel hätte bunter gestalten können.

Männer mit schweren Schritten, steifer Haltung und zu kleinen Hüten rückten an, die mußte ich schon mal gesehen haben; französisch waren nur die Wächter, und das Schrecklichste der Schrecken umringte die stille Statue: die reisende Mittelstands-Amerikanerin. Laut, frech, aufdringlich, taktlos, ein unangenehmer Papagei. Ein englisches Mädchenpensionat saß auf den Bänken, wie die Vögel auf der Stange – sie schnatterten ziemlich laut und zeigten sich Bonbons und Ansichtskarten. Ein grausiges Gestell aus Chicago verhandelte mit einem Aufseher, der gutmütig Auskunft gab in einer Haltung, die verriet: »Ich bin schon achtzehn Jahre in dieser Anstalt, ich wundere mich über gar nichts mehr!« – Und ein Liebespaar auf einer Bank in der Ecke blieb eine halbe Stunde – hier und nur hier fühlte es sich ungestört vom pariser Klatsch …

Und es kam die junge Generation, Sportfiguren und glatte Gesichter. Die sahen ganz anders zur Venus auf. »Ewig«, steht in den Kunstbüchern, »ist der Schönheitswert dieses Körpers …« Ewig? Wirklich: ewig –? Diese jungen Leute, denen das Saxophon schon einiges erzählt hatte, dachten darüber vielleicht anders. Viele schnupften kurz auf, sahen hinauf, wieder hinunter, umstanden den Sockel und gingen wieder fort. Ihre Venus sieht vielleicht anders aus.

So saß ich noch lange, lange Zeit. Und muß sagen:

Ich persönlich möchte ja nicht die Venus sein. Hinterließen Augen Flecken: sie müßte aussehen wie eine Pardelhaut. Und wieviel Gleichgültige sehen sie an! Wieviel Konvention ist dabei, Mußbesuch, Pflichtspaziergang im Louvre – (»Und nun noch der Eiffelturm und die Oper – und dann ham was geschafft –!«) Ein Museum ist eine Sache.

Aber vielleicht darf man sich überhaupt nicht hinter die Objekte setzen. Denn was man da so im Laufe der Zeit zu sehen bekommt, läßt einen bald abstumpfen, weil es sich tausendfach wiederholt, weil die Phantasie der Menschen gering ist und ihre Spielarten noch kleiner – und weil Clowns, Richter, Ärzte und manche Damen Bescheid wissen, wie es wiederkommt, alles miteinander.

Das verzauberte Paris

Im August ist Paris die zweithäßlichste Stadt der Welt: staubig, heiß, stickig, grau und reizlos. Auf den Boulevards kann man manchmal auch einen Franzosen sehen – der ist dann aus Algier und sieht auch so aus. Die Original-Franzosen sind in Trou-sur-Mer und werden dort mit Flintenschüssen empfangen. ›Nepp‹ heißt: le coup de fusil – es gibt in Paris an der Kirche Saint-Philippe-du-Roule ein Restaurant, das gleich schießt. Und in diesem Sommer hats immerzu geregnet, immerzu, und dazwischen war es heiß, und hochmütig sahen die gerippten Flächen der geschlossenen Fensterläden auf uns herunter, die wir im Staube krochen ... Auf einmal war alles ganz anders.

Heute ist Mariä Himmelfahrt, und über Nacht ist der Herbst gekommen. Ah, noch nicht der mit den gefärbten Blättern und den jagenden Wolken und den Windstößen an der Ecke – wir sind ja erst im August. Aber es gibt einen Anfang des Herbstes, den spürt man in der Luft; es hat da so einen kleinen Ruck gegeben – ›knack‹ hat es in der Natur gemacht, und nun ist auf einmal kein Sommer mehr, nun ist da etwas Neues.

Die Luft steht still.

Die Bäume stehen still und rühren sich nicht in der milden, schon eine Spur herben Sonne. Sie warten. Alles wartet auf etwas. Die Schatten im Laub sind dunkler, die Schatten in den Mauerwinkeln, wo die Spatzen wohnen, sind schwärzer, das Licht goldener, die Luft blauer, härter, klarer. Es beginnen die Spätsommertage, jene Tage, die man festhalten möchte, und bei denen man nicht genau weiß, wo der Sommer aufhört und der Herbst beginnt ... Schon ...? Schon.

So ein Tag ist das also heute.

Paris ist leer. Seit Sonnabend mittag sind nun selbst die ausgeflogen, die nicht an die See, nicht ins Gebirge gereist sind: sie haben den halben Sonnabend, den ganzen Sonntag und den ganzen Montag, der ein Feiertag ist. Paris ist leer. Paris ist verzaubert.

Man kann die großen Boulevards hinuntergehen; da sind noch einige Menschen, auch noch Wagen ... Aber die langen Avenuen meiner Lieblingsviertel sind leer geblasen – man kann sich durch das Siebente träumen und durch das Achte – man kann auf dem Fahrdamm stehenbleiben und einer Katze zusehen, die hochmütig an der Tür sitzt, eine Concierge auch sie – aber sie zeigt viel weniger Interesse für ihre Mieter als die geschäftige Frau, die in jedes pariser Haus diesen Schuß von Kleinerleuteluft, Klatsch, Gemüsekram und Polizeispitzelei hineinträgt ... Guten Tag, Katze. Hört nicht.

Leer ist Paris.

Die Stadt sieht straßenweise aus wie die alten Aufnahmen aus dem Kaiserpanorama unserer Jugendzeit, vor denen man sich immer gefragt hat, wann in aller Welt sie denn wohl aufgenommen sein mögen. Gibt es so leere Straßen –? Es gibt sie – und nicht nur um sieben Uhr morgens – nein, jetzt, am hellichten Tage, mittags um zwölf Uhr ist es hier fast überall wie auf dem Dorf. Da gehen Frauen einkaufen, und sauber gewaschene Paare tragen neue Handschuhe und unwahrscheinliche Halbschuhe spazieren, und alle jungen Männer haben viel zu hohe Kragen, und sie sind sehr glücklich.

Unter der Erde, in der Métro – kein Mensch. Leer rollen die Wagen dahin, fast unnütz. Viele Läden haben geöffnet, die nämlich, in denen man sich etwas zu essen kaufen kann. Und Zeitungen kann man kaufen – aber es kauft sie fast niemand. Daudet hat gut Artikel aus Belgien schreiben – zur Zeit langweilt er sich und also uns mit schönen Primaneraufsätzen über die französische Romantik ... Man fühlt ordentlich, wie das linke Auge des Schreibenden nach Paris schielt, nach Paris, wohin er zur Zeit nicht zurück kann. Es dürfte das eine kleine Dummheit gewesen sein, Herr. Die Leute haben ja nicht schlecht gelacht, als er aus dem Untersuchungsgefängnis, der ›Santé‹, von seinen Freunden befreit wurde (»À votre Santé!« war noch das mindeste –), und an Orten, die ich gar nicht nennen kann, steht angeschrieben: »As-tu vu Daudet?« Haben Sie nicht den kleinen ... Nein, wir haben ihn nicht gesehen.

Apfelblau ist Paris, und von einer reinlichen, ganz leichten Herbstluft durchflossen. Ob die Luft so gut ist, weil alle Politiker in den Ferien sind –? Der ›*Matin*‹ hat sie abgebildert – man kann sie da hängen sehen –, und es sieht nicht schön aus. Politiker im hellen Sonnenlicht – das erinnert immer an das, was unter einem Stein kriecht, den man plötzlich hochhebt … Und oben stehen die Setzmaschinen des ›*Matin*‹, und da wird nun alles gesetzt – nichts verschweigen und nichts hinzusetzen, die reine Wahrheit … ach, du lieber Gott!

Ich entdecke ganz neue Sachen, die ich noch niemals gesehen habe – bisher stand sich die Stadt immer selbst im Wege. Ich gehe umher, neugierig, beklommen, es ist fast ein bißchen unheimlich. Sind Sie einmal als Junge während der Ferien im Schulgebäude gewesen? So etwas ist es.

Alles wartet. Es ist eine Atempause.

Über ein Kleines.

Und die Lavaströme der Zurückgekehrten werden sich aus den Bahnhöfen in die Straßen ergießen, alle Minister und andere Leute vom Theater werden wieder da sein, die Zeitungen werden wieder lebhafter, niemand ist mehr ›i. V.‹, und dann wird Paris regnerisch-grau werden, angefüllt mit silbrigem Nebel, Musik, leuchtenden Festen, gelben Lichtern und aufgeregten Tänzen in den Couloirs des Parlaments.

Wiedersehen mit Paris

»Zu Hause« sagt das kleine Hotel, in dem ich vor drei Jahren angefangen habe; »zu Hause« sagen die quietschenden Bremsen der Autobusse; »zu Hause« die Apparatur des Essens mit den süßen und belanglosen Zeremonien um jeden Salatteller ... wie geölt geht das alles. Da bin ich wieder. Und ich sehe mich um.

Unverändert. Wenn man nach zehn Jahren hierher käme, so könnte man wahrscheinlich geschlossenen Auges in dieselben Restaurants, dieselben Läden, dieselben Tabacs gehen – da wären noch dieselben Kellner, dieselben Portiers, dieselben Freuden, Klatschereien – hier ändert sich scheinbar nichts. Der nonchalante Trott der Straßen ist noch da –, langsam gehe ich alles ab, ob es auch noch da ist: die Place Dauphine und der Schutzmann mit dem wehenden Windbart an der Porte Saint-Denis und das Möbelhändlerviertel und die Kleiderbörse und die französischen Amerikaner in der rue Saint-Honoré und die Hure mit dem Stelzbein und die kleinen Boote auf der Seine ... Es ist alles noch da. Vorhanden ist das Paris der Tangente, das Rad der Zeit rollt an der unabänderlichen Linie der Tradition entlang, und da, wo sich die beiden berühren: da liegt Paris. Hinter dem Hispano fährt eine Kutsche, richtig eine lackierte Equipage aus der Zeit, wo feinere Hausärzte in so etwas fuhren: darin sitzt eine ganz alte dicke Katze in Menschengestalt einer schlaff aufgeblasenen Erbtante, in einem unmöglichen Kostüm, starr sitzt sie, ein Vermögen bebrütend, auf das sicherlich zehn Anverwandte warten, die von ihr maßlos schikaniert werden ... Vorüber. Nun suche ich eine Wohnung, da tut sich auf einmal die ganze Stadt auf; schlecht gelüftete Schlafzimmer öffnen sich, ausrangierte Damen lächeln im Morgenrock – »Vous allez nous excuser, monsieur – nous sommes en train de ...« Immer sind sie en train de, so sieht es auch aus.

Wenn man mit ihnen unterhandelt, fällt dem Deutschen auf,

was ihm auffallen muß. Ich verhungerte in Paris – nie könnte ich hier auch nur einen Sou verdienen. Hier kann man schwer verdienen, aber leicht leben. (In Berlin scheint mir das umgekehrt.) Sie haben ein Telefon, das ein Witz ist, aber ein schlechter –, und sie haben so viel Zeit. Nein, sie haben überhaupt keinen Sinn für Zeit – es ist vielleicht möglich, in Frankreich alles durchzusetzen – nur eines darf man nicht: man darf nicht eilig sein. Sie sind grade nicht zu Hause, oder sie sind nicht aufgelegt, oder sie brauchen den Anlauf – unmöglich, hier in ein Zimmer zu treten und grade heraus zu sagen, was man will. Was in Deutschland kaufmännische Tugend, wäre hier eine dicke Unmöglichkeit. Am besten, wenn man sehr viel Zeit hat und erst einmal mit dem Mann seiner Wahl frühstücken geht. Ah, es ist ihm nicht um das Geld! Aber nach dem Fisch wird er aufgekratzt, und beim Kaffee ist er umgänglich, auch in Geschäften, grade in Geschäften – beim Kaffee werden die meisten Abschlüsse gemacht, nicht im Büro. Es ist alles so anders –.

Wenn man zwei Monate in einem fremden Land lebte, versteht man es gewöhnlich herrlich – es ist ja so klar ... Dann wirds dunkler, und ich befinde mich zur Zeit in jener Periode, die jeder kennt, der reist –: ich verstehe fast gar nichts mehr. Alles, was ich gelernt habe, kommt mir falsch vor – alles, was ich von den Franzosen weiß, zu wissen glaube, geschrieben habe, dünkt mich schief ... Ich tappe so herum. Was ist das für ein Volk?

Griechen mit einem Zopf?

Etwas Ähnliches ist es schon. Und wie bei den Chinesen und wie bei den Griechen ist es nicht so sehr eine Zollunion, nicht so sehr eine durch Militär oder Verwaltung zusammengehaltene Sache, sondern ein fester Kulturkreis, in den nur eindringen kann, wer seine Geschichte, seinen sprachlichen Unterbau und seine Literatur genauestens kennt. »Ihr seid alle Zaungäste« hat Morus einmal zu uns gesagt, als er noch in Paris war. Und er hat so recht.

Es gibt hier drei oder vier wirklich tüchtige und kenntnisreiche Journalisten – aber wir stehen doch allesamt vor dem Gitter und sehen zwischen den Stäben hindurch. Das liegt nicht nur an dem Widersinn, mit dem die großen Verlage ihr Geld zum Telefon hinauswerfen, gierig diese sinnlosen ›Nachrichten‹ sammelnd, Fetzen, mit denen kein Mensch etwas anfangen kann, der die Zusammenhänge nicht kennt. Was da zusammentelefoniert wird, geht monatlich in die Zehntausende – wird zu Hause mit einer schönen dickzeiligen Überschrift versehen und hat mit Frankreich auch nicht das leiseste zu tun. Ein Reporter könnte hier viel ausrichten – dazu brauchte er in erster Linie einen Salon. Erst, wenn er ein Haus aufmacht und dazu gehört, lebt er mit; erst wenn er mitlebt, kann er mitreden. Es ist kein Zufall, daß die französischen Arbeiten Kischs, der doch auf seinem Gebiet eine Nummer ersten Ranges ist, zu seinen schwächsten gehören. Was der Impressionist hier mit den Augen von außen nehmen kann, ist oft amüsant, niemals erschöpfend. Das ist ein verwickeltes Land …

Aber so sehr ich auch zur Zeit im Dunkeln tappe, eins weiß ich gewiß –: daß nämlich nichts so schauerlich ist wie das Getue der Snobs, die dieser Stadt herablassend auf den Popo klopfen, die sie falsch vertraulich duzen, die so tun, als ob … Diese verkehrten Betonungen, diese falschen Töne – welch Aufwand um dumme Einzelheiten! Jedesmal, wenn ich sehe, wie in Berlin, besonders bei den Kunstfritzen, irgend eine pariser Sechserware mit feiner Miene abgeschmeckt wird, immer nach der Melodie: »Ätsch – das habe ich entdeckt, ich, ich, ich – und du hast es noch nicht«, dann wird mir angst und bange, wie weit es doch von Paris bis Berlin ist. Affen, die mit dem fortgeworfenen Kamm der gnädigen Frau spielen und sich einbilden, zum Hause zu gehören.

So kommt man nicht herein. Der einzige Curtius hat neulich einmal darauf hingewiesen, wie der Franzose aus seiner Literatur zitiert – aber es ist viel mehr als ein Zitat. Es ist die stillschweigende und absolute Voraussetzung der gleichen Bildung, der gleichen Bildungsstoffe, der gleichen literarischen Jugenderlebnisse – sind die nicht vorhanden, fühlt er die Fremdheit. Man ist ihm gleich viel näher, wenn man expressis verbis auf den gemeinsamen stock zurückgreift. Es genügt manchmal, wenn man das gleich ihm fühlt. Und wenn ich mich keine Minute in der Comédie Française zu Hause fühlen kann, so beweist das alles gegen mich und nichts gegen den Kunstausdruck von Millionen. (Angefeindet von Zehntausenden – es beweist nichts.)

Wo bist du, Frankreich –?

Ein kleines Stückchen war neulich abend auf den Boulevards.

Sacco und Vanzetti sind, nach unmenschlicher Qual, zu Tode geröstet worden, und nun verprügelte die eine Hälfte der Leute auf den Boulevards die andre; ich habe vergessen hinzuzufügen, daß die Prügelnden kostümiert waren. Der Präfekt von Paris und der französische Innenminister, Sarraut, hatten jede Demonstration verboten, und weil unter den Manifestanten auch wirklich üble Burschen waren, die Schaufenster einschlugen und vor lauter Justizempörung Waren klauten, so wußte schon nach einer halben Stunde kein Mensch mehr, warum er da eigentlich auf den großen Boulevards herumgestoßen wurde und stieß. Es fing ganz gemächlich an – aber schon um zehn Uhr waren viele Uniformkragen oben ein bißchen aufgehakt, und in den Augen lag jenes böse, kalte Glitzern, das wir so gut kennen ... Nun, was Hauen angeht: das können sie. Der Schneid, mit dem ein Trupp die Straße schräg überschritt, an der Spitze ein Mann mit gesticktem Käppi: »Nun wollen wir sie dreschen ...« Und das taten sie denn auch.

Blutrot leuchteten die Reklamen an den Fronten der Läden.

LANCEL

stand auf einer. Lancel –? Das ist ein Lederhändler, der, als er vom Verrat seiner Frau erfuhr, hinging und den jungen Herrn, bei dem sie grade stak, in dessen Garçonnière erschoß.

Totschlag oder Mord? Er hatte sich vorsorglich einen Revolver eingesteckt, er war sehr entschlossen da heraufgestiegen ... Die beiden Italiener mußten fort. Ihn haben sie freigesprochen. Ja, Lancel, das ist ganz was anders ...

Nichts widerstrebt einem Lande so, einem Staat so, wie: kühl und marxistisch beurteilt zu werden. Da wehrt sich alles, da bäumt sich alles auf: Romantik, Staatsräson und ein Intellektuellentum, das es gar nicht kompliziert genug haben kann; im Dunkeln ist gut munkeln. Aber es hilft alles nichts:

Wer einmal das Skelett des Staates gesehen hat, der vergißt es nie mehr. Vergißt nie, wie schmal die Kante der ›Freiheit‹ ist, auf der sie alle balancieren dürfen; wie dürftig diese verlogene Demokratie, die von gesicherter Position der okkupierten Presse, der besetzten Kirche, der eroberten Kinos, der fest am Band gehaltenen Schule den armen Ludern eine Freiheit läßt, die keine mehr ist. Kein Gran wird nachgegeben, wenn es sich um Schankstättengesetz und Strafrecht, um Kriegsministerium und Polizeifonds, um Konkordat und Agrarsteuer handelt – aber den guten Demokraten gehen die Augen über, wenn sich das Reichsbanner, diese pathetische Ideenlosigkeit, zu Fackelzügen vereint. Wie viel guter Wille, wie viel Tapferkeit, wie viel ehrliche Jugend wird da mißbraucht! »Nieder mit dem Einfuhrzoll!« – das ruft keine Masse. »Es lebe die Republik!« – das verpflichtet zu gar nichts.

Guten Tag, Paris. Ich kenne das Skelett und liebe dich doch. Kann ein Frauenarzt noch lieben?

Aber sehr, hörte ich.

Und es ist vielleicht die tiefste und stärkste Liebe, die einer lieben kann: die unromantische, klar erkennende und doch verehrungsvolle Zuneigung, eine gleichmäßig brennende Leidenschaft zur schönsten Stadt der Welt.

Der Ruf auf der Straße

Jetzt sitze ich bald vier Jahre in Frankreich. In den ersten acht Tagen ging ich im Taumel umher, die eisernen Ketten der Inflation waren gerade gefallen, und mir war mein Schwergewicht abhanden gekommen. Nach zwei Monaten verstand ich alles – hätte mich jemand gebeten, ihm eine Monographie über Frankreich zu schreiben, ich hätte angenommen; aber zum Glück hat mich damals keiner gebeten. Nach einem halbem Jahr begann das Bild sich langsam zu verdunkeln, die Fäden liefen wirr, da waren Widersprüche, die ich nicht zu lösen vermochte ... Nach drei Jahren verstand ich gar nichts mehr. Wie ist der Franzose?

Einmal fand ich die Formel: ›Griechen mit Zopf‹, was einen der besten deutschen Kenner Frankreichs zu heftigem Kopfnikken veranlaßte – aber mit einer Formel ist die Sache ja nicht zu machen. Wie ist der Franzose? Ein Ding mit starker Individualität? Ja, auch – aber daneben gibt es kollektive Züge, Elemente einer so kompakten Einheit, daß auf der Leiter: Briand, Kaufmann Dupont und Hafenarbeiter Lepetit nur Qualitätsunterschiede derselben Marke vorzuwalten scheinen. Ist der Franzose unmodern? von gestern? zurückgeblieben? Ja, er ist seßhaft und konservativ – aber dicht daneben läuft ein ständiger Umbildungsprozeß, der verhütet, daß das Volk hinter seiner Zeit zurückbleibt; diese leisen Wandlungen gehen fast unmerklich vor sich, der vorschnelle Beobachter ist leicht geneigt, zu sagen, daß ›diese Leute eben nicht von heute‹ seien. Hat die Französin nicht einen gänzlich verkehrten Ruf, den sie gar nicht verdient? Ja; aber neben ihrer unleugbaren Bürgerlichkeit, ihrer Übervernunft, ihrer klaren Überlegungskraft, durch die sie ohne Stimmrecht herrscht, liegt die ›caprice‹, jenes unwägbare X, das nicht in Worten zu fangen ist ... Das einzige, was ich vom Franzosen bestimmt weiß, ist, daß er seine Sous aufbewahrt, allwelche Neigung sich in kaum vorstellbarer Kleinlichkeit, Mangel an großzügigem Denken und Pfennigrechnerei ausdrückt. Geiz ist ein französisches Nationallaster. Geiz ist eine französische Nationaltugend und eine der Quellen der Stärke dieses Landes. Wie ist der Franzose? Jeden Morgen, wenn der Tag hinter den Vorhängen aufblaut, ertönt von der Straße her ein langhingezogener Ruf nach dem andern. Sie sind nicht immer so melodisch wie jener indianische Liebesschrei aus ›*Rose-Marie*‹, aber doch einträglich wie jener: es sind Kleiderhändler, Glaser und allerhand kleine Handwerker, die da ihre Anwesenheit ausschreien, ausrufen, ausbrüllen, ausklingeln – wie in einer ganz kleinen Stadt. Was folgerichtig ist: denn Paris besteht aus einer Anhäufung von kleinen Städten. Der Tabakmann an der Ecke hat geheiratet. »Sa femme? Connais pas. Elle n'est pas du quartier.«

Durch die Viertel ziehen die kleinen Kaufleute und rufen. Es ist sehr schwer zu verstehen, was sie da eigentlich rufen – ich habe es lange Zeit hindurch nicht verstanden. Vielleicht gibt es ein Werk über die pariser Kleinhändler wie über die hamburger – ich habe niemals gefragt und also nicht verstanden. Man geht ja – was übereifrige Staatsanwälte niemals verstehen wollen – mitunter jahrelang an Türen vorbei, die man nicht sieht; an Namensschildern, die man nicht liest – so ließ ich diese Rufe an meinem Ohr vorüberpfeifen und vernahm sie nur, aber verstand sie nicht. Wie ich das ganze Land noch nicht verstand: ich sah so vieles und nahm in mich auf und war dankbar und gleichgültig und gereizt und erfreut und bezaubert und entsetzt ... aber noch verstand ich nicht.

Gestern morgen, als ich zum Heiligen Rasier betete, und der weiche Seifenschaum mich umhüllte, gestern morgen ertönte aufs neue der langhingezogene Ruf. Und plötzlich, wie vom Schlag eines Mirakels getroffen, verstand ich.

»Brocanteur!« rief der Mann.

Ein Trödler also, ein Aufkäufer von altem Hauskram, jenem Zeug, das auf den Böden und in den Kellern liegt, das eigentlich zu nichts mehr nutze ist ... ich kannte das Wort, natürlich. Aber der hallende Laut, der bisher nur Laut gewesen war, der nur ins Ohr gedrungen, aber nie im Großhirn verarbeitet worden war –

dieser Laut hatte plötzlich einen Sinn bekommen. »Brocanteur!« hatte es gerufen.

Und von mir lösten sich in diesem Augenblick Schleier und Bande, ich hörte und sah, und das Land war auf einmal neu. Ich stand wie auf einem Hügel und sah auf das herab, was ich mir erobert hatte. Es war so mühsam gewesen …

Unterhaltungen mit den feinen Leuten im Salon und mit den weniger feinen, aber aufschlußreicheren auf dem Markt und in den Kneipen; jene langen, geschwungenen Unterhaltungen, die sich in genau berechnetem Bogen dem Ziel nähern – unmöglich, dem andern mit amerikanischer Höflichkeit, die da Sachlichkeit heißt, ins Gesicht zu sagen, was man wolle … Erst »un brin de causette« – die formale Versicherung, daß man nichts voneinander wünsche, gar nichts – dann: »Apropos …« und dann gehts los. Die empfindlichen Stellen herausfühlen, die toten Stellen im französischen Kopf, jene, die nicht reagieren, wenn man klopft; die Abteile, in denen niemand zu Hause ist … und die andern, aus denen die Defensive herausspringt, die meist darin besteht, daß der Wohnungsbesitzer, mißtrauisch und empfindlich, Fenster und Türen zuschlägt. Es war so mühsam gewesen.

Und ich hatte die Wirkung der Arbeit nicht einmal gleich gemerkt. So, wie der Ruf von der Straße hundert- und hundertmal mein Ohr getroffen, bis er sich vom Laut zur Mitteilung hindurchgerungen hatte, so habe ich tausend und tausend Äußerungen des französischen Charakters an mir vorbeipassieren lassen, jede einzelne gleichgültig, jede nicht sehr welterschütternd, alle ohne System – bis zu dem Tage, wo sie sich aufbauten und wo nun auf einmal ein ganzes Land vor mir lag. Es war so mühsam gewesen. Hätte ich von Anfang an Karten gehabt …

Denn so, wie einer auf dem Balkan einmal gesagt hat: »Rumäne – das ist keine Nationalität; das ist ein Beruf«, so darf man sagen: »Der Franzose ist für den Ausländer keine Nationalität – er ist ein zu bestehendes Examen.« Wer zum Beispiel nach England mit der genauen Kenntnis seiner Geschichte und seiner Kultur kommt, hat manches vor dem ungebildeten Fremden vorauf

– aber sicherlich nicht eben viel. In Frankreich ist damit schon die halbe Schlacht gewonnen, das halbe Examen ist schon bestanden. Denn was für uns Deutsche so sehr schwer zu begreifen ist: hier ist Überlieferung keine lästige Fessel, hier lebt sie; Tradition und Kultur leben, es leben Geschichte, Erinnerung und das Wirken vergangener Geschlechter. Hier fängt keiner für sich immer wieder ganz von vorn an …

Und Ruf auf Ruf enthüllten mir ihren Sinn: »'chand d'habit!« und »Le vitrier!« und alle die andern. Die Bäume begannen zu sprechen, der Fluß rauscht meine zweite Sprache, die Steine hallen unter meinen Schritten und sagen etwas, das ich deuten kann.

Bin ich am Ende? Eine Unterhaltung, eine einzige mit wohlhabenden Bürgern zeigt: Nein. Der, der sechsundfünfzig Monate in den Gräben stak; der, der kein Blatt halten kann, ohne zu zittern, so haben sie ihn zusammengeschossen – der ist mir sehr nahe, den verstehe ich beinah ganz. Den feinen Mann weniger: er ist voller Reserven, in den Augen schimmert die Abwehr, in der Stimme zittert: ich will nicht, ich will nicht … Es ist nicht zu Ende. Ich stehe nach vier Jahren – auf einer kleinen Anhöhe, hinter mir liegen einige bezwungene Täler, und ich will weitergehen, auf eine weite Wanderung.

»Die Riviera liegt da und sieht aus«

Unterwegs in Südfrankreich

Marseille

»Wenn das hier mal alles vorbei sein wird«, sagt einer der in Nordafrika gequälten französischen Strafgefangenen, die Albert Londres jetzt geschildert hat, »wenn das hier mal alles vorbei ist, und wenn wir erst wieder in Marseille auf dem Kai stehen, und wenn dann der Hauptmann Etienne und der Sergeant Flandrin mit dem Schiff ankommen, um ihre Mutter zu besuchen – dann tragen wir ihnen das Gepäck gratis und franko bis an den Bahnhof Saint-Charles! Was, Jungens?« –

Der Bahnhof Saint-Charles liegt im Norden der Stadt, von da ist es nicht weit bis an das Herz von Marseille: an den Hafen. An einem Triumphbogen vorbei – der Triumphbogen der französischen Städte ist das Schillerdenkmal der deutschen – durch belaubte Straßen … Das Gewimmel ist nicht gar so bunt, wie man es sich vorgestellt haben mag. Noch im Jahre 1901 konnte ein französischer Reiseschriftsteller, André Hallays, von dem »turbulenten Nichtstun« in Marseille sprechen – das ist anders geworden. Die Stadt hat wahrscheinlich viel von ihrer Buntheit der Menschen, aber nichts von ihrer malerischen Großartigkeit der Anlage verloren. In den Straßen klingelt die Elektrische, gehen und kommen die Leute, verkaufen kleine Buden Zuckerzeug und Zeitungen; wenn man morgens durch einen Spalt der Fensterläden hinuntersieht, unterscheidet sich das Ganze nicht gar so sehr von Görlitz. (»Herr Panter! Dazu fahren Sie nach Marseille, um eine Ähnlichkeit mit Görlitz festzustellen?« – »Lieber Freund, Sie ahnen gar nicht, wie sich die Welt überall gleicht!«) Allerdings: man sieht Kolonialsoldaten, mit einem weißen Tuch um den Helm geschlungen; man sieht Afrikaner im Burnus, dieser Toga des Südens – aber auf einer Elektrischen. Und dann ist da also der Hafen.

So träumt man. Das ist der erste Eindruck. Diese beängstigende Fülle der Häuser, die sich um ein breites Wasserbecken türmen, schmale, enge, fast drohende Häuser, immer eine Reihe über der andern, hügelig aufgebaut, rings um den Alten Hafen. In dem liegen Segelschiffe und Dampfer, nicht die ganz großen; die ruhen sich anderswo aus, im Bassin de la Joliette, hinter einem langen Molendamm, der sie vom Meere trennt. Der Schiffsverkehr hat erst zwei Drittel der Vorkriegszahl erreicht; er wird heute etwa 12 000 Fahrzeuge mit rund 15 Millionen Tonnen jährlich betragen. Hier, im Alten Hafen, der bis zum Jahre 1844 der einzige Hafen der Stadt war, liegen die kleineren Schiffe. Die Hafengassen gehen alle fast bis unmittelbar ans Ufer, sie verlieren sich hügelan in einem engen südlichen Gewirr von Wäsche, die quer über die Straße gehängt ist, Salatkörben, Vogelkäfigen, Häuserwänden …

Um von der Gestalt des Hafens einen Begriff zu bekommen, mag man etwa an das Alsterbecken in Hamburg denken, er ist kleiner. Wenn man vor ihm steht, schaut man links hoch oben die Basilika von Notre-Dame de la Garde, eine gleißend goldene Figur, die über die Stadt schützend blickt. (So grüßt über Paris Sacré-Cœur, das böse Menschen Sucré-Cœur nennen und von dem mir einst ein pariser Universitätsprofessor sagte: »Wir wünschten, es grüßte uns da ein anderes Symbol herunter!«) – Und vorn, grade da, wo die letzten Fortifikationen das Becken vom offenen Meer trennen, erhebt sich der riesige Pont transbordeur, die Überladerbrücke. Das ist ein feines Geflecht aus vielen Eisen- und Stahlstreifen, das man im Jahre 1905 erbaut hat: sie ist 52 Meter hoch, und oben gleitet eine große Schiene hin und her, an der durch zahlreiche Stahltrossen eine Fähre aufgehängt ist. Die Fähre schwebt über dem Wasser, so daß Ruderboote noch unter ihr passieren können, sie nimmt Wagen und Menschen auf, die vom einen Ufer zum andern herüberwollen. Ein Fahrstuhl führt hinauf.

Oben gibt es einen überwältigenden Rundblick. Ich für mein Teil hasse Aussichtstürme, und es gibt kaum einen, um den ich nicht schon einen großen Bogen geschlagen hätte. Aber dies hier ist doch ein ander Ding.

Da liegt ganz Marseille – viel größer, als man es sich von einer

Stadt mit einer halben Million Einwohner gedacht hat; über die Hügel verstreut, von Baumgruppen unterbrochen, klettern die Häuser vom Rand des Meeres bis auf die entfernten Berge. Die Alte Kathedrale hebt sich hervor, die Neue, Gassen und Gäßchen. Man kann auf die befestigten Inseln sehen, wo schwarze Soldaten Wache halten, ein Militärgärtner hat auf einer einen bunten Stern im Rasen angelegt. Vom Meer her kommt ein frischer Wind herüber. Ein leises Geräusch unter den Füßen läßt aufmerken: das ist die Gleitschiene der Fähre, die unten, winzig, mit einem Automobil befrachtet, über das Wasser gleitet. Durch die Bohlen kann man grade hinuntersehen; das Wasser ist grünlich-blau. Gegenüber setzt La Cannebière ein, die Hauptverkehrsstraße der Stadt, La Cannebière, die Sehnsucht der Franzosen in Nordafrika, La Cannebière, Pforte zu den Freuden und Vergnügungen des Heimatlandes, da beginnt Frankreich.

Im Meere liegen Inseln, Forts und jenes berühmte Château d'If, auf dem der bändereiche Graf von Monte-Christo gesessen oder nicht gesessen hat. Der neue Hafen ist zu sehen, viele große Dampfer liegen darin, und der Anfang der Promenade de la Corniche, einer gewundenen Straße auf den Felsen, am Meer entlang.

Und dann ist es Abend, und nachdem ich in einem provenzalischen Restaurant, dessen Vorbau ganz von einer Plache verhüllt ist, die tiefen Geheimnisse der Bouillabaisse zu ergründen versucht habe, fahre ich hinaus aufs Meer. Die Küste leuchtet fahl, die ersten Lichter glimmen, ein Nebel verhüllt den nördlichen Teil der Stadt. So träumt man. Die Stadt droht von ihren Hügeln herab, schweigt, sieht den Reisenden, der von draußen kommt, stumm an. An der Küste, nach l'Estaque hinüber, kann man noch schwach die Viadukte der pariser Strecke unterscheiden, da liegen die ersten, fast gebirgigen Vorstadtstraßen. Still ist es. Der Schiffer ruft einen Kameraden vom andern Boot an, sie sprechen etwas, das sich wie eine Mischung von Spanisch und Italienisch anhört mit vielen Vokalen: Provenzalisch. Dann kommt die Nacht, nur die Dächer glänzen noch herüber, der gewaltige Leib des Meeres atmet ruhig und gleichmäßig.

In dem großen Spiegelsaal des Alcazar, dem größten Varieté der Stadt, drängen sich die Leute. Auffallend viel Männer, wenig Frauen. Was Paris abgibt für die Provinztournee, feiert hier Triumphe – nie sah ich pariser Publikum so dankbar und so aufmerksam. Clowns und eine Jüdin, die ihre Stimmlosigkeit für Diskretion ausgibt; Nachahmer der göttlichen Fratellinis und Marie Valente, eine Italienerin, die alles kann und alle hinreißt: sie tanzt, spielt sämtliche Instrumente, meckert und wirbelt über die Bühne, und ein Sturm erhebt sich, als sie abhüpft – »Bis! Bis!« – Schlußmarsch, die Menschenwoge zerteilt sich, einige Bars halten noch offen. Dann wird es – zum ersten und einzigen Mal in vierundzwanzig Stunden – einigermaßen still auf den so geräuschvollen Straßen, auf denen jeder Chauffeur so viel hupt wie die ganze Place de l'Opéra in Paris nicht an einem Nachmittag – die großen Bäume der rue de Rome rauschen leise. Morgen geht ein Zug an die Küste.

In der Geburtsstadt Fragonards

Grasse, im November.

»Sie müssen sich unbedingt Cannes ansehen!« hatte mir Victor Margueritte zum Abschied gesagt. Und Frau Margueritte hatte hinzugefügt: »Das ist das Deauville des Mittelmeers!« Wenn Saison ist. Jetzt ist aber noch keine Saison.

Die Kulissen der großen Welt liegen stumm und still. Die Bühnenarbeiter richten die Soffitten her und bauen an Hafendamm und Kasino. Selbst das Meer gibt sich noch nicht die richtige Mühe, faul und grau plätschert es ans Ufer. Hier wogen also die in leichte Gewänder gekleideten Damen und bewegen zierlich ..., aber um das festzustellen, hat mich die ›*Vossische Zeitung*‹ nicht nach Frankreich geschickt. Es ist das auch schon ein bißchen oft geschrieben worden, scheint mir. Aber was selten und fast nie beschrieben wird, das ist dies: Wie sieht die Existenz eines Zimmerkellners in der Hochsaison aus? Was denken sich diese Leute? Wie arbeiten sie? Unter welchen Bedingungen? Und, was noch wichtiger ist: wie sieht die feine Welt von hinten, von unten, von dieser Seite gesehn aus? Warum nimmt niemals einer von uns für ein paar Monate die Arbeit eines Stewards, eines Kellners, eines Bedienten an und schildert die Welt einmal von da aus? Romane und Genrebilder werden es nicht werden – aber sicherlich eine sehr lehrreiche Ergänzung zu den bis zum Überfluß wiederholten Bildern aus der eleganten Welt ... Das sind so Bücher, die nicht geschrieben werden.

Drehen wir uns um und gehen wir zum Bahnhof. Das nette Leben fängt ja doch immer erst an der Kleinbahn an.

Der Deutsche kann das Bücherlesen nicht lassen. Ich auch nicht. Ich habe gelesen, und ich habe mir da etwas ausgeknobelt ... Wie wird es wohl werden? Der Zug rumpelt durch die Nacht, an kleinen Stationen mit unlesbaren Namen hält er, es ist ganz schwarz um mich her. Denn so dankbar man für diesen November-Sommer hier unten sein muß: Die Tage haben um Schlag fünf ein Ende, schon nach vier Uhr blitzen überall Lichter in das Halbdunkel des Nachmittags, und dann ist es aus: man sieht nichts mehr.

Im Dunkel des Abends liegt ein lichterbestickter Teppich. Eine Stadt, scheints, Hunderte von glitzernden Punkten in einem Tal, auf den Anhöhen, überall. Kein Lichtermeer ... ein Lichtergerinnsel. Das ist Grasse, und in Grasse ist Fragonard geboren, Fragonard, der freche, entzückend leichte, himmlisch beschwingte Hofmaler Ludwigs des Sechzehnten. Aussteigen, Zahnradbahn – guten Abend. Bleich und mondsüchtig liegt auf der Anhöhe über der Stadt das Hotel. Sie kennen das Gefühl, das einen beschleicht, wenn der Kellner die Zimmertür hinter sich geschlossen hat ... allein. Ich öffne die Fenstertür, trete auf den Balkon.

Unter mir liegt die Stadt. Im Talkessel, auf die Berge geklettert, über Rampen und treppenartige Steigungen verstreut, mit Lichtpunkten besät, leuchtend, schimmernd, glitzernd, halb verlöschend ... trink, Auge! Und ich sehe und sehe. So hat der Bauern-Breughel einst gemalt: das Weite und das greifbar Nahe gleich weit und gleich deutlich. Da sind kleine Plätzchen, von einer Laterne notdürftig beleuchtet, man sieht grade eine Strecke Wegs von ein paar Metern, die ist leer; um ein andres Licht sind Menschen versammelt, die bereden etwas; weiter oben rollt ein Automobil langsam und vorsichtig die beleuchtete Straße entlang, dann verschwindet es; da sucht eines mit zwei Glotzaugen den dunklen Weg ab; hier liegt eine beleuchtete Halle; da ist ein Haus mit rötlich-gelblichen Lichtern; da eins mit weißen; in der Ferne verdämmern andre; ein Brückchen führt über einen kleinen Abgrund; bis weit ins Land kann man sehen, und oben auf den Bergen wohnen auch Menschen und blinken Lichter. Und jeder Lichtfleck erzählt eine kleine Geschichte – es ist wie ein Rundblick für Andersen. Gute Nacht, Grasse –!

Der Tag hält, was der Abend versprochen hat. Treppauf, treppab klettere ich durch die Stadt. Sie ist in der Mitte ganz alt, die Gäßchen sind so eng, es geht steil abwärts und brüsk nach oben. Der französische Baedeker murmelt etwas vom sechsten Jahrhundert – jedenfalls waren 1746 die Österreicher einmal hier, kriegshalber, es muß schrecklich für die armen Soldaten gewesen sein: monatelang ohne Nachrichten aus dem Burgtheater ...

Alte Häuser, alte Gassen. Aber was das Merkwürdigste ist an diesem alten Bergstädtchen, das ist die unbekümmerte Modernität ihrer Bewohner. Wir haben gelesen, daß in den verlassenen Herrensitzen Kurlands arme Bauern hausen – die Dürftigen im Zivilisierten. Hier ist es umgekehrt. In diesen alten, alten Häusern liegen gut ausgestattete Geschäfte mit modernen Auslagen, hübsche Wohnungen – und alles ist so blitzsauber, reingefegt, so bis ins letzte Stäubchen gekehrt, daß man an gewisse Hamburger oder Lübecker Straßen erinnert wird. Gekalkt, gewaschen, geschrubbert, es strahlt nur so von Sauberkeit.

Fabrikschornsteine? Sie haben im Stadtbild kaum gestört. Grasse fabriziert Süßigkeiten und Parfümerien. Ich sehe zu, wie man kandierte Birnen macht und gezuckerte Rosenblätter und Veilchen zu Süßzeug umarbeitet, und, wahrhaftig, auch die kleinen gelben Kügelchen der Mimose. Ich darf probieren; sie schmecken nach gar nichts, und ich mache ein bewunderndes Gesicht, es ist das erstemal, daß ich eine Rose esse. Und ich sehe zu, wie Parfum hergestellt wird, eine komplizierte Sache, es riecht wie in einer Premiere, und die großen Kolben und Retorten der Kochapparate stehn in einem alten Kloster, mitten im Refektorium. Auch hier eine musterhafte Sauberkeit.

Ja, aber Fragonard –! Fragonard ist in Grasse – einen Augenblick mal! – 1732 geboren, und er war kurz vor der Revolution in seiner Heimatstadt und dann wieder während der Revolution. Wo er geboren ist ...? Da ist die kleine Straße de la Font-Neuve, aber sie hat mehrere Häuser, zwei rechts und zwei links, und Genaues weiß man nicht. Hier hat ›Frago‹ zum ersten Male die Beinchen in den Rinnstein gesteckt ... Und hat gerufen: »Mutta! Schmeiß Stulle runta –!« Aber vor welchem Haus: das steht nicht geschrieben.

Auf einem Platz mit wunderschöner Weitsicht ins Land steht auch ein Denkmal für den seligen Maler. Seien wir höflich und gucken wir weg.

Bis zu seinem vierzehnten Jahr hat Fragonard in Grasse gelebt. Später besuchte er zum Ausgang des achtzehnten Jahrhunderts seinen Vetter Maubert, und dem hat er für 3600 Livres – laut Quittung vom 10. März 1791 – fünf Bilder gemalt: ›*Der Einstieg*‹, ›*Die Verfolgung*‹, ›*Vertrauliche Mitteilung*‹, ›*Krönung*‹ und ›*Die Hingabe*‹. Für wen hat er sie gemalt? Für seinen Vetter Maubert? Natürlich nicht, sondern letzten Endes für Pierpont Morgan, der sie gekauft hat. Grasse hat nur die Fotografien, und das ist auch etwas wert. Aber weil Grasse eine pietätvolle Stadt ist, so hat es ein kleines Palais zu einem reizenden Museum ausgebaut, das kleinste Museum der Welt, von Herrn Carnot begründet, und darin ist noch manches Hübsche zu sehen. Reproduktionen nach Bildern des Meisters, ein paar Originalskizzen, jene Fotografien und, verhüllt von einer grünen Decke in einer kleinen Vitrine: der Malkasten Jean Honoré Fragonards. Es ist ein einfacher, alter Kasten mit vielen kleinen Flaschen und Fläschchen, so, wie er ihn benutzt hat; auf jedem Etikett steht noch in vergilbten Buchstaben, welche Farbe jetzt darin trocknet … Ein Pinselchen, zart und lang, liegt dabei.

In den Nebenräumen provenzalische Kunst und Andenken, Möbel und Bauerngerät, alles in dem reinlichen und fröhlichen Geschmack der Provence. Eine lustige, runde Kinderwiege; eine zärtliche Sänfte; himmlische alte Kommoden; eine rötlich flammende, riesige Chaiselongue im Stil Louis' XIII., eine gradezu verlockende Chaiselongue; ein Ton-Tier aus dem siebzehnten Jahrhundert, eine Art Schildkrötenuhu oder Uhuschildkröte, ein geflügelter Traum; Stricke, mit denen der Marschall Bazaine, eingesperrt auf St. Marguerite, entfliehen sollte (er entfloh aber durch die Tür, weil er als Soldat den graden Weg liebte, direkt nach Spanien, wo er auch gestorben ist); Waffen und Bilder und Putten. Das Ganze so fein im Geschmack, so reinlich im Stil, und ein zweites Treppenhaus führt hinunter in den Garten, vor eine jener Fassaden französischer Hotels, die die Straße niemals zu sehen bekommt.

Jetzt ist es Abend. Und während ich dieses schreibe, unterbreche ich mich, trete ans Fenster, schlage die Vorhänge zurück und sehe noch einmal auf die ruhende Stadt. Da blinkt es, kreisrunde und kleine Sterne, eckige und leuchtende Scheiben, das Laub rieselt, ein Wagen rollt, und aus einer fernen Schmiede klingt das fröhliche Ping-Pang der Werkstatt. Die Glocken rufen sich die Stunde zu und singen, hoch und tief, das schöne Lied von der Pünktlichkeit; eine ganze Viertelstunde lang ist es halb acht. Ein kleiner Viadukt verschwimmt im Dunkel; diese leuchtende Linie, das ist der Boulevard mit den dunklen Bäumen; Licht steht bei Licht, so weich, so zärtlich, so fest ... Eine Stadt, die man streicheln möchte. Hoch über dem Tal fliegt der Mond durch die ziehenden Wolken, silbergrau verdämmern die Berge, und dort hinten liegt, unsichtbar, das Meer ... Und von den schweigsamen Bergen herunter kommt es und greift ans Herz, ungesungenes Lied und ungesagte Worte, Sehnsucht in der Ferne nach der Ferne.

»Kennen Sie Grasse?« fragte ich Herrn Wendriner.

»Grasse?« sagte er und stocherte sich in den Zähnen. »Warten Sie mal – Grasse ...? Ja, da warn wir mal, von Cannes aus. Na, ich danke! Ein kleines Nest, ganz nett, gewiß, aber kein anständiges Kasino, gar nichts Elegantes. Wir sind bloß durchgefahren und haben eine Kleinigkeit gegessen, Bouillon baisse, oder wie das heißt. Richtig! Meine Frau hat sich noch mächtig den Magen an den Langusten verdorben. Wissen Se: Grasse ist nischt –!«

Tote Stadt und lebende Steine

Arles (Südfrankreich), im Dezember.

Nordöstlich von Arles liegt ein kleines Städtchen, das heißt Paradou. Wenn man dort ein Stündchen nach Norden geht, so kommt man in Berge, die ›Die Älpchen‹ – Les Alpilles – heißen. Die Berge erheben sich milde gerundet zu ein paar hundert Metern Höhe, sie sind schwach bewaldet.

Dann nehmen die Erhöhungen merkwürdige Formen an, werden sonderbar gefleckt, grün und grau, und geht man weiter und immer weiter, so biegt man um eine Bergnase herum und steht schließlich in einem stillen, weltverlorenen Tal mit wenigen Häusern. Der Blick sieht aufwärts und trifft auf ein Wunder. Hier liegt, im Stein, eine tote Stadt. Das sind Les Baux.

Hier im Tal und auf den Höhen stand einst eine Stadt, eine große und mächtige Stadt von viertausend Seelen. Beherrscht und gekrönt wurde sie von einem riesigen, mit damaligen Mitteln der Kriegskunst uneinnehmbaren Schloß. Seit neunhundert Jahren steht die Stadt. Es ist ganz still um mich, kein Vogelruf, kein Baumrauschen, kein Wagenrollen – nichts. Grau und windstill steht der Tag. Was sieht man?

Man sieht: Vineta auf den Bergen. Man sieht eine versunkene, eine mit den steinigen Bergen verwachsene, versteinerte, verfallene und tote Stadt.

Bergan führt ein schmaler, rasenbewachsener Pfad. Geröll, Schutt, bröckelnde Steine. Erhalten sind: Teile der Stadtmauer, das alte Tor, eine benagelte graue Pforte, die Räume der Stadtwache. Und, weiter aufwärts: Mauern von Häusern, eine Hauswand, ein riesiger Renaissance-Kamin mit einer verwitterten Jahreszahl, verfallene Häuser, von denen nur noch die Wände stehen, gut erhaltene Häuser, enge Straßen. Und alles auf den Felsen gebaut, an die Windungen der Berge geschmiegt, kletternd und mit ihnen fallend, eng, winkelig und still. Es leben Menschen da. »Wir sind sechzig«, sagt ein Mann, »sechzig – aber wir nehmen Jahr für Jahr ab – es ist nichts los auf dem Lande.« Nein, hier ist nichts ›los‹. Aber hier ist etwas anderes.

Da ist eine alte Kapelle, die nichts mehr ist als ein Rasenplatz für die Hühner mit ein paar Mauern drum herum; da ist das Haus der Porcelets, einem alten provenzalischen Geschlecht, die in Arles auf dem Begräbnisplatz Aliscamps ein ritterliches Totenmal haben; da sind verfallene Türme, enge Straßen – und da ist die kleine Kirche. Die Sakristei ist im Jahre 1908 abgebrannt, mitten im Hochsommer – aber die Schwarzberockten sind noch da; sie haben lachende und munter lärmende Jungen um sich versammelt, die sie wohl unterrichten … Die Kirche ist klein; eine Seitenkapelle ist in den Fels gehauen. In der vermauerten Krypta ruhen die, die hier geherrscht, gefochten und gelebt haben. In einem Grab fand man – aus dem Jahre 1437 stammend – lange blonde Frauenhaare. Niemand weiß etwas darüber.

Ich trete aus der Kirche heraus, bitte einen alten Mann des Dorfes, mich zu begleiten – und wir klettern die steinigen Wege weiter hinauf, zum Schloß.

Viel ist nicht mehr davon da. Die Ritter waren den zentralistisch gesinnten Königen eine schwere Last – immer wieder wurde zerstört, immer wieder angebaut und aufgebaut – bis Richelieu der Sache ein endgültiges Ende machte: 1632 war es aus. Und zerbröckelt seitdem …

Der grau-weißliche Boden ist Kalkstein, leicht zu bearbeiten, und was haben sie da nicht alles gemacht! Es ging ein Postengang um das ganz riesige Schloß herum, ganz und gar geschützt, in den Fels gehauen; die Kapellen, die Säle, die Höfe – alles hat doppelten Schutz: den der Menschen und den der Felsen. Wir klettern, so hoch es möglich ist.

Weit sieht man ins Land. Ganz im Süden, jetzt unter dem Dunst verborgen, liegt das Meer – es ist nicht einmal sehr weit entfernt. Die blühende Ebene wird sichtbar, bis nach Marseille hin und Aigues-Mortes nach der anderen Seite.

Von oben sieht man die ganze tote Stadt. Stil geht in Stil über – da haben Gallier gehaust und Sarazenen, die sich einen Turm gebaut haben, an den Gotteshäusern haben Epochen gebaut und verbessert – romanische, gotische, spätere Bauarten sind deutlich erkennbar. Grau und weißlich liegt die ehemalige Stadt, stumpf sind die Farben – man weiß nie genau, ob dies Felsen sind und jenes Mauerreste, ob diese ungeheure Form einer dicken Benediktinerflasche Natur ist oder die Arbeit der Steinmetzen. Die Stadt hat sich den Felsen assimiliert und ist selbst Fels geworden. Wir kriechen in die einzelnen Höhlen und Häuserreste: Backöfen sind zu erkennen und alte Kamine, Stufen und Pfostenlöcher, die Stellen, wo einmal ein Fußboden war, und Vertiefungen an der Decke, da haben die Schinken gehangen. Und einmal sieht man von einem Steinfenster ins halbe Tal – da liegt ein alter gallischer Friedhof, die Gräber sind in den Fels gehauen. Jetzt ist er leer, hohl und offen starren die länglichen bloßgelegten Rechtecke zum Himmel.

Noch bis vor dreißig Jahren hat man hier Steine weggekarrt und zum Bau von Häusern verbraucht – das ist nun verboten, die Stadt wird geschont wie ein Naturschutzpark. Und das ist recht, denn sie ist sicherlich nicht alltäglich.

Wir klettern zu Tal. Ich kann mich nicht trennen und gehe in den Häusern herum; hier sind noch alte, ganz verräucherte Fresken zu sehen und da eine Treppe – und der Führer erklärt. Es ist ein alter Mann, der nett ist und nichts ableiert – wenigstens hört man kein Uhrwerk schnurren – und unaufdringlich ist er auch. Wenngleich ... »Dies ist der Turm einer alten Windmühle – ja – und hier ist die alte Kirche der heiligen Katharina – ja – und das ist meine Frau, die die Ansichtskarten verkauft!« In der Tat: ein Prachtstück aus dem sechzehnten Jahrhundert (vor Christi Geburt). Ich kaufe ihr Karten ab, weil mir so romantisch zu Mute ist, und dann gehen wir weiter.

Unten im Tal, hinter einer alten Ölmühle, liegt ein eingefaßter Rasenplatz, das Gras wächst wild, er ist ganz verlassen. Eine alte, dicke Frau öffnet das Holztor – in der einen Ecke steht, grau, verwittert, aber zierlich wie am ersten Tag: ein reizender kleiner Renaissance-Pavillon. Hier hat die reine Jeanne eine Cour d'amour abgehalten – von den vier Pavillons ist dies der einzige, der noch erhalten ist. Man kann sich den Garten dazu vorstellen und die Damen mit den Schleppen … Ich trete näher. Vielleicht irgendein Zeichen der Vergangenheit … An der Wand steht, dick und schwarz:

Guiseppe Scuilucco

und ein krummes Schwert. – »Was ist das?« frage ich den alten Mann. »Ça – c'est du cinéma!« sagt der Bergbewohner. Und erzählt, vom größten Tag seines Lebens. Das haben die Filmleute angezeichnet, denn sie haben hier einen gedreht: ›*Die Rache des Schmugglers*‹, und er hat Komparserie gemacht. Dreißig Franken den Tag! Und sein Sohn war dabei und Maultiere und – heiliger Lubitsch! – dreißig Reiter mit einemmal! Ich verwunderte mich, wie es sich gehört.

Ob ich die Feengrotte noch sehen wolle? Die Feengrotte …? Ich denke an den Harz, wo die Grotten elektrisch erleuchtet sind, sauber parkettiert und mit Geländer für Jugendliche versehen. Meinetwegen. Er führt mich.

Die Feengrotte liegt im Tal, am jenseitigen Abhang. Er zeigt den Eingang: ein von Buschwerk fast verwachsenes Brunnenloch, bemooste Steine, Gras. Und da der Ausstieg: dasselbe. Ein- und Ausgang liegen ungefähr sieben Meter voneinander entfernt. Die Höhle ist, soweit er sie mir zeigen will, hundert Meter zu begehen. Gemacht.

In das Eingangsloch stieg ein ganz reputierlich aussehender Mann, Mitarbeiter durchaus geachteter Organe, unauffällig, sauber gekleidet. Aus dem Ausgangsloch wurde, nach einer halben Stunde, gezogen: ein von oben bis unten beschmierter, nasser, bekolkter, an den Händen blutender und hutloser Mann. Der Mann lag oben – dem Hut hatte es unten sehr gut gefallen. Der Führer kletterte noch einmal herunter, um ihn zu überreden, doch auch mitzukommen. Dann kam er auch und sah ebenso abgetakelt aus wie der Mann.

Aber abgesehen davon, war Frankreich von innen sehr schön. Zwanzig und dreißig Meter hatte man auf dem Bauch kriechen müssen, mit einer Kerze in den Händen, die die Höhle erleuchtete und die Knie mit tropfendem Talg bekleckerte – der Stein glitschte, aufrichten gab es nicht – was mochten das für Feen sein, die hier wohnten? Einmal hielt der Alte die Kerze hoch – es piepte leise und schwirrte kühl am Ohr vorbei – da wohnten die Fledermäuse. Nein, sie verfingen sich gar nicht im Haar. Sie hingen da zu Hunderten und sahen aus wie geflügelte Muscheln. Sie klappten unhörbar mit den Flügeln – eine hauchartige Bewegung ging durch den schwarzen Ballen. Wir rutschten und kletterten. Wenn ich nachdenke, wen ich gern zwischen den beiden dicken Steinen am Ausgang stecken sähe – ich wüßte keinen. Und wie sah ich aus! Und die guten Sonntagssachen! (»Erlauben Sie mal: Hatten Sie denn keinen Wanderanzug an?« Nein. »Warum nicht?!« Ja, der war im Koffer. »Na, und der Koffer?« Der stand in Toulon, auf der Bahn. »Na, nehmen Sie es mir nicht übel ...« – »Ruhe mal! Er soll weiter erzählen!«)

Ja, und dann kletterten wir durch das ›Höllental‹. Das klang nur so gefährlich und war nicht schwer zu beklettern. Der enge Fußsteig öffnete sich an einer Stelle, die Dornen und das Buschwerk traten zurück – und da lag – ein Steinbruch? – Nein, der Pirchansche Entwurf zu einer großen modernen Oper.

Riesige, schiefe, viereckige Löcher in den weißen Stein geschnitten, zwanzig und dreißig Meter hoch, weite Hallen freilassend. – – Sie besinnen sich auf das persische Märchen ... »Und der Königssohn ging durch das wüste Gebirge – da öffnete sich plötzlich vor ihm eine glänzende Halle ...« So sah das aus. Also hier wohnten die Feen! Wir gingen in den Steinbruch, und da ereignete sich etwas unendlich Rührendes. Der Alte wurde plötzlich ganz lebendig und zeigte auf die hohe Decke. Da oben – da hatte er gearbeitet, vor fünfundzwanzig Jahren. Er zeigte, wo er gesprengt hatte, er erklärte, wie man Stein schneidet – mit einer Säge – und diese Galerie, nein, die hatte er nicht in der Mache gehabt ... aber diese da – diese – das war seine. Es klang nicht sehr auswendig gelernt – es war wie eine Erinnerung an die Zeit, als er noch kräftig war. Und jung.

Unten wurde gearbeitet. Einer der Arbeiter sah mißtrauisch auf. Sie sprachen miteinander. »Ich habe ihm auf provenzalisch gesagt«, sagte mir der Führer, »daß ich hier schon gearbeitet hätte, als er noch in den Windeln lag.« Aber ich sah in die Augen des Steinarbeiters. Da stand: Jetzt schneide ich ebenfalls hier Steine – und nicht mehr du. Und nicht mehr du.

Und ich nahm Abschied und ging nach Arles zurück, nach Arles, wo die alte Architektur noch so lebendig ist, weil sie in ihrem Licht steht – nirgends als im Süden verspürt man so stark den Unfug, der darin steckt, Architekturen zu verpflanzen. Berliner Weiße läßt sich nicht nach Madeira und der Stil einer romanischen massigen Kirche nicht nach dem Norden exportieren. Es hält sich beides nicht. Nach Arles ging ich zurück, wo noch die alte römische Arena steht, dieser gallische Kintopp, und wo mir ein freundlicher Arlesier einen ganzen Haufen Broschüren in die Hand drückte, in denen von den modernen Festlichkeiten geschrieben stand, die man hier in den ganzen Theaterstätten abgehalten hatte. Und wollüstig durchblätterte ich sie, wendete genießend Seite für Seite um und freute mich, daß ich sie nicht hatte mitzumachen brauchen.

Jetzt ist Arles ganz still. Kaum, daß einmal zwei Amerikanerinnen mit stumpfsinnigem Interesse den Erklärungen lauschen, die man ihnen angedeihen läßt. Ich sehe mir alles an: die Daudetsche Mühle, die die ›*Lettres de mon moulin*‹ hervorgerufen hat – geschrieben, selbstverständlich, in Paris; Kalabreser und Mantel Frédéric Mistrals, des großen provenzalischen Dichters – wie haben sie ihn geliebt! – und ich nehme einen provenzalischen Sinnspruch mit, der mir so gut gefallen hat:

Regardas bèn
e touquès rèn!

Wenn mich mein Latein nicht täuscht:

Ansehen: Ja. Anfassen: Nein!

Morgen will ich die Päpste besuchen, in dem Rom für die kleinen Leute: in Avignon.

Reise durch die Jahreszeiten

In Aix auf der Chaussee schien die Sonne. Der kleine Taschenkalender zeigte auf Winter, aber das Land lag in dem hellen Licht eines Vorfrühlingstages – reingefegt die Wege, strahlende Wärme, die meisten Bäume kahl, aber mit einem hellen, grünlichen Schimmer um die Spitzen. Der Himmel war weißlich-blau, es spritzte nur so von Licht.

Die Provence ist keine französische Provinz wie die anderen. Der Boden scheint nicht aus Erde gefügt; es wunderte einen nicht, wenn er plötzlich zu atmen anhübe wie ein unendlicher Leib. Das Land blüht einem entgegen, willig und weich streckt es sich gegen den Himmel. Große Wälder sind selten; aber überall sind kleine Büsche und Baumgruppen aufgebaut, mitunter auch ist eine ganze Strecke Landes bewaldet, weich, abgerundet, fast immer wie ein verwilderter Park. Hell strahlte die Sonne, im November. Nichts von November.

Ein paar Stunden nach Osten, in Nîmes, ist tiefer grauer Herbst. Das ist nun schon nicht mehr die Provence. Die Wolken liegen ganz tief auf der Stadt, ein schneidender Regenwind heult um die Ecken. Und als die Sonne wieder hervorkommt, beleuchtet sie einen bunten, fröhlichen Herbsttag, klar, kräftig, mit frischem Hauch bis tief in die Lungen erfrischend. Die alte römische Arena bleibt liegen, wo sie liegt, auch die alte Pforte des Augustus – heute ist Mittelalter. Haben Sie einmal die zahllosen kleinen Bilderchen von Doré zu Balzacs ›*Contes Drolatiques*‹ gesehen? Diese Hunderte von kleinen Holzschnittchen, auf denen würdige Äbte ihren Bauch durch die Landschaft schieben und die stolzen Ritterfräulein mit den hohen spitzen Hüten aussehen wie die Medizinflaschen mit weißen Rezepten dran? Wo die kleinen Ritter zu Tausenden einen steilen Abhang herunterkegeln und ein anonymes Schwert, aus einer Mauer herausschlagend, den getreuen Knappen in zwei bis drei Teile zerspaltet? Auf denen sind fast immer Burgen zu sehen, Burgen mit Zinnen, einer

Zugbrücke und dicken, bauchigen Festungstürmen, geradezu gemütlichen Befestigungen ... So ein Mittelalter war das.

Und so ein Mittelalter steht noch heute.

Aigues-Mortes, eine ganz kleine Stadt, die zwischen Nîmes und dem Meer liegt, hat ihre Stadtmauer und alle Befestigungen wohl erhalten. Gewiß hat die Dekoration heute jeden Sinn verloren; denn drin liegt nichts anderes als draußen – aber unmittelbar vor der Mauer ist doch ein freier Raum, auf einer Seite sogar offnes Feld – und so entsteht denn die Fiktion, man habe es hier wirklich noch mit einer mauerbehüteten Stadt zu tun. (So, in dieser Form: Mauern, Zugbrücke und tiefer Graben – so denken heute noch viele Staatsmänner.) Die Festungstürme sind ganz dick, es gibt sechzehn Stück, mit richtigen Zinnen und Kugelspuren und allem Komfort. Die Mauern haben einen Durchmesser von drei Metern und gehen um die ganze Stadt, insgesamt fast zwei Kilometer; auf ihnen bin ich herumgegangen und habe auf das graue, schwach rötliche Dachgewirr der alten Häuser gesehen. Überall sind Pechnasen angebracht, diese alten Vertiefungen, von denen man Pech und geschmolzenes Blei und Steine und was man sonst noch so auf Fremde wirft, herunterstürzen konnte ... Hier und da in einer verschwiegenen Ecke auch etwas, was man früher ›Privé‹ nannte. Vor den Mauern liegt, aber geschützt zu erreichen, der dicke Turm, die Tour de Constance, so genannt nach einer historischen Constanza. Er ist beinahe siebenhundert Jahre alt und scheint mit jedem Jahr dicker geworden zu sein – seine Mauern sind sechs Meter stark. Sie sind so dick, daß man unten, im Wachraum, die Fensteröffnungen, die in den Mauern liegen, zu Zellen ausgebaut hat. In diesen Zellen saßen Gefangene. Denn der Turm war einmal Staatsgefängnis, und er hat viele Hugenotten in seinen Mauern leiden sehen. Und auf einer Wand im Saal eines der oberen Stockwerke haben die Protestanten ihre Namen geschrieben, alle mit einem W – das bezeichnete zwei verschlungene V und hieß: Vae victis! Und auf einem Stein ist noch in dünner Schrift zu lesen: ›résister‹ ...

Und einmal sind siebzehn Mann entwichen; Tag für Tag haben

sie Steine gelockert und weggeschlagen, und während die einen das taten, sangen die anderen mit lauter Stimme Choräle, damit die Wachen nichts hörten ... Und ein tiefer Keller ist da, in dem man Frauen sterben ließ – – es ist alles wie bei Doré – nur wahr.

Durch den goldenen Herbsttag gehe ich ans Meer. Man muß zwei Stunden durch die Ebene gehen, am Kanal du Midi entlang, und blickt man hinter sich, so zeichnet sich die kräftige Silhouette der alten Festung am Himmel ab, wie damals. Aber man muß den Eisenbahndamm wegdenken.

Und in Avignon ist noch Herbst, in Avignon, wo die Päpste hausten, als sie Rom nicht gefielen und Rom ihnen nicht. Und wo sich Konkurrenzpäpste auftaten und einmal drei gegeneinander regierten. Die Stadt hat eine Dependance: das ist Villeneuve les Avignon – längs der Rhône liegen hüben und drüben diese alten Schlösser und gehören so dazu und schämen sich so gar nicht, altmodisch zu sein, als seien sie gestern gebaut. Man hat mit Maßen restauriert; ganz können das ja die Architekten nicht lassen, und wenn sie – wie das manchmal zu sehen ist – ›wiederherstellen‹, dann wird einem himmelangst und man denkt an den Bodo Ebhardt, der auftragsgemäß das Königlich Preußische Mittelalter wieder hervorzuzaubern hatte. Ganz so schlimm ist es hier nun nicht, und wenn man davon absieht, daß ebenso nötige wie blecherne kleine Anstalten so häufig den Aspekt ganzer großer Gebäude ruinieren (Achtung, Setzer!) – dann präsentiert sich das Land im Süden Frankreichs doch mit einer Fülle von gut erhaltenen und gepflegten Baudenkmälern.

Das Palais der Päpste in Avignon ist so eines. Jahrhunderte wurde daran herumgebaut, abgerissen, wieder aufgerichtet, gebrannt, eingerissen und zusammengekittet – das Ganze steht wie ein Trutzstein in der Stadt. Neben dem Palais eine Kirche, mit einer goldenen Mutter Gottes auf der Spitze, die segnend und schützend die Hände über ihr Haus breitet. Aber hinten, auf ihrem Rücken, läuft der eiserne Draht eines Blitzableiters. Sicherheitshalber.

Herbst ist in Avignon, es saust in den Bäumen, und wenn man

die beiden großen Rhônebrücken passiert, so wird man fast in den strudelnden Fluß geweht, der rasch dahinfließt. Der Tag leuchtet, viele Bäume haben ihr stumpfes Grün aus dem Sommer behalten, viele haben flammendes Gelb und Hellbraun und betonen die Bläue des Himmels. Und wenn das blendende Licht um alle Konturen zittert, fühlt man: Wie schön mag dieses Land erst im Sommer sein! Welche Weichheit, welche Zärtlichkeit der Farben, welche Lieblichkeit! Man kann in der Provence die Kunstdenkmäler systematisch untersuchen, auf Stilreinheit, Baualter und Grundriß; man kann den Olivenhandel statistisch und tabellarisch darstellen, daß es nur so saust von Zahlen – man kann aber auch in diesem wunderschönen Lande spazieren gehen.

Abschied vom Frühling und Abschied vom Herbst. Der Zug fährt durch blaues Grau, dann durch Nacht. Der große Bahnhof taucht auf, mit einer leuchtenden Turmuhr. Ein rötlicher Glanzkreis schimmert um die elektrischen Lampen, die Reisenden nehmen den Raglan fester um – es ist kalt.

Ich sehe noch einmal die Strecke zurück, auf der ich gekommen bin, dankbar und glücklich. In den Augen ist noch der Schimmer des Lichts, in den Gliedern noch die Erinnerung an Glanz und Wärme. Zwischen Paris und Nizza liegt mehr Schönheit, als eure Amüsierweisheit sich träumen läßt! Noch einen Gruß in Gedanken ... Da rufen die Zeitungshändler, da rollen die Taxis, da flirrt das Licht der Métrostationen, da liegt – winterlich, in den bunten Abendlichtern – Paris.

Wandertage in Südfrankreich

Daß man den lieben Herrgott um seine Jahreszeiten betrügen kann –!

Bestimmt schickt jetzt in Berlin Herr Prokurist Protzekuchen zum Wirt hinunter und läßt fragen: wann er denn nun endlich und ob er denn nun nicht endlich zu heizen gedächte – es sei immerhin November! Hier, vor Toulon, ist es Sommer.

Allerdings eine eigene Art von Sommer. Die Sonne scheint den ganzen Tag schräg, und am Nachmittag gegen fünf Uhr gibt sie es auf, dann wird es lila, dann hellblau, dann dunkelblau – und dann ist es aus. Aber am Vormittag brät man auf dem kleinen Strändchen, das die zwei Inseln miteinander verbindet, und spielt: Badeleben. Ich und noch fünf andere.

Das hier heißt Les Sablettes und liegt vor Toulon, wo die großen, grauen Kriegsschiffe liegen. Toulon, wo Farrères ›*Petites Alliées*‹ spielen, dieses amüsante Buch von den Schiffsoffizieren und ihren kleinen Freundinnen, Toulon ist eine freundliche Stadt mit ein paar wunderschönen alten und krummen Gassen, einem winzigen, überdachten Fischmarkt, Kirchen, in Häuser eingemummelt ... Auch die alte Stadtmauer ist noch da, nur ist die Stadt – wie alle alten Städte – aus den Fortifikationen herausgequollen, weil sie ihr zu eng geworden sind. Aber wir drehen Toulon den ganzen Tag über den Rücken – denn was ist Toulon gegen diese Sonne!

Sie wärmt. Sie strahlt. Sie vergoldet die Bucht und macht das Wasser blau, weil sich der Himmel darin spiegelt, der rein ist von Wolken. Lange habe ich nach einem solchen stillen Ort gesucht. Die tripots an der Mittelländischen Küste, wo sie am feinsten ist, sind noch leer; und ich habe noch nicht heraus, was mir unangenehmer ist: Nizza, wenn es voll ist, oder Cannes, wenn es leer ist. Westlich davon war Sanary-sur-Mer und Bendol – kleine Nester, aber sie waren nicht das richtige. Diese ganze Küste hat nur einen Fehler: längs des Meeres führt die große Automobilstraße von

Marseille bis nach Nizza, und aus ists mit Ruhe, Abgeschiedenheit und Stille, die nichts hören und nichts sehen und nichts riechen will. Hier in Les Sablettes liegt der Strand, durch die Badeanstalt und die Mauern des Parks abgetrennt von der Straße; sie wird noch nicht allzu oft befahren.

Überall lungern Hunde herum und Katzen. Es sind sehr feine Herrschaften dabei. In Sanary lag ein Hund quer über die Straße gestreckt, offenbar der pensionierte Angestellte einer Schlächterei. Er stand nicht einmal auf, als das Postauto herangebummert kam – er sah kaum auf. Der Chauffeur fuhr auch brav um ihn herum. (Was folgt daraus über das Verhältnis romanischer Völker zu den Haustieren sowie ... Gar nichts.)

In Les Sablettes muß einmal etwas anderes gewesen sein als ein Hotel. Eine Tür steht halb auf, unter der Lackschicht lese ich im Sonnenlicht: Chef Médecin. Ein Hospital? Ein Hospital im Kriege. Draußen, auf der Terrasse, da, wo der warme Wind über die Palmen streicht, die man gepflanzt hat, und über die Bäume, die dort wachsen, da haben sie gelegen, die Rekonvaleszenten: Lagerstatt an Lagerstatt. Engländer. Als Soldaten verkleidete Engländer. Nach einem Fußballspiel um Menschenköpfe.

Und eines Morgens, als ich an den kleinen Strand hinuntergehe, ist die Bucht und das Meer und der Strand und der ganze Tag verzaubert. Der Mistral weht. Er hat den Himmel reingefegt, silberne Konturen gesetzt, vielleicht wirbelt er weiter drinnen im Lande die Staubwolken zusammen – hier ist die Luft glasklar, das Ferne ist nah, alle Häuser am Meer leuchten, der Wind ist Champagner, eine Art frischer Wärme, die Natur aus flammend blauem Stahl. Die Lungen atmen tief.

Manchmal zieht am Horizont ein großes Schiff vorbei auf seiner Seeroute von Marseille nach dem Suezkanal, nach China – das gibt dann für die alte Engländerin am Nebentisch unerschöpfliche Gesprächsthemen. Sie ist ganz aufgeregt über das Schiff, überhaupt über Schiffe, sie kürzt sogar ihr ewiges Wettergespräch aus dem großen Plötz um einige Feuchtigkeitsgrade ab. Sie spricht eine Art Französisch ... aber es hilft alles nichts – es ist ja doch Englisch. Ja, gnädige Frau, es ist ein großes Schiff! Nein, gnädige Frau, heute werden die Passagiere keine stürmische Fahrt haben. Augenscheinlich ... gewiß, gnädige Frau ...!

Untrügliches Merkmal für gute Erholung: die Tage fangen an zu laufen. Ein ängstlicher Blick auf den Kalender sagt jeden Tag: Es ist Zeit! Es ist hohe Zeit! Die Provence wartet und die ›*Weltbühne*‹ auch. Aber noch einen Tag – noch einen einzigen – und noch einen – es ist zu heiter und sonnig und warm.

Zwischen Les Sablettes und Toulon liegt La Seyne, ein kleiner Hafenort. Sein Häfchen sieht aus wie ein Enkel von Marseille – auch hier die kleinen Häuschen, die unmittelbar um das Hafenbassin herumstehen, ganz nahe. Am Sonntag spielen alle Männer Boules; wie die Spielregeln sind, weiß ich nicht – aber es scheint Haupterfordernis zu sein, daß man sich dazu wie beim Kegeln die Jacke auszieht. Und alle haben so weiße Hemdsärmel. (Das kommt daher, weil das Spiel hauptsächlich sonntags gespielt wird.) Wie beim deutschen Kegeln? Aber ich sehe an keiner Stelle, daß dabei getrunken wird. Neulich haben sie versucht, die Boules in einen richtigen Sport zu verwandeln. Turnier, Preise, Schiedsgericht, Zeitschriften, ›Wie man ein Champion der Boules wird‹ ... Für diesen Stumpfsinn ist das Spiel sicherlich zu schade; fällt es erst einmal dem Sport in die Finger, so hört es auf, ein Sonntagsspiel zu sein. Es wird sich dann mehr um ›Spitzenleistungen‹ handeln. Weil aber diese Südfranzosen gar nicht so große Sehnsucht haben, sich in tausend Organisationen und Gruppen zusammenzuschließen, bei denen der gesellschaftliche Vorgang des Zusammenschlusses mit seinen Komplikationen die Hauptsache und der Stoff Nebensache ist, und weil sie ihre kleine Sehnsucht danach anderswo befriedigen, wird es wohl so bald keinen ›Boules-Sport‹ geben.

Ist es schon Herbst –? Die Luft sagt: Nein. Aber eine Partie Bäume ist da, die feiert, weil sie orthodox ist und nicht von der südlichen Gegend, Herbst: ihr helles Braun und flammendes Gelb stehen gegen den leuchtend blauen Himmel. Ewig stumpfgrün, stehen die silbrigen Olivenbäume dabei und spielen den

Herbst nicht mit. Es ist Sommer. Mitten im November ist Sommer! Man kann also um den Herbst herumkommen. Das ist keine ›Entdeckung‹. Was könnte man denn auch heute noch auf der weiten Welt entdecken? Aber so scharf habe ich noch nie gewußt, daß man sich warme Jahreszeiten kaufen kann. Gletscher im heißen Sommer und warme Küsten im Herbst und weiche Luft im Winter – wem gehören die –?

Aber nun jagt mir der Kalender einen Schreck ein, und ich fahre ab.

Die große Eisenbahnlinie an der französischen Südküste hat streckenweise einen kleinen Konkurrenten – dieser Konkurrent fährt von Toulon aus näher am Wasser entlang. Hin zu ihr! Die Bahn ruckelt davon.

Die Küste wird immer schöner, je weiter man ostwärts kommt. In geschwungenem Bogen schäumt das blaue Wasser um bebuschte Felsen, um kahle Steine, in flache Buchten. Einmal weht der Wind vom Lande her, er rauht die glatte Wasserfläche auf, daß sie stäubt – die Wellen sind ganz klein, Embryowellchen …

St. Tropez steht auf allen Karten als Winterkurort aufgemalt. Bei aller Liebe – aber dann schon lieber Neuruppin! Es ist dunkel, als ich ankomme – der Wind durchheult den Ort, stößt sich an den Häuserkanten wund und heult noch mehr … Dunkel sind die Gassen, ein Betrunkener durchschimpft sie, aus einem braunen Hause hört man einen Zank … Die Laternen brennen trübe. Am Hafen liegt ein Gewirr von Tauen und Segelleinewand, überall drücken sich Männer herum, es ist schmutzig und dürftig.

Am Morgen sieht es schon besser aus. Vor der kleinen Stadt liegt auf einem Hügel die alte Zitadelle – jetzt erholen sich dort skrofulöse Kinder. Ich klettere die Anhöhe hinauf. Ringmauer, Festungstor und dicke Wälle – dahinter bleiche Kindergesichter, dünne Ärmchen, ein kleines Mädchen auf Krücken. Sie zeigen mir den Hof und die ganze Befestigung. Sie warten, daß ich aus dem Hof hinausgehe – da gibt es doch nichts zu sehen. Ich kann mich nicht losreißen. Welches Wunder, immer wieder: Burg- und Klosterhof! Wie die Wände einschließen und zurückwerfen! Wie man immer wieder sich und seine Welt vor Augen hat! Wie geschlossen alles ist! Hier kann man nachdenken; hier ist man geborgen, hat Distanz zu den andern, die draußen sind und nicht hereinkommen dürfen. Oben leuchtet der Himmel in die Hofstille. Und ganz oben auf der Plattform, wo die dicken Türme stehen, hat man einen Rundblick über Meer und Land. Drüben liegt Sainte-Maxime.

Das ist ein ander Ding. Durch die Berge vor dem Mistral sanft geschützt, sehr sauber und adrett und freundlich. Unten am Hafen ein kleiner Quai mit überdachten Gaststätten und Segelbooten, die im Wasser schwanken.

Auch hier ist noch Sommer, tagsüber strahlender, warmer, im Winde nadelduftender Sommer. Es ist wenig Laubwald da – der Wald liegt hoch – immer sieht man das Meer. Unten wohnt Victor Margueritte, der Mann der ›*Garçonne*‹ – wir erzählen uns etwas, und er zeigt mir sein ganzes Besitztum: vom Strand aus reichts bis oben zu einer kleinen Anhöhe, wo er sich ein winziges Belvedere, eine neue Ruine, gebaut hat. Ich bekomme Nußwein zu trinken, und seine Frau zeigt eine Übersetzung von Rilkes ›*Malte Laurids Brigge*‹, die sie zärtlich liebt. Er spricht über Deutschland. Auf seinem Arbeitstisch liegen die historischen Quellenwerke des deutschen Zusammenbruchs, Material für ein neues Buch, ›*Les Criminels*‹ wird das heißen. Er ist voll guten Glaubens, hofft zuversichtlich auf die deutsche Demokratie und zeigt sich als ein Mann von umfassender Bildung und Geschmack. Um ihn herum stehen und hängen gute Sachen: auch ein paar lustige bunte Bilder von Kießling, der im Sommer drüben in St. Tropez malt.

Heute ist Sonntag, es muß etwas geschehen. Es geschieht, daß ich unten am Quaiwasser in dem kleinen Restaurant esse. Die Sonne brennt auf das buntgestreifte Dach, die kleinen Hunde bellen herum und betteln, manche Leute sitzen an Tischen mitten auf dem freien Platz unter den Palmen, alle sind beim Kaffee, munter-träge. Manchmal fährt ein Automobil vorbei und lädt ein Rudel lärmender und lachender Menschen ab. Es ist so warm, beinahe heiß ... Hautes-Sauternes ist ein schwerer Wein, wenn man ihn mittags trinkt. Man wird müde danach. Ans Klavier des Saales drinnen im Haus hat sich ein junger hübscher Bursch gesetzt, im gestreiften Hemd der Cowboys, mit aufgekrempelten Ärmeln. Er spielt nicht laut. Er spielt, was man weder von ihm noch hier erwarten sollte: ganz moderne Musik. Puccini wirkt in der Melange wie ein Gassenhauer. Er holt aus dem alten Restaurationskasten, auf dem nachmittags eine Jazzband rackert, die gleitenden Nuancen der neuen Musiker heraus, keine Melodie, kaum Ansätze dazu. Wie kompliziert diese Freude ist! Aber diese Musik ist wahrer als Waldesrauschen und Symphonieroutine. Die Töne plätschern über den kleinen Platz, ein paar Leute klatschen gedämpft. Der junge Mann lächelt und spielt weiter, für sich allein. Alles ist getaucht in Musik, Sonne und eine mittägliche Schläfrigkeit.

Sonnig sind die Tage und so schön – wie mag das in den Bergen aussehen?

Plan-la-Tour liegt ein paar Kilometer entfernt vom Meer – das ist der erste Ort, den ich durchwandere. Es ist Montag, gestern war Totensonntag, alle Arbeiter machen noch einen so, wie soll ich sagen, ergriffenen Eindruck. Die Wirtin hat auch kaum etwas zu essen, aber dreihunderttausend Fliegen und alle minderbemittelten Hunde des Dorfes zu Gast. Wir essen, Fliegen, Hunde und ich, essen alle eine Kleinigkeit, ich bezahle, und dann geht es in die Berge. Oben auf den Höhen läuft ein Weg, an dem noch gebaut wird. Erst ist er glatt und fahrbar, dann nur gangbar, dann wird er steinig und steiniger, holprig und mündet schließlich in die Holzpantinen der Arbeiter, die da hacken, man muß durch Geröll und Steinbrocken hindurch. Die Sonne sticht. Ich bleibe stehen und sehe mich um.

Da liegen die Täler. Menschenleer, kein Dorf ist zu sehen, manchmal ein Gehöft. Und endlich, endlich ist hier das, was ich so lange und so vergeblich gesucht habe: Stille. Hier ist es still.

Die Uhr hört man ticken. Wohlig lassen die Nerven nach und entspannen sich. Welche Wohltat! Wie hatte neulich Willibald Krains kleiner Proletarierjunge im Walde der Ferienkolonie gesagt? »Ach, Frollein, hier riecht et so scheen – nach jahnischt!« Glück, sagt schon der Weise, ist etwas Negatives. Vollkommene Stille ringsum. Und ich bin so glücklich-dankbar für das, was nicht da ist.

Und denke so im Weitergehen nach: Was haben sie mit uns in den letzten zehn Jahren gemacht! Wie zerrauft! Wie ausgeschlossen von aller Welt! Wie zerprügelt! Wie abgestumpft! Und wofür –? Alles, damit am Wannsee und in Dahlem neue Herren einziehen konnten, wahre Gewinner des Mordes, Plusmacher aus einem allgemeinen Defizit ... Es ist nicht schön, zurückzublikken – aber vergessen ist so schwer. Und es ist sehr, sehr schwer, sich wieder in den Zustand des alten Glücks einzufühlen, wenn man einmal den Boden unter sich hat schwanken fühlen. Es ist da etwas geschehen, was nicht mehr ausgelöscht werden kann, für uns wenigstens nicht. Die Welt hat übrigens schon vergessen.

Sacht geht der Weg hinab. Und während ich so ausschreite, singe ich laut und kräftig unsere guten alten deutschen Marsch- und Wanderlieder, und die französischen Kiefern und Tannen bewegen erstaunt die Köpfe, haben sie doch noch nie so markige ... Nein, das ist aus einem Leitfaden für einen Reichswehrunterricht. Oder aus einem republikanischen Lesebuch.

In La Garde-Freinet haben sie offenbar die ganze Stadt in Salz verzaubert. Die Fensterläden sind alle zugeklebt, die Straßen sind leer, meine Tritte klappen. Vor mir wackelt ein Hund, ein runder, fetter, mit langen Wollfäden bekleideter Hund, ein Prachtexemplar von einem Hund. Es ist ein älterer Herr, vom Leben gereift und zu gar keinen Späßen mehr aufgelegt. Er geht so fürbaß, dreht nicht einmal den Kopf, als ich ihm einen guten Tag wünsche. Er wünscht dergleichen nicht. Der würdige Greis stellt sich schließlich vor eine Haustür und bellt. Total heiser, um drei Töne zu tief und im letzten Winkel seiner Magengrube um irgend etwas tief gekränkt und schwer beleidigt. Dann rollt er ins Haus.

Bewohner hat diese Stadt nicht. Aber ein Automobil kann man mieten. Eine halbe Stunde später trudelt der alte Wagen (Ford Nummer 1) aus dem Städtchen, die glatte, absteigende Chaussee hinunter. Das Auto war redlich verdient: achtundzwanzig Kilometer sind genug für einen beleibten Herrn.

In Grimbaud hält der Mann. Es ist schon halb dunkel – aber man kann noch alles sehen. Ich klettere durch die winzig kleine Stadt, auf die Burg.

Das ist eine wahrhafte Ruine –! So eine, wie sie immer auf den Bildern in den alten schweizer Hotels abgemalt ist, und vor denen man sich vergeblich fragt, wo in aller Welt denn solche pittoresken Ruinen vorkämen. Das ist sie. Ich stapfe in den Trümmern herum und sehe ins Tal. Unser Zeitalter liebt keine Ruinen. Heiße ich Herr Biedermeier –? Also. Aber hübsch ists doch.

Wir fahren ab, die Scheinwerfer sind schon angezündet. Immer, wenn uns ein anderer Wagen entgegenkommt, blinzeln sich die Autos an, beide Chauffeure blenden die Lichter ab, es ist wie ein Gruß im Dunkel. Durch die schwärzlich verhüllten Straßen rollt der Wagen. Ich bin müde.

(»Sagen Sie mal – apropos: Ich meine … so … mit den Weibern … Die Französinnen sollen ja dolle Nummern sein!« Hm. »Erzählen Sie mal!« Ja, also in Toulon, in einem …puschpuschpuschpusch … »Ah! Wirklich! Hat sie ganz einfach …? Großartig! Faaabelhaft!« Das möchte Ihnen so passen, Sie altes Ferkel! Kein Wort wahr! »Schade. Man hörts doch immer wieder gern.«)

Über eine Bahnstrecke springen die Räder, eine weiße Frau taucht am Wege auf, mit einem Kinderwagen … dann bin ich zu Hause. Noch einen Tabak … Alle Sterne blitzen und der Mond auf dem Meer. Man sieht noch das regelmäßige verlöschende Blinkfeuer am Horizont und einen stillen weißstrahlenden Leuchtturm, milchigen Schein auf dem Wasser, Glitzern, den hauchigen Glanz am Himmel – dann gar nichts mehr.

Riviera

Es gibt so viel süße Schilderungen der französischen Riviera; sauer macht lustig, warum soll man nicht einmal …

Die Riviera liegt da und sieht aus.

Sie ist die zweidimensionalste Landschaft, die sich denken läßt: für den Küstendampferpassagier ist sie ein Traum, für den, der auf einer Klippe steht und in die Bucht hineinsieht, ein Paradies – man darf nur nicht in das Paradies hineingehen. Dann ist alles aus. Die französische Riviera ist nur gemalt, und zwar auf Blech.

Da, wo freie Plätze und Sanatorien für arbeitende Menschen stehen sollten, liegen Privatbesitzungen, die Gott im Zorn geschaffen hat. Die Flora erinnert an einen verkrüppelten Grunewald, in den sich einige unglückliche Palmen verirrt haben; sie stehen da herum, sich mit den übrigen Bäumen unterhalten können sie nicht, und nun blühen sie unentwegt afrikanisch vor sich hin. Auch sieht man Agaven mit fetten, harten Blättern, auf denen, mit dem Messer geritzt, eingewachsen zu lesen steht: »Yvonne et son Alphonse 1925.«

Abends sieht die Landschaft aus wie die Kulisse einer Operette beim Finale des zweiten Aktes: kleine Lichtpünktchen zwinkern an den Uferstraßen, die Konturen liegen in tiefem Schwarz-Blau gebettet, und während sich das zerzankte Paar mit den rudernden Armen flehendverliebt zuwinkt, fällt langsam der Vorhang.

Am Ufer des Meeres zieht sich die ›corniche‹ hin, eine Autostraße, deren Sausen alles mit sich reißt: Stille und Luft und Atmosphäre. Dahinter pfeift die Eisenbahn, denn die ganze Riviera ist nur ein paar Meter breit. Dann kommen die guten Felsen und die schlimmen Häuser.

Hier und da treten die Besitzungen etwas zurück und lassen Platz für staubige Straßen. Wenn ein Kasino dabei steht, ist es eine Ortschaft mit vielen großen Hotels. Diese Hotels sind gar keine Hotels. Sie spielen alle Hotel.

»Von prominenten Gästen der letzten Jahre«, sagt der Hotelprospekt, »sind zu nennen: Der Präsident der französischen Republik, Paul Deschanel; die Prinzessin Luise; die Herzogin von Argyll; Sarah Bernhardt ... Die große Schauspielerin«, sagt der Prospekt, »saß eines Tages auf einer Loggia in der zweiten Etage, wo man nur den Himmel, Blumen und das Meer sieht; da sagte sie in ihrer poetischen Art, daß man sich hier auf dem Bug eines großen Schiffes wähnte.« Und dann keine Brause im Badezimmer.

Vor der Hoteltür steht ein Portier, der der erste Mann des Unternehmens ist; er ist so mächtig, daß ihn das Los, letzter Mann zu werden, niemals treffen könnte, denn in die Toilettenräume ginge er gar nicht hinein. In der hall stehen Palmen und vielhundertjährige Engländerinnen; wenn man sie herumwirtschaften sieht, so ist immer nur zu fragen: »Wer arbeitet eigentlich in England für alle diese Frauen?« Der Mittelpunkt eines modernen Hotels, in dem Leute ruhen und schlafen wollen, ist eine Musikkapelle.

Man stelle sich vor, jemand sei genötigt, zu Pfingsten in einer eberswalder Ausspannung zu übernachten; zu Hause wird er dann davon erzählen, wie er nachts beständig vom Grölen der Kutscher und von einem Orchestrion gestört worden sei. Ähnliches erlebt er in einem modernen Hotel, nur ist es an der Riviera um eine Kleinigkeit teurer, dafür ist aber das Essen in Eberswalde besser. Natürlich darf man nicht vergessen, daß in der Ausspannung keine vorgedruckte Speisekarte auf dem Tisch liegt; wenn es eine dünne Suppe, ein Pastetchen, bejahrten Fisch und ein bejammernswertes Huhn mit Kartoffeln gibt, so sieht das Menü so aus:

Potage à la Potage
Vol-au-Vent à la Valéry
Sole à la Reine de Portugal
Volaille à la Poule
Pommes à la Pomme
Fruits

Der letzte Plural ist eine Übertreibung.

Dazu spielt das Orchester in das Vichy-Wasser hinein, das sich die Engländer in den Magen gießen, es gluckert empört, wenn es unten ankommt, und schwappt leise im Takt der Musik. Diese Musik der französischen Kapellen, die Jazz spielen, hört sich an, wie wenn einer mit halbwegs richtiger Aussprache Englisch vom Blatt liest, ohne ein Wort zu verstehen. Erst, wenn sie den aktuellen Walzer aus der ›*Lustigen Witwe*‹ zersägen, fühlen sie sich wieder im nationalen Element.

Je schlechter das Essen, desto lieblicher der maître d'hôtel, der sich über mich wie über einen Kranken beugt: ob es mir denn schmecke, und ob es mir munde, und ob ich zufrieden sei ... Lieber Gott, gib mir doch den Mut, daß ich ihm einmal, nur ein einziges Mal, mit der Gabel in den Bauch pieke ...!

Es sind viele Deutsche da. Sie haben ein bißchen Angst vor der feinen Umgebung, und das sollen sie ja wohl auch. Sie sind auch unsicher vor den Fremden: den Franzosen, den Amerikanern, den Engländern – aber wenn sie merken, daß sie es mit Deutschen zu tun haben, dann entspannen sich ihre Glieder, eine leichte vertrauliche Frechheit steigt in ihnen auf, denn, denken sie mit Recht, was kann an einem schon dran sein, der auch nur ein Deutscher ist! (Diese Familienvertraulichkeit teilen die Deutschen noch mit einer andern Rasse.) Im großen ganzen aber bemühen sie sich, ihr mondänes Leben den illustrierten Zeitschriften anzupassen, in denen es abgebildet ist.

Aus den Hotels können die feinen Leute nur noch in ihre Autos steigen, die, lang wie ein Haus, vor dem Haus brummen. Einen Schritt darüber hinaus, und sie stapfen in Staub, ungepflegten Wegen, an grauenvollen Straßenfronten vorüber – denn die Riviera ist dreckig, ohne pittoresk zu sein: unmalerischer Schmutz. Man hat in allen Ortschaften das Gefühl, hinter Filmkulissen zu stehen; kein Mensch glaubt daran, die einheimischen Komparsen nicht, die Fremden eigentlich auch nicht, sie machen aber ein krampfhaft vergnügtes Gesicht und wagen nicht, sich einzugestehen, daß es an hundert andern Küsten schöner, weiter, kräftiger und naturhafter ist. Sie erliegen rettungslos der Zwangsvorstellung ›Riviera‹. Der Höhepunkt dieser fixen Idee ist Monte Carlo.

Monte Carlo ist ein frisch erhaltener Naturschutzpark aus dem Jahre 1880. Es ist ein lebendiger Anachronismus; ich war versucht, die Menschen anzufassen und an ihren Haaren zu ziehen, ob sie auch wirklich und wahrhaftig echt sind und nicht zu Staub zerfallen, wenn man sie anrührt.

Also das ist das Paradies, wo in unsrer Jugendzeit die Defraudanten mit ›Weibern und Champagner‹ ihr Geld durchbrachten! So blödsinnig fingen sie das an! so völlig von Gott und allen guten Geistern verlassen! Da ist der kleine Park, in dem man verzweiflungsvoll umherzuirren hatte, wenn alles hin war, an diese Palmen konnte man sich hängen, von diesen Felsen herunterstürzen, über diese Grasflächen knallte abends der kleine Schuß, der einem verpfuschten Leben … heiliger Lokal-Anzeiger!

Die Spielsäle sehen aus wie das selige Palais de Danse – gequollene Ornamente gerinnen an den Wänden, Puttengel stoßen mit Recht in vergoldete Posaunen, und ölgemalene Gemälde zeigen an, wovon unsere Väter nachts geträumt haben, wenn Mutter schon, mit aufgesteckten Zöpfen, schlief. An den Tischen spielen sie.

Spieler sind auf der ganzen Welt gleich. Hier muß man die Leidenschaft noch durch sechs dividieren, denn wenn sie zehn Francs setzen, dann sind es nur eine Mark und fünfzig, und sowas stört sehr. Auch ist heute die Flucht in die Romantik des Spieles minder groß als damals, als dein Papa und deine Mama hierher mit dir ihre Hochzeitsreise machten: Heereslieferanten, Kriegsgewinnler, Börsenspieler, Inflationisten: es gibt heute so viele Monte Carlos! Viele Spielende tragen in Bücherchen ein, was die kleine Kugel zusammenkugelt – und es ist besonders lustig, die Damens über ihre Kurven gebeugt zu sehen; sie haben keinen Schimmer von Wahrscheinlichkeitsrechnung, richten sich aber streng nach ihr. Auf diese Weise erzielt die Bank ihren Umsatz.

Die Fassade des Kasinos in Monte Carlo stammt von Garnier, dem Erbauer der Pariser Oper. Diese Fassade sieht aus …

»Herr Graf, was denken Sie von mir? Ich bin eine anständige Frau!« – Komm mit mir in den kleinen Pawilljoohn! – Mit schmetternder Faust und mit trocknem Pulver – Wigalaweia – »Ich war mit ihr im Chambre-Séparée, und sie hat mit ihren Diamanten meinen Namen in den Spiegel gekratzt!« – Valse Bleue und Amoureuse, und das von Zigeunern … – Spitzengeriesel und die Dessous und Frou-Frous – Wasmuths Hühneraugenringe in der Uhr – Eine Rokokoquadrille bei Hof – Ein Kuß ohne Schnurrbart ist überhaupt kein Kuß! – »Und sehn Sie wohl, darum ich bin: die Gigerlkönigin!« – Der Herr Kommerzienrat strich sich die braunen Favoris und sah den Besucher ernst durch seinen goldenen Kneifer an – Ein Weib mit so einem Busen! – Ihr Hochzeitsdiner hatte vierundzwanzig Gänge – Ich will auch mal Viere lang fahren! – in Laque und Claque – Schenk ihr doch Dahns ›*Kampf um Rom*‹*!* – Die königlichen Herrschaften begaben sich mit den Majestäten elastischen Schrittes – »Donnerwetter, Donnerwetter, wir sind Kerle!« – Ihre Tochter ist jetzt im Pensionat in Lausanne – Hier muß noch ein Pendant hin – Erst hat er sie verführt und dann … geschnürt, in Lackstiefeletten – »Eine Dame kann doch nicht Veloziped fahren!« – Spitzentanz und Mondesglanz, und Grete findet ihren, sagen wir, Hans – –

So sieht die Fassade des Kasinos in Monte Carlo aus.

Übrigens erinnert Monte Carlo (1880) stark an Deutschland (1923). Eine leise, kaum wahrnehmbare Wolke von Inflation zieht durch die Promenaden: in den Augen der Leute liegt ein sanft flackernder Wahnsinn, die Menschen gehen in indifferentem Gleichgewicht einher, die Anziehungskraft der Erde funktioniert hier nicht recht, alles ist so anders, und man tut gut daran, seine Uhr festzuhalten. Gemeine Gesichter werden ungeniert dem Tageslicht präsentiert; armselige Hürchen spielen große Welt, und eine fette polnische Riesendame in tiefem Violett geht mit einem Mann einher, der aussieht wie Professor Makart und ebensolchen blonden Vollbart und solche weichen Hände hat … Hier trägt Europa seine alten Moden auf.

Unten, am Meer, zerschießen sie Tauben; der kleine Grasplatz ist ganz besät von den weißen Flaumfederchen. Oben, auf dem Fels, liegt der Besitz des Mannes, für den sie alle an den Tischen arbeiten: das Palais des Fürsten von Monaco, zwei gekreuzte Nullen im schwarzroten Wappen, mit dem Spruch: »Passe ou Manque – Vive la Banque!« Und das tut sie denn auch.

Abends werden die Bürger in großen Autos nach ihren Hotels abgefahren, sie rollen durch die Nacht, sie sind müde, sie haben ein bißchen gewonnen und viel verloren und sind an der Riviera gewesen.

Am Tage aber scheint über alles dies eine leuchtende Sache, die sie alle, alle gepachtet haben, für die sie sich bezahlen lassen, und derentwegen wir hierher gefahren sind: die Sonne.

Während am Alexanderplatz, wo das schönste, weil treffendste Denkmal Berlins gestanden hat: die dicke Berolina, der Modder so hoch aufspritzt, daß die Fußgänger, wenn sie in die erleuchteten Autos hineinsehen, soziale Gefühle bekommen; während es in Kopenhagen in der Forhabningsholmsallee so friert, daß sich der lange Name der Straße vor Kälte zusammenzieht; während in Paris das Schnupfenwetter durch die Fensterritzen zieht und der Kamillentee hoch im Preise steigt; während die Eskimos ihre letzte Lebertranlampe anzünden und Knud Rasmussen lesen, um sich endlich über sich zu informieren –: währenddessen scheint an der Riviera die Sonne. Sie wärmt, sie strahlt; ich trage mich in Hellgrau und Marineblau und habe nur einen Sommerbauch; wenn ich jetzt noch jenen kleinen Schnurrbart hätte, von dem alle Männer glauben, sie glichen darin Adolphe Menjou, während sie in Wahrheit aussehen wie die Verbrecher – welch mondäner Lenz! Der Frühling, der lange Lulatsch, schwebt über die begrünten Hügel, der maître d'hôtel beginnt zu knospen, das verhältnismäßig blaue Meer leuchtet, und sanft vor sich hin neppend verdämmert im Sonnenglast die leuchtende Küste der Riviera.

»Vous faites le tour des Pyrénées?«

›Ein Pyrenäenbuch‹ (1927)

Stierkampf in Bayonne

Auf den weiten Feldern der Ganaderia, der Zucht, schweift er: der König der Herde. Er weiß nicht, daß er sechstausend Francs kostet – aber daß er der unumschränkte Kaiser ist, der Alleinherrscher über die Jüngern und über alle Kühe – das weiß er. Er sieht keinen Menschen. Er läuft, wenn ihn die Lust ankommt, durch das saftige Gras, über kurzgebrannte Stoppeln, er wälzt sich in duftigem Heu, grast, äugt ... So vergehen die Jugendjahre – fern in einer Stadt lebt schon der, der ihn einst töten wird. Er zieht die herbe Luft ein, die von den Bergen herunterweht, und brüllt.

Eines Tages kommen sie auf Pferden und mit dressierten Ochsen, den verschnittnen, dumpfen Ex-Stieren. Die wilde Herde wird getrieben, er wird abgesondert, er läuft mit den Städtern mit ... Und findet sich in einem Waggon wieder, in einem dunkeln, rollenden Stall. Von der Bahnrampe aus trottet die Herde, sorgfältig vor Neckereien beschützt, zu einem runden, hohen Haus. Vierundzwanzig Stunden steht er allein im Verschlag, gereizt, unruhig. Nachmittags um vier Uhr vierzig öffnet sich die Tür, die grelle Sonne scheint herein, er stürzt heraus ... Und steht in der Arena.

Während sie ihn geholt hatten, war ich über Bordeaux gerollt, wo ich zum ersten- und letztenmal auf dieser Reise, im Chapeau Rouge, ein ernsthaftes Abendessen zelebrierte, mit einem Rotwein, weich wie Samt; fort von Bordeaux, über die große Garonnebrücke hinweg – nach Bayonne. Sonntag? Sonntag ist Stierkampf.

In Paris hatten sie sich im vergangenen Jahr sehr groß getan: es bestände ein Gesetz, wonach in Frankreich der Stierkampf mit Pferden und Tötung des Stiers verboten wäre – und wenn die Leute aus der Provence oder sonstwoher im pariser Buffalo Stierkämpfe vorführen wollten, so dürften sie das keineswegs in der blutigen Ausgabe tun. Das taten sie auch nicht. Sie begnügten sich mit den provenzalischen Stierspielen – da bleibt der Stier am Leben. Bayonne aber liegt so nahe an der spanischen Grenze, daß die bunte Farbe, womit auf den Atlanten Spanien angemalt ist, abgefärbt zu haben scheint; es sind auch so viel Fremde da, vorzüglich Spanier ... In Lille, wo niemand den Wunsch danach verspürt, darf man nicht stierkämpfen, in Paris auch nicht. In Bayonne darf man.

Die hohe runde Arena liegt im Nordosten, etwas außerhalb der Stadt – ich war noch gar nicht recht zur Besinnung gekommen, wo ich denn eigentlich wäre, Fluß und Brücke (die Adour) lagen schon hinter mir, da war schon die ganze Stadt auf den Beinen und rollte, lief, spazierte, hupte und kutschierte zur Arena. Die Sonne schien nicht, der Himmel war gefleckt blau und grau, die gesteckt volle Straße roch nach Staub und Blut.

Haben die Römer in ihren Arenen auf Steinstufen gesessen? Auch sie werden sich weiche Unterlagen mitgebracht haben – man kann Kissen mieten. Alle Welt klettert mit den kleinen Kissen über die Stufen, nimmt Platz, winkt, ruft, lacht ... Eine schauerliche ›banda‹, die vorher rotbemützt die Stadt durchblasen hat, trompetet sich die Seele aus dem Hals. Stille. Tusch! Der ›Präsident‹ hat seine Loge betreten.

Jeder Stierkampf geht unter dem ›Präsidium‹ irgendeines Mächtigen vor sich – in Madrid ist es der König mit der Unterlippe, in den großen spanischen Provinzstädten der Präfekt, in den kleinen der Bürgermeister oder irgend ein uniformiertes Stückchen General – ihm und seiner Familie weihen die Kämpfer den Stier und das Spiel, die Geschicklichkeit und den Tod.

Der Herr Marquis ist mit seinen Damen aus Biarritz im Auto herübergekommen, nun tritt er an die Brüstung seiner Loge, die im Rang liegt, nimmt mit einer steifen Armbewegung den grauen Zylinder ab und begrüßt das Volk. Aber es ist ganz ausgeschlossen, daß der Filmregisseur Ernst Lubitsch diesen Mann auch nur dreißig Meter lang einen Grafen spielen ließe – er würde ihm vielleicht das Stativ zu tragen geben, aber als Komparse: nichts zu machen. Es ist so viel kleine Provinzeitelkeit auf diesem zerlederten Gesicht, der Ritter ist von seinem Schloß heruntergestiegen und begrüßt die lieben Leibeignen ... Die Leibeignen vollführen einen großen Lärm und schwenken mäßig begeistert die Hüte. Der Graf aus Spanisch-Bautzen setzt sich. Es darf anfangen.

Die Truppe hält ihren Einzug. Es ist etwas kümmerlich damit, gar so viel sinds nicht, und sehr blitzend sieht das alles nicht aus. Die ersten Kämpfer, deren einer vorhin in einem großen Landauer angerollt kam, in der vollen Pracht seiner Ausrüstung, mit dem runden aufgerollten Zöpfchen am Hinterkopf, sie knien vor der Präsidentenloge nieder, der Zylinder erhebt sich mit dem Marquis, die unten murmeln die herkömmliche Formel. Die Besetzung in der Arena und oben auf den Bänken: es ist nicht Madrid, das uns hier umfängt; die Kämpfe gehen zwar streng formell wie in Spanien vor sich – aber das Ganze ist doch Provinz.

Los.

Der erste Stier von den sechsen kommt aus dem Stall gebraust. Da steht er. Musik, Licht nach dem Dunkel der Haft und so viel Menschen – was soll das? Das wird sich gleich erweisen.

›Juego do Capa‹. Die flinken Männer mit den roten Mänteln laufen vor der pathetischen Kuh auf und ab, sie schwenken die Tücher, hüpfen beiseite ... Alles, was mit Vollkommenheit gemacht wird, sieht leicht aus. Das ist gar nichts, denkt man, und denkt falsch. Auf Alpenwegen bringen diese schweren, kräftigen, großen Tiere dem Spaziergänger das volle Bewußtsein dessen bei, was eigentlich ein Stier ist ... Die da necken ihn wie ein Hündchen. Da kommen die ersten Pferde.

Es sind alte Kracken, gut für den Abdecker, abgearbeitete Kreaturen, die ihr ganzes Leben lang geackert, gezogen und getragen haben. Jede Arbeit ist ihres Lohnes wert: ihre offenbar dieses Lohnes. Ein Auge hat man ihnen mit einem Tuch zugebunden, was ihnen ein sonderbar verkommenes, verludertes Aussehen gibt. Sie lassen an Pferde von Strauchdieben denken, an Landschenken im Dreißigjährigen Kriege ... Mit dem zugebundnen Auge der Innenseite des Kreises zugewendet, werden sie in die Arena geritten. Auf ihnen sitzen die Picadores.

Aber ich habe immer geglaubt, der Picador sei ein Mann, der, beritten, mit dem Stier kämpfte, ein Kampf, der dann manchmal für das Pferd ein böses Ende nähme ... Der Picador ist ein Schlächter.

Niemand kann mit einem ausgewachsenen Stier kämpfen, wenn der nicht vorher zwei, drei Pferde erledigt hat, und nimmt er sie nicht an, so ist das für den Toreador eine böse Belastungsprobe. Das, was der Stier mit den Pferden macht, ist eine große körperliche Anstrengung für ihn, er arbeitet sich mit dem besten Teil seiner Kraft erst einmal an diesen Opfern ab ... Ein Mann in roter Bluse führt das erste Pferd am Zügel. Es schnaubt.

Der Stier sieht das Pferd an. Der Picador riskiert eine mutige Geste mit seiner Lanze. Der Stier nähert sich; der Rotblusige hält das Pferd noch immer fest, wendet die Breitseite dem Stier zu, damit der es recht bequem hat. Der Stier nimmt dankend an. Er geht mit leichtem Anlauf an das Pferd heran, kracht mit ihm zusammen und bohrt das rechte Horn in den magern Leib. Er senkt den Kopf tiefer, er wühlt darin herum, das Ganze sieht aus, als erfülle er ohne alle Leidenschaft eine unumgängliche Formalität. Das Pferd trappelt, so gut es kann, auf den freien Hufen, zwei schweben in der Luft. Dann zieht der Stier das Horn heraus.

Das Pferd ist unten offen. Einige Därme und etwas Schleim hängen aus ihm heraus, es möchte sich hinlegen. Nichts. Der Picador ist abgestiegen, macht die Steigbügel zurecht und steigt auf den Fetzen Pferd zum zweitenmal. Der Stier soll noch einmal stoßen. Der Stier stößt noch einmal.

Nun baumelt dem Pferd ein graurosa Beutel zwischen den Beinen, einmal verfängt es sich in dem Geschlinge und tritt hinein. Der Picador ist abgestiegen ... Und nun läuft doch wahrhaftig dieses gute, alte Tier – immer ohne einen Laut – durch die ganze Arena, es möchte hinaus, dahin, woher es gekommen ist, in den Stall, fort von hier ... Man läßt es hinaus. Und alles wendet sich wieder dem Stier zu.

Ich sehe mich um.

Ich kenne das, was in den Augen mancher Beschauer und Beschauerinnen liegt, wenn Schmeling dumpf auf Samson-Körner boxt. Kein Sport ist vor Mißbrauch sicher. Hier ist nichts davon. Ich versäume die schönsten Kunststücke der Mantelleute, die mit dem Stier einen großen Fandango tanzen: aber in keinem Gesicht, in keinem Auge, in keiner Miene ist auch nur der geringste Blutrausch zu sehen. Sind diese Leute grausam?

So spricht der Weise:

»Ein anderer Grundfehler des Christentums ist, daß es widernatürlicherweise den Menschen losgerissen hat von der Thierwelt, welcher er doch wesentlich angehört, und ihn nun ganz allein gelten lassen will, die Thiere geradezu als Sachen betrachtend … Die bedeutende Rolle, welche im Brahmanismus und Buddhismus durchweg die Thiere spielen, verglichen mit der totalen Nullität derselben im Juden-Christentum, bricht, in Hinsicht auf Vollkommenheit, diesem letzteren den Stab; so sehr man auch an solche Absurdität in Europa gewöhnt sein mag.« Und:

»Man sehe die himmelschreiende Ruchlosigkeit, mit welcher unser christlicher Pöbel gegen die Thiere verfährt, sie völlig zwecklos und lachend tötet oder verstümmelt oder martert, und selbst die von ihnen, welche unmittelbar seine Ernährer sind, seine Pferde, im Alter auf das äußerste anstrengt, bis sie unter seinen Streichen erliegen.« Denn:

»Man muß an allen Sinnen blind oder durch den foetor judaicus völlig chloroformiert sein, um nicht einzusehen, daß das Thier im wesentlichen und in der Hauptsache durchaus dasselbe ist, was wir sind, und daß der Unterschied bloß im Akzidenz, dem Intellekt liegt, nicht in der Substanz, welche der Wille ist. Die Welt ist kein Machwerk und die Thiere kein Fabrikat zu unserm Gebrauch.« Daher:

»Nicht Erbarmen, sondern Gerechtigkeit ist man dem Thiere schuldig.«

Also keine Grausamkeit. Mangel an Gefühl.

Neben mir sitzt ein hervorragend unangenehmer junger Herr, er ist mit zwei Brautens erschienen und hat einen gar großen Mund. »Ho!« und »Ohé!« schreit er, er erteilt Noten an Stiere, Pferde und Matadore, er leitet die Sache gewissermaßen. Als der Stier einmal dringend in einem Pferd beschäftigt ist, ruft er dem Pferd hinüber: »Das hast du nicht gern, was? Das kann ich dir nachfühlen!« Mit dem setze ich mich ins Gespräch. Und er sagt, ganz und gar bezeichnend, in einem besonders scheußlichen Moment: »Mais regardez donc le toréador – le reste n'existe pas!« Für ihn nicht. Für keinen.

Immer noch Pferde. Der erste Stier ritzt eins auf und erledigt die zwei nächsten. Jetzt ist er böse und ermüdet. Und nun bekommt er es mit den Menschen zu tun.

Alles, was hier geschieht, hat seine jahrhundertalten Riten. Jede Bezeichnung, jede Bewegung, jede Möglichkeit ist traditionell. Zu dieser Tradition gehört die ›suerte‹ der Banderillas. Diese Piken, die dem wütenden Stier in den Nacken gesetzt werden, um ihn noch wütender zu machen, werden ihm vorher gezeigt, es ist ritterlich, ihn darauf aufmerksam zu machen, was nun kommt, und vielleicht interessiert es ihn auch. Der Banderillenmann stellt sich also zehn Meter vor dem Tier auf, dessen Flanken wie ein Blasebalg gehen, hebt die Piken hoch, senkt sie langsam, es ist, als wolle er den Stier mit zwei Zauberstöckchen beschwören: dann läuft er den Stier an. Es ist die graziöseste und eleganteste Bewegung, die ich in diesem Stierkampf gesehen habe: das Leben des Mannes hängt an zwei Zentimetern. Der Stier sieht ihn kommen, er schnaubt ihm entgegen, er stößt nach ihm – in die Luft, da hängen die Banderillas an seinem dicken Nacken, schwanken auf und ab, etwas Blut rieselt an ihnen herunter ... Der Läufer hat nur eine ganz kleine Bewegung gemacht, um dem Stoß auszuweichen, der eben erst die Pferde aufgeschlitzt hat.

Jetzt ist der Stier ernsthaft wütend. Er brüllt, klagend und drohend, er wirft mit dem Vorderfuß Sand auf, versucht die langen Stäbe mit den Widerhaken abzuschütteln – und bohrt sie sich tiefer ins Fleisch. Wieder umspielen ihn die Mäntel der Capeadore, ein zweites Paar Banderillas wird ihm gesetzt, diesmal war der Läufer so dicht dran, daß er fast zwischen den Hörnern stand – das Publikum rast. Und nun noch ein drittes Widerhakenpaar. Inzwischen ist ein ruhiger Mann vor die Präsidentenloge getreten.

Der Stier sieht nichts, denn er ist mit seinen Tüchern befaßt. Aber was da zwischen dem Präsidenten und dem Mann in der Arena mit Kniefall und Zylindergruß ausgemacht wird: das ist der Tod. Der Mann läßt sich einen Degen und ein rotes Tuch geben.

Der Stier stürzt sich auf das rote Tuch wie ein Stier auf das rote Tuch. Der Mann hat kaum einen Schritt beiseite getan. Und nun zeigt er ihm den scharfgeschliffnen Degen. Der Stier sieht dumm herüber – er steht jetzt ganz nahe vor mir, es ist ein schwarzes großes Tier, an der nassen Haut läuft das rote Blut in kleinen Bächen herunter. Alle paar Sekunden blitzt etwas Weißes in seinem Auge auf, wie ein Funke, ein Lichtschaum. Der Toreador geht auf ihn zu, zielt …

Da steht der Stier mit dem Degen oben im Rücken und seinen drei Paar Widerhaken und tobt. Ist das das Ende? Die Zuschauer sind begeistert – aber es ist nicht das Ende. Einen zweiten Degen, bitte.

Es ist das Ende. Die rötesten Mäntel bringen ihn nicht mehr zum Aufsehen, er brüllt dumpf, fällt zur Seite, zuckt … Aus. Gruß an die Loge, grauer Zylinder, Hüteschwenken, Bravo, Hoch und Dank. ›L'Arrastre‹: ein sechsfaches Eselgespann schleift den Stier und die beiden Pferde hinaus. Der nächste.

Der nächste ist ein junger, aufgeregter Herr, der wie ein Bajazzo aus seinem Stall herausgepurzelt kommt. Er macht den Leuten viel zu schaffen, und das soll er ja wohl auch. Er zerstößt das Pferd, das ihm sein Vorgänger leichtverwundet zurückgelassen hat, zu einem bösen Klumpen, der Picador fällt herunter, es geschieht ihm aber nichts. Der Stier zerquält ein Pferd, so daß es sich schon nach dem ersten Stoß nicht mehr erheben kann – und da liegt es. Ich kann genau das Auge sehen, das große, sanfte Auge. Das Auge versteht nicht. Es sagt: »Warum? warum?« – Es dauert lange, bis der Mann mit dem kleinen handfesten Messer kommt, das schnell wie ein Keil in den Schädel geschlagen wird … es dauert so lange. Die Kapelle spielt, ein sanfter Walzer wogt über das sterbende, graue Pferd hin, weich und schaukelnd – ich weiß, wie der im Sand ruhende Körper unten aussieht … Da kommt der Abdecker. Le reste n'existe pas.

Dieser Stier hat einen schweren Tod. Der Toreador verbraucht 6 (in Buchstaben: sechs) Degen, bis er ihn so weit hat – und das Publikum wird ungeduldig. »Schlächterei!« schreien die fein empfindenden Leute. Weiße Taschentücher wehen zum Präsidenten hinauf – aber der rührt sich nicht, sondern sieht, den Kopf auf die Brüstung gelehnt, gelangweilt zu. Seine Damen gucken gar nicht hin. Nun fällt der Stier. Erlöster, nicht einstimmiger Beifall.

Aber während alles um den sterbenden Stier beschäftigt ist, liegt an der Ostwand des Zirkus im Sand das graue Pferd. Sie haben es mit einer Decke zugedeckt, man sieht das Hinterteil und den Schwanz. Es ruht. Und mir ist, als glänze dieser Kadaver mit einem sanften Schein um sich.

Nummer drei will gar nicht aus dem Stall. Hohngebrüll der Arena: »Feigling!« Das kann er nicht auf sich sitzen lassen. Er kommt, passiert die beiden Torwächter, die ihm zwei ganz kleine Haken applizieren … dann machte er seine siebenundsiebzig Stationen durch.

So sechs. Schnaubende Mäuler, sich bäumende Pferde, Pferde, die nicht wollen, aber herangezerrt werden, einmal ein Kunststück des Matadors: er neckt sitzend den böse gemachten Stier im Nacken, er rückt auf dem kleinen Holzstreifen, der die Arena innen wie eine runde Bank umgibt, immer näher an ihn heran, gibt ihm also die Zehntelsekunde vor, die er zum Aufstehen braucht – in diesem Spiel, wo es um die Zehntelsekunde geht … Und auch dieser Stier ist in einer Viertelstunde draußen, gezogen von den Mauleseln mit den roten Pompons. Ein Torero, Emilio Mendez, steht wie eine Bildsäule, bevor er zusticht, in einer vornübergebeugten Haltung leicht, wie auf dem Theater … Es ist ein dunkler, schwarzer Mann, in diesem Augenblicke sieht er genau aus wie Walter Hasenclever. Ein Stier wandelt mit einem Widerhaken im Nacken umher, als gehe ihn das Weitere nun nichts mehr an. Die Tücherleute machen die Muleta: Kein Allotria! Hier! Sterben gehn! Und da bequemt er sich denn.

Bei alledem ist kein Stierkämpfer ohne Schrammen und Wunden; bekommt ihn der Stier auch nur selten zu fassen, so ritzt er ihn doch oft mit dem Horn. Was viel gefährlicher auslaufen kann, als es den Anschein hat: ist das Horn vorher in den Eingeweiden der Pferde gewesen oder hat es auch nur Erde aufgewühlt, so riskiert der so leicht Verwundete den Tetanus.

Kurz vor Schluß gehe ich hinaus. Draußen umlagern die Kutscher, die Chauffeure, Knechte und Volk das Arenagebäude. Es steht hoch gegen den Himmel und sieht auf einmal böse aus. Ein Stierkampf von draußen … Ich weiß jetzt, was da drin geschieht – ich höre es an den Schreien. Zunächst bleibt alles still. Jetzt, jetzt muß er an sein Pferd geraten sein, ich fühle bis hierher den dumpfen Zusammenstoß. Die Arena schreit. »Hjai!« wie aus einer Kehle. »Hjai –!« Und dann ein langes Brausen und wirres Rufen … Langsam schlendere ich durch die Wagen.

Sind das Lieblinge, die Toreadore! Die Spanier verehren ihre Stierhelden wie die Halbgötter. Der große Tenor der Arena, Nacional II, hat vor ein paar Tagen, nachdem sie ihm bei einer Meinungsverschiedenheit den Kopf mit einer Weinflasche eingeschlagen haben, ein Begräbnis gehabt wie ein General. Kein Panthéon wäre ihnen für die großen Männer zu schade. Nun, das ist wohl überall dasselbe – nur gibt es sich anderswo wissenschaftlicher, gebildeter, immer mit dem Kulturfortschritt im Prospekt …

Herrgott aus Spanien! Wenn du Sonntag vormittags auf dein Land heruntersiehst, so steigen dir wohlgefällige Düfte in die Nase, süßer Weihrauch und die Lobreden deiner fetten Pfaffen. Wenn du aber nachmittags herunterhörst, so hörst du aus dreißig und vierzig Arenen: »Hjai–!«, hörst das Blasen der Bandas, das wirre Rufen und das Brüllen der sterbenden Tiere. Jeden Sonntag. Im Jahre 1924, lieber Gott, war es zweihundertachtundvierzigmal, daß du das in Spanien hören konntest – und dabei sind nicht die simplen Spiele mitgerechnet, die sich halbwüchsige Bauernknechte in kleinen Flecken mit den ganz jungen Tieren erlauben. Nur die offiziellen: zweihundertachtundvierzig. In Frankreich für dasselbe Jahr: sechzehn. Nicht viel – aber immer noch mehr als damals, als man im Jahre 1857 die Stierkämpfer zum Lande hinausjagte. Das Verbot ist praktisch längst außer Kraft gesetzt. Sie sind alle wieder da. Und sie heiligen deinen Feiertag.

Da kommen die Leute zu Hauf aus dem Mordturm – wenn ich noch einen Wagen haben will, muß ich mich beeilen.

Eine Barbarei.

Aber wenn sie morgen wieder ist: ich gehe wieder hin.

Ausflug zu den reichen Leuten

Wer weniger Geld hat als wir, dem fehlen die materiellen Voraussetzungen, das Leben voll zu genießen. Sicherlich schlummern auch im Arbeiter unerlöste kulturelle Bestrebungen, aber Sie müssen nicht vergessen, Herr Ministerialrat, die Tiefergestellten wollen vielleicht, aber sie können nicht. Ich bitte Sie, was haben denn diese Leute für Interessen!

Wer mehr Geld hat als wir, ist ein Trottel. Er hat wohl materiell alles, was er braucht, aber ihm fehlt doch unsre Kultur. Die neuen Reichen, Herr Ministerialrat, können alle, aber sie wollen ja gar nicht. Ich bitte Sie, was haben denn diese Leute für Interessen!

Die armen Reichen. Sie haben wirklich keine gute Presse.

»... jene feierliche Ironie, die ich bei allen Leuten mit bescheidnem Einkommen bemerkt habe, mit denen ich in Beziehung stehe«, heißt es in dem reizvollen Tagebuch des Milliardärs A. O. Barnabooth, von Valéry Larbaud. »Ich rede sie ohne Hintergedanken an, von Mensch zu Mensch, ganz familiär, wie das zum Beispiel die Amerikaner lieben. Aber sie verbeugen sich, und wenn der Kopf ganz unten ist, stecken sie mir die Zunge heraus. Sie drücken mir die Hand wie auf einem Begräbnis, und ich fühle die ganze Verachtung, die sie für mich haben. Sie verstekken ihre Gefühle nicht einmal; denn wenn sie ihr hochachtungsvoll ergebenes Gesicht aufziehen, halten sie einen Milliardär für viel zu dämlich, als daß er etwa merken könnte, wie man ihm schmeichelt. Es sind sehr subtile Herrschaften. Ich habe erst geglaubt«, sagt der Reiche, »daß diese stillschweigende Ironie das Grinsen des Neides ist ... Aber nein, das ist kein Neid: es ist die Unfähigkeit, die Augen aufzumachen und über gewisse Vorstellungen hinauszusehen. Es ist einfach Beschränktheit.«

Denn weil sich jeder eine Welt macht, in deren Mittelpunkt er selber steht, so verneint er die der andern, deren Weltbild ihn etwa an die Wand klemmen könnte. So heben denn silbergepunzte Demokratenfrauen die armen Arbeiter, die es nicht besser wissen, und verachten die reichen Milliardäre, die es nicht besser wissen. Reiche Leute haben eine gefügige Presse. Reiche Leute haben keine gute Presse.

In Biarritz kommen sie wild vor. Der nach Fischen riechende Winkel, als den Taine den Ort noch in den fünfziger Jahren angetroffen hat, ist durch den spanischen Adel und vorzüglich durch die Queen, der die englische Aristokratie todesmutig nachfolgte, erst zu dem geworden, was es heute ist. Es liegt entzückend: die silbrig-blaue Küste mit Felsen, die kunstvoll durchbrochen sind, so daß man darin spazierengehen kann, Blumenanlagen: es wächst da ein niedriger Baum mit hellgrünem, zartgefiedertem Laub, der wie ein Mohrrübenbaum aussieht, und an bestimmten Stellen zu bestimmten Stunden geht es auch recht elegant her, nur das allgemeine Straßenbild ist nicht elegant. Allerdings spielt sich ›Biarritz‹ auf den Besitzungen der reichen Leute ab, in den Klubs, den Parks, den kleinen und großen Villen am Meer und in den Schlössern, die von der Küste entfernt liegen. Will man französische Eleganz beschreiben, so muß man nie vergessen, daß die Begriffe ›Kempinski‹ und ›Esplanade‹ deutsche Begriffe sind und daß Frankreich nicht das besitzt, was einmal ein sehr witziger Mann mit dem Wort »Berlin hat eine Mittel-Volée« bezeichnet hat. Die französische Mitte liegt in der äußern Lebensführung und in den Ansprüchen wesentlich unter der deutschen, aber dafür gehts dann auch oben ganz hoch hinauf. Der große Reichtum ... Davon kann ich nun wenig berichten. Nicht etwa aus Verachtung, sondern weil ich diesen Kreis des Lebens nicht abgeschritten habe, weil er mir fremd ist, weil meine finanziellen Mittel nicht ausreichen, ich mir also meine Nase an der Glasscheibe platt drücken müßte. Mir ist es nicht selbstverständlich, im Hôtel du Palace abzusteigen, der Apparat würde auf mir lasten, und ich käme über jene gequälte Ironie nicht hinweg, die der Reporter anwendet, um zu zeigen, daß ihm das alles in keiner Weise imponiert und daß er doch der bessere Mensch ist.

Nach Biarritz bin ich aus Pflichtbewußtsein gegangen. Die

Fotografien in den Zeitschriften hätten mich nicht gelockt: auf allen waren die weißbehosten Tennisspieler mit ihren Damen zu sehen, das Meer und das Auto im Hintergrund, sie saßen – wie ländlich! – am Wegesrand oder an kleinen Tischen mit Teekännchen und roten Sonnendächern.

Die Kurliste sagt, wer alles in Biarritz ist. Sie finden das in Ihrer eleganten Zeitschrift, wenn die es nicht vorzieht, Heringsdorf zu fotografieren. Die Mistinguett soll auch da sein. Aber Missia habe ich selbst gesehen, Missia, das dicke Stück aus dem Theaterchen Perchoir zu Paris, eine himmlische, nicht mehr junge Person mit einem Gesicht wie ein, sagen wir, Mond, einer Himmelfahrtsneese und frech! Frech wie Anton. Sie geht mit einem jungen Mann über die Straße, tut recht vertraut mit ihm, und ich bin maßlos eifersüchtig. Ich auch ...!

In dem kleinen Restaurant, wo ich das Frühstück nehme und beileibe nicht esse, da sitzt mit Papa und Mama und Brüderchen eine ganz junge Engländerin, ein Kind, sie ist vielleicht fünfzehn oder sechzehn Jahre. Sie hat ein bißchen Sommersprossen, einen langen Kopf, lange Finger – sie ist gar nicht hübsch. Aber sie ist unanständig, sie hat das, was ältere Herren zu erheblichen Unvorsichtigkeiten verleitet, etwas Verdorben-Frauliches, sie lockt ... einmal rasch hinter der Hoteltür, wenn Mama nicht hinsieht ... Vielleicht machts ihr gar keinen Spaß, aber sie hat in ihren verbotenen Büchern gelesen, daß es Spaß macht. Nun, man wird sie gut verheiraten, und dann wird es wohl vorbei sein.

Übrigens, das ist nun in so einem fernen Badeort ganz besonders hübsch, daß nicht alle zehn Schritt jemand auf der Straße wie angewurzelt stehenbleibt, einen mit idiotisch erfreutem Gesichtsausdruck ansieht und brüllt: »Nein –!« Dergleichen ist Stenographie und heißt: »Traue ich meinen Augen? Sie sind es natürlich nicht, denn Sie können ja gar nicht in demselben Ort sein wie ich!« Und dann gehts los, und der ganze Vormittag ist flöten.

Ciboure. Ich muß in die Réserve de Ciboure, das habe ich in Paris aufbekommen. Nicht in die Hotels, nicht zum Père Tolstoi, der mit schütterm Bart und schöner Tochter ein Nachtlokal leitet – ich soll in die Réserve de Ciboure. Wenn ich muß …

Der große Wagen flitzt durch den Abend, läßt Biarritz hinter sich und biegt dann weit ins Land hinein. Auffällig ist die vorzügliche Straßendisziplin der Fahrer. Nein, es ist viel mehr als Disziplin und Verkehrsordnung und Angst vor dem ›procès-verbal‹, dem Protokoll, der Strafanzeige: es ist echte, gegenseitige Rücksichtnahme. Nicht ein Mal auf allen Fahrten in den Pyrenäen habe ich gesehen, daß die Chauffeure sich Hindernisse in den Weg fahren, sich anärgern, es dem andern ›aber ordentlich besorgen wollen‹. Sie veranstalten keine Wettrennen, die dem Herrn schmeicheln sollen – »Na, Klumpke, nun zeigen Sie mal, was Sie können!« – »Jawoll, Herr Generaldirektor!« – sie streiten sich nicht an den Wegkreuzungen, wer das Vorfahrtrecht habe; es geht wie geölt. Daß die Wagen abends die Scheinwerfer ausschalten und sich zwinkernd, um den andern nicht zu blenden, grüßen wie Schiffe, die nachts sich begegnen – das geschieht ja wohl in Deutschland auch. Aber diese fast ritterliche Art: Bitte nach Ihnen! die ruhige Freundlichkeit, mit der auch die schnellen Touren ausgefahren werden – das ist angenehm zu sehen. Man fühlt sich sicherer.

Bidart, Guéthary, über den kleinen Marktplatz von Saint-Jean-de-Luz mit den lustigen verkrüppelten Bäumen … dann biegt der Wagen an einem Hafen rechts ab und fährt vor.

Die Réserve de Ciboure ist eine kleine Terrasse, die an einer Bucht liegt: die Lichter von Biarritz flimmern herüber, es ist schon ein bißchen kühl, und die Kapelle wird sich erst warm arbeiten müssen. Kleine Tische mit Lämpchen, in der Mitte eine Tanzfläche. Man muß vorher reservieren lassen, es gehört zum guten Ton, hier einmal zu soupieren, was man sagen darf, ohne prätentiös zu erscheinen, denn es wird erst um zehn Uhr abends gegessen.

Leider nicht sehr gut. Wenn ich zu den Indianern fahre, will ich es indianisch haben. Auch über den Sekt gibt es nichts zu lachen. Und da sitzen sie also.

Sehr viel Fremde: Südamerika, die Staaten, England, Amerika, England. Dessen Männer sehen wie immer gut aus, die Amerikanerinnen fürchterlich. Wenn man sie so dasitzen sieht, denkt man an Klavierlehrerinnen, die sich einen feinen Sonntag gemacht haben; sie tragen Schmuck, den man ihnen gekauft hat, aber er blitzt verräterisch zu andern hinüber: er fühlt sich nicht wohl bei ihnen. Sie sind völlig an ihn gewöhnt; aber er tut ihnen nicht den Gefallen, sie zu schmücken. Sie wissen, daß sie hier in einem Amüsierlokal sind, und so amüsieren sie sich denn. Und weil dies kein einheitlicher Kreis von guten Leuten ist, der zusammengehört, sich kennt, aufeinander abgestimmt und eingespielt ist: so fehlt jene Luft, die erst den Reiz und den Witz großer Empfänge und garden-parties ausmacht; es ist einfach eine bezahlte Sache. Ich empfinde zum dreihundertsten Male auf dieser Erde: ›große Welt‹ kann man nicht kaufen, indem man in einem Hotel ein Diner bezahlt; das ist Aberglaube. Man wird hineingelassen, aber man gehört nicht dazu. Und wäre nicht das geschwellte Bewußtsein so vieler Snobs, die hier keine Réserve de Ciboure, sondern nur ihre falsche Überlegenheit über die armen Luder zu Hause erleben – sie langweilten sich noch mehr. Übrigens glauben sie, Vornehmheit färbe ab, und sie sind so stolz auf das Geld der andern.

Eines allerdings muß man hier allen nachloben: die Haltung ist selbstverständlich. An keiner Stelle findet sich: »Na, was sagt ihr nun? Hier sitze ich und trinke so teuern Sekt!« Nirgends. Diese abendlichen Tische, diese Tanzkapellen, dies Essen und dieser Wein – das ist ihr Leben, sie sind nicht darüber erstaunt, und sie verlangen von keinem, daß er sie bewundere.

Der Nebentisch ißt. Andere Leute soll man nicht beobachten – und es wird hier auch nirgends getan. Man kann durch ganz Frankreich, einschließlich Paris, fahren, ohne daß einen alle Leute anstieren, einsortieren, die Bilanz ziehen, das Inventar aufnehmen. »Was mag der sein –? Akademiker? Industrie? Diplomat? Weniger als ich? Hurra! Mehr als ich? Dann wollen wir ihn wenigstens bewundern –!« Ich brauche auch gar nicht hinzusehen, ich weiß, wie sie essen.

So oft ist mir schon aufgefallen, was geschieht, wenn die reichen Leute zu essen bekommen: sie sehen dem Kellner auf das herbeigebrachte Futter, mit einem scheinbar gleichgültigen, aber doch gespannten Ausdruck, es rinnen ihnen sozusagen die geistigen Appetitfäden aus dem Gehirn, schwer sitzen sie da: ›Das steht mir zu, das ist meins‹, und ich bin überzeugt, sie fingen an zu knurren, wenns ihnen jetzt einer wegnehmen wollte. Es ist eine heilige Handlung, ihr Essen, nicht nur, weil es so gute Sachen sind, sondern weil der Herr nun bedient wird. Die Käfigwärter tun alles, um diesen Glauben zu stärken. Sie tragen die dünnste Gemüsesuppe wie eine Hostie heran, sie schöpfen behutsam ein, sie tranchieren wie ein Chirurg, subtil, mit äußerster Aufmerksamkeit, und sie halten den Pudding, wie man ein Kindchen wiegt. Stille! Der Herr ißt.

Worauf die Musiker *›Tea for two‹* spielen und die Leute tanzen. Sie tanzen geschäftlich: sehr ernst, ganz und gar egoistisch, durchaus mit sich beschäftigt, die andern Paare gibt es nicht. Mit Erotik hat das so wenig zu tun wie ein Telefongespräch: es kann damit zu tun haben, aber im Wesen der Sache liegt es nicht.

Jetzt, nachdem alle gegessen haben, breitet sich jene weltversöhnliche Stimmung aus, die einen so nach vollkommner Sättigung beschleicht. Sie ist der konservativen Weltanschauung durchaus förderlich: ein Verdauender empfindet es als störend, wenn jemand giftige Gespräche führt. Nicht, nicht ... die Welt ist doch so schön ...!

Übrigens wird es jetzt wirklich kühl, gleich werde ich aufstehen und so tun, als ob ich gar nicht auf den Gedanken käme, man könne nach Biarritz auch zu Fuß gehen. Der Wagen soll vorfahren.

In Biarritz hängt vor einer erleuchteten Scheibe das Bild van Dongens, das er von Yvonne George gemalt hat, der Diseuse. Soll ich noch ...? Aber der Manager, der herausgestürzt kommt, ist derartig beflissen und das Lokal derartig leer, daß es wohl ein Reinfall werden würde, und so wollen wir denn lieber nach Hause fahren.

Geld –?

Erfolgreiche Prokuristen pflegen mit einer Stimme zu sprechen, die nach gebratenen Gänsegrieben schmeckt, etwas Geld ist scheußlich. Viel Geld ist schön. Und bis in den Schlaf verfolgt mich der müde, völlig gleichmütige, ausgeglichene Blick des blauen Augapfels mit den schweren Augenlidern: das Gesicht der wahrhaft reichen Leute.

Zwei Klöster

Das ist meine erste Begegnung mit den Pyrenäen:

Hinter mir die glatte, große, geteerte Automobilstraße, die von Biarritz nach San Sebastian führt, nun schlängelt sie sich ans Meer, und links, im Osten, liegen die blauen Berge: die Pyrenäen. Sie sind nicht allzu hoch – ihre Linien sind sanft geschwungen, der scharfe Grat ist hier selten, und alle Kuppen sind rund. Es ist wie erstarrte Musik in diesen Höhenzügen. Bei Hendaye stoßen die letzten Ausläufer fast ans Meer. Wir fahren an der Küste entlang.

›Côte d'Argent‹ ist ein guter Name für sie – die Wellen blitzen silberweiß. Rechts fällt die Küste steil ab, im Geröll suchen Männer nach Vogeleiern. Links stehen die ersten Felsen, nicht sehr majestätisch, aber für eine Anfangsbegrüßung Felsen genug. Der Wagen schnurrt um die Kurven. Wir fahren nach Spanien – zum Kloster des Ignatius von Loyola.

Vorläufig am Wasser entlang, immer am Wasser, und manchmal bremst der Chauffeur und erklärt uns die Landschaft. Wir rollen durch Saint-Jean-de-Luz und dann durch Hendaye, wo Pierre Loti gestorben ist, wo Unamuno zum großen Ärger der Spanier wohnt und Claude Farrère sich ein Haus bauen läßt – und das da: das ist der Bidassoa-Fluß, die Grenze. Nächtlich, an der Bidassoa lispeln ... ich weiß schon: es hat anderswo gelispelt. Aber dies ist auch sehr schön.

Zollwächter, Gendarmen, Pässe, Hände an den Mützen, bitte sehr, danke sehr, Grenzpfahl, dasselbe auf der andern Seite: Spanien. Guten Tag.

Wie Balkons ein Straßenbild verändern! Fuentarabia, als pittoresk gepriesen, aber so leid es mir tut: blitzsaubere Straßen. Wie ich überhaupt auf allen meinen Reisen durch den Süden Frankreichs nicht habe finden können, daß das Geschrei von dem »verlodderten Süden« heute noch seine Richtigkeit hat. Marseille riecht um den alten Hafen herum wie eine Sardinenschachtel, das ist wahr, und in den engen Gassen hinter der Cannebière wird man kaum eine Wohnung mit allem Komfort finden. Aber die kleinen Städte im Midi, die südlichen Städte, die ich hier an den Pyrenäen gesehen habe, sind nicht schmutziger und nicht sauberer als jede kleine deutsche Stadt.

Vor Zumaya, da, wo die Route das Meer verläßt, um nach Süden zum Kloster abzubiegen, begegneten wir einer eleganten Limousine. »Das wird er sein!« sagte der Chauffeur unvermittelt. »Wer?« fragte ich. Es war, wenn ihn nicht alles täuschte, ein großer spanischer Tenor aus Madrid, der grade in San Sebastian gastierte. Er hatte ihn gehört. Und im Klappern des Viertaktmotors sang er ein paar schöne Stellen von Verdi, und nur in den Kurven legte er kleine Pausen ein. Anch'io sono pittore –! Er hätte eine schöne Stimme, teilte er mit, aber leider, leider fehle es ihm an Geld, sie auszubilden. Denn was jener Tenor heute sei, das vermesse er sich in spätestens zwei Jahren auch zu werden! Und so chauffiere er denn an der Unsterblichkeit vorbei, die Bremsen unter den Füßen, das Steuer in der Hand und eine unerfüllte Künstlersehnsucht im Herzen.

Der Tenor besuche übrigens wahrscheinlich Zuloaga, und er zeigte mir dessen große Villa im Grünen. Da malte er nun.

Jetzt bot die Landschaft nichts Bemerkenswertes, und der Chauffeur wurde gesprächig. Zigeuner zogen an uns vorbei, und er stellte fest, daß diese ›bohémiens‹ aus der Bohême kämen, also aus Böhmen. Das war mir neu. Und dann sprachen wir über die Spanier und über das Elend, das den kleinen Mann bedrückte – in der Tat begegneten uns hier, wie überall auf den spanischen Grenzfahrten, die ich gemacht habe, Gendarmen, Pfaffen, Pfaffen und Gendarmen, Gendarmen und Pfaffen. Hier wären alle Leute katholisch, sagte der Chauffeur. Zum Beispiel Protestanten, die gäbe es ja gar nicht. Die Protestanten hätten aber auch ihre Geistlichen, sagte er, man nenne sie Rabbiner. Ich erwiderte schonend, daß es auch Protestanten gäbe, die Pfarrer ihr eigen nennen – und das glaubte er schließlich. Und wir fuhren und fuhren.

Nach ein paar Stunden öffnen sich die Berge, ein Tal erscheint, der Wagen rollt auf einer breiten Zufahrtsstraße grade auf das Kloster zu. Mir bleibt das Herz stehen.

Die Basilika mit der hohen Kuppel ragt auf, zwischen grauen Fronten, rechts und links mit vielen holzverschlossenen Fenstern. Sie ladet den Weg ein, in ihren runden Portalen zu münden – er tut es. Weiter hinten, rechts der Chaussee, liegen die Seminargebäude für die hundertfünfzig Novizen der Jesuiten, die hier untergebracht sind – mit diesen Häusern stehen die Basilika und das Heilige Haus des Ignatius ganz allein in den Bergen. Das Tal rundum ist still; hier in den Bergen werden die schwarzen Eier ausgebrütet. Das große Haus, mit der Kirche und den paar Nebengebäuden – von hier ist die spanische Welt regiert worden, von hier wird auch heute noch so viel leise Regierung vorbereitet …

Der Ordensgründer hatte gewußt, was er tat. Die verblüffende Ähnlichkeit seiner geistlichen Übungen mit denen der Yogis ist längst aufgedeckt – es ist in der Sache wohl kaum ein Unterschied. Was das Militär aller Länder mit roher Gewalt versucht und nie zu Ende geführt hat, hier ist es mit der glänzendsten Geschmeidigkeit gelungen: Menschen ergreifen, umformen, in den Zustand der Halblähmung bringen, um dann aus den Geschwächten die größte Stärke herauszuholen.

Innen gleißt es vor Gold. Der Fußboden ist aus gehämmertem Silber, die Truhen und Altäre aus allem edeln Material zusammen, das es überhaupt gibt: Gold und Silber und Halbedelsteine und Alabaster und Marmor … Aber wie ist das gemeistert! An keiner Stelle schreit die Kostbarkeit – alles dient, scheinbar demütig, Gott.

Man darf sich einen Hausflügel ansehen. Und während wir in dem breiten, dunkelgetäfelten Treppenhaus umhergehen, dringt Stimmengewirr an mein Ohr. Vielleicht kann man hier nicht eintreten? Der spanische Führer macht eine einladende Kopfbewegung.

Da beten die Jesuiten.

Im dunkeln Halblicht des grauen Nachmittags sehe ich:

Den, der die Gebetsübung leitet, ein wundervoll feiner Kopf mit goldner Brille, schmallippig, mit grauen Augen. Ein andrer steht daneben. Die kleine Kapelle ist durch ein Gitter abgeteilt, da drinnen sitzen sie, die schwarzen Soutanen auf Dunkelbraun. Ich darf in einen kleinen Nebenraum treten, er hat einen hellen Teppich und ein kleines Fensterchen, das zur Kapelle führt. Davor kniet, aus irgendeinem Grunde von den andern ausgeschlossen, ein junger Novize, ein schöner, schwarzer Mensch von vielleicht zwanzig Jahren. Sein Gewand hat sich auf den Boden gebreitet. Ich stehe bewegungslos. Und lausche.

Die Stimme des Leiters hebt sich klar heraus. Aber was ist jenes andre? Es rollt, es kehrt wieder, ich kann nicht verstehen. Es sind offenbar viele Männerstimmen – und da sehe ich im Hintergrund der Kapelle zehn oder fünfzehn Novizen, die den Chor bilden. Jetzt höre ich: »Ora pro nobis – ora pro nobis – ora pro nobis – ora pro nobis –«

Es hat mich. Es kehrt immer wieder, und da die Wiederholung die einzig wirklich künstlerische Form ist, die es überhaupt gibt, was Buddha und sein genialer Übersetzer Neumann gewußt haben, weil das Ohr nach dem achten Mal nichts mehr zum Gehirn leitet, sondern eine feine Erschlaffung die Nerven befällt, so dringt das Gift in alle Poren ein. Durch Wiederholung wird das Wort fremd und kehrt verwandelt wieder. Welche wundervollen Handbewegungen! welche Köpfe! welche Summe von Charakter, Intelligenz, Wissen, Geistigkeit! Der Schmuck an den Wänden glänzt matt, weiche Teppiche dämpfen den Schritt – ich habe nie so elegant beten sehen.

Und plötzlich weht mich etwas an, eine lange Satzfolge – Worte ... »Spinnfabrik – Vorarbeiter ...« Ich habe später nachgesehen, was es war. Es war eine Seite des großen Oskar Panizza: gestorben, verdorben; die Bücher verboten, in alle Welt verstreut, vergriffen, das Wichtigste nie wieder aufgelegt ... Es war die Seite über das Gebet. Hier ist sie:

»Auf einer meiner Reisen kam ich eines Tages in einer wundersamen Gegend, in Tirol, in eine Dorfkirche. Sie war edel und freundlich gebaut; im Innern luftige Hallen; an den Säulen und Wänden auf den Postamenten standen Apostel und Heilige in verzückten Stellungen, ihre Marterwerkzeuge ostentativ in der Hand haltend; und unten in den Stühlen lagerten schwarze, gebeugte Massen: lebendige Menschen. Gleich beim Eintritt empfing mich ein eigentümliches Plätschern, Klirren, Schnurren und Rasseln, wie von englischen Webstühlen. Ich glaubte wirklich anfangs, es seien irgendwo im Keller versteckt Häckselmaschinen, die arbeiten, oder hinterm Chor eine Lokomobile, die Getreide drischt. Aber bald fiel mir auf, daß in den schnurrenden Geräuschen regelmäßig wiederkehrende Perioden von bestimmter Länge zu unterscheiden waren, und daß, vergleichbar dem auf jenen Webstühlen Gewobenem, bestimmte Dessins und Farbeneinschüsse in maschinensicherer Abwechslung immer wieder kamen und gingen. Und hier waren diese Dessins zu meiner nicht geringen Verwunderung Sprachperioden und Satzkomplexe. ›Maria, Gebenedeite!‹ und ›jetzt und in der Stunde des Absterbens‹ waren die stets wie auf Stramin gewobenen, vorüberrauschenden Figuren und Lautnuancen. Und nun merkte ich wohl, daß es die im Kirchenschiff kauernde Menge war – lebende Menschen –, von deren Lippen und Zähnen dieses Schnurren und Brausen kam. Vorn, ganz weit vorn, stand in einem weißen Kittel der Vorarbeiter, und was er lallend und gurgelnd – und wie ich wohl sah, in seiner Arbeit eminent geschickt – angab, woben und schnurrten die andern nach; zuerst die Alten in den vorderen Kirchenstühlen; und dann hinten die Fabrikmädchen; und was diese mit den fleißigen Zähnchen lieferten, klang, als wenn man Erbsen in irdene Töpfe prasselnd fallen läßt; so hellen Diskant woben die kleinen Finger. Lang, lang blieb ich stehen, wohl eine halbe Stunde, stumm und erstarrt, und konnte es nicht fassen. Fast so lang, wie vor dem Rheinfall bei Schaffhausen; eingelullt von dem ewig gleichen Rauschen und Brausen und ganz versunken in Gedanken, und in Gedanken fortgetragen in eine kleine, ferne protestantische Kirche im Norden, wo ich als Knabe mein stummes Gebet still zu Gott sprach – bis endlich der Wasserfall aufhörte, und das Brausen ein Ende nahm; und ich erwachte; und nun wohl erkannte: das, was ich gehört hatte, waren die *Gebetgeräusche der katholischen Kirche*; und das Webestück, die Arbeit, die sie vollbracht hatten, nannten sie –: *Gebet.*«

Das war es.

Langsam verließ ich den Raum, langsam fuhr der Wagen davon. Hinten in den Bergen, in denen jetzt der Nebel aufstieg, lag das Kloster des heiligen Ignatius von Loyola.

Das Kloster zu Ronceval ist jenseits der Grenze.

Der Botschaftssekretär an der spanischen Botschaft in Paris hatte gesagt: »Die Erlaubnis zur mehrmaligen Überschreitung der Grenze können wir Ihnen nicht geben. Die Franzosen haben Ihnen das erlaubt? Wenn Sie das wollen, müßten wir nach Madrid telegrafieren …« Nein, dachte ich. Primo de Riveran persönlich angehen, ihn am Ende stören, wenn er grade kühnlich sein Haupt in einer Untertanin Schoß legt – nein. Und jedesmal, wenn ich die spanische Grenze überschritt, ohne Bestechung, ohne Beziehung, ohne Schleichwege, jedesmal gedachte ich des Sekretärs in Dankbarkeit und gehorsamer Liebe. »Ich bin ein anständiges Mädchen!« rief die spanische Grenze in Paris. Aber wenn man nachher der Sache näher trat, da gings schon.

Ronceval – ganz richtig: das ist da, wo Roland erschlagen wurde. Man zeigt heute noch die Kampfkeulen, mit denen … aber das will ja niemand wissen.

Das Kloster liegt ein paar Wegstunden hinter Saint-Jean-Pied-de-Port, und man fährt durch schöne Waldschluchten, über denen Geier kreisen; sie äugen herunter, ob sie nicht in einer Schafherde etwas einkaufen können. Der Weg dreht sich höher, bis etwa zu tausend Metern, dann klettert er über einen Gebirgspaß, und da steht das gemütliche Gebäude.

Das Kloster war einmal. Es gibt da noch einen Abt und elf Mönche, die immens reich sind, alles Land im Umkreis gehört ihnen – aber Ronceval ist längst nicht mehr, was es war. Ein großes Trumm Häuser ist zu einem Gefüge miteinander verbunden, er umgibt Innenhöfe und die Kirche. Die Dächer haben sie mit einem scheußlichen Blech belegen lassen, und innen ist Zentralheizung, denn es ist sehr kalt hier im Winter. Aber ich glaube: ein Kloster mit Zentralheizung, das ist überhaupt kein Kloster.

Der Sakristan zeigt die Kirchenschätze. Aufgehäuft liegen da Kleinodien, Reliquien, Gold- und Silbergesticktes, ein Dorn von ... ein Stückchen Knochen des ... Der Sakristan muß wohl irgendeine Störung der innern Sekretion haben: er ist wachsgelb, er hat dünne, blutleere Lippen, einen merkwürdigen Mikrokephalenschädel. Er ruht nicht, bis ich alles gesehen habe, und verschont mich mit keiner Einzelheit.

Oben in der Kirche sitzen die Mönche und beten fett und laut ein Nachmittagsgebet. Ihre Stimmen hallen. Unten beichtet einer, sein Kopf verschwindet hinter dem Vorhang des Beichtstuhls, und ein herauslangender Priesterarm legt sich dem Sprechenden beruhigend um die Schulter. »Nichts«, hat ein kluger Mann gesagt, »macht dem Spanier soviel Vergnügen, als einen Menschen totzuschlagen und nachher in der Kirche ausführlich und zerknirscht darüber zu sprechen.« Auf Zehenspitzen gehe ich durch die Kirchentür ins Freie.

Von außen sieht das Kloster aus, als säßen in den wohlgeheizten Stuben zwölf Mönche und drehten die Daumen gemächlich umeinander. Aber man kann einen großen, schön eingerichteten Lesesaal sehen, und sie haben auch eine Bibliothek. Ich unterhalte mich mit einem spanischen Geistlichen, wir sprechen lateinisch. Das heißt: er spricht lateinisch. Ich sage alle meine Fehler aus alten Schulaufgaben auf, konstruiere ut mit dem Indikativ und benehme mich recht scheußlich. Si vales, bene est – ego valeo. Zum Abschied sage ich gar nichts mehr. Denn wenn ich jetzt noch »Bonus dies!« rufe, dann wird mir der geistliche Herr wohl eine kleben.

Saint-Jean-Pied-de-Port: Die Basken

Ein Graf von Montmorency rühmte einst vor einem Basken das Alter seines Namens, seines Adels, seiner Familie, rühmte, von welch großen Männern er abstammte. Der Baske erwiderte: »Wir Basken, Herr Graf: wir stammen überhaupt nicht ab!«

So alt dünken sie sich. Sie haben es gut: man kann ihnen nichts beweisen. Man weiß nicht, wer sie sind, weiß nicht, woher sie stammen, was für eine Sprache das ist, die sie sprechen – nichts. Denn kein Latein, keine romanische, keine nordische Sprache hilft dir hier. Eine Sprache, in der die Worte:

»Wer durch diese Türe tritt, mag sich wie zu Hause fühlen«:

Atehan psatzen dubena bere etchean da

heißen – die ist für uns wohl nicht zu enträtseln. Es hat sie auch keiner enträtselt. Versucht habens viele. Eine unaufgeklärte wissenschaftliche Sache? Das läßt keinen deutschen Professor ruhen. So sehen wir denn eine ganze Reihe Deutscher unter den Forschern Eskual Herrias, wie die Basken ihr Land nennen: Wilhelm von Humboldt verstand und sprach baskisch, und Hübner, Uhlenbeck, Linschmann, der Begründer einer Baskischen Gesellschaft zu Berlin; Phillips, Schuchardt in Graz und viele andre haben an diesem Rätsel gearbeitet. Gelöst hats keiner. Es gibt da Schulen und Gruppen; erste Theorie: die Basken seien vom Süden gekommen, zweite: sie seien vom Norden gekommen, dritte: sie seien Asiaten ... für alles gibt es Beweise, für nichts gibt es Beweise. Nur für eine traurige Sache gibt es ein Anzeichen: diese Sprache kann eines absehbaren Tages aussterben.

Zunächst bildet sie sich schwer fort. Sie formt keine neuen Wörter für neue Begriffe, und wenn die Basken ›Bleistift‹ sagen wollen, so müssen sie sich, da die Sprache das Ding nicht kennt, des französischen Wortes bedienen, dem sie die baskische Endung ›a‹ anhängen: ›crayona‹. Die alte Generation sprach nur baskisch, und ich habe Leute gesehen und ihnen zugehört, mit denen ich mich gar nicht verständigen konnte; die jüngere Generation versteht fast durchweg französisch und spricht also beides – aber es gibt schon junge Leute und ganze Dörfer, da ist es aus, und die baskischen Forscher unter den Franzosen schildern mit Trauer, wie man sie auf Forschungsreisen von einem Dorf ins andre geschickt hat: Ja, bei uns spricht man nicht mehr baskisch … Aber vielleicht in Izaba … Die Sprache kann erlöschen.

Die Rasse sobald nicht. Sie sind ungefähr fünfhunderttausend Leute, nicht mehr – vier Provinzen liegen auf spanischem Boden, drei auf französischem: Labourd, das ist die westlichste, mit Bayonne und Saint-Jean-de-Luz; Nieder-Navarra mit Saint-Jean-Pied-de-Port und Soule mit Mauléon. Die Basken kehren sich nicht an die bürokratische französische Departementseinteilung, die ja offiziell alle die schönen Namen wie Bretagne, Normandie überhaupt nicht kennt, sie nennen ihre Provinzen mit den alten Namen. Aber so stolz sie auf sich sind: es ist nichts Aggressives dabei, und eine ›baskische Frage‹ gibt es nicht. Hier will niemand erlöst werden, weil sich niemand bedrückt fühlt.

Der erste Eindruck ist, mitten im Gebirge: Seeleute. Für dieses Gefühl gibt es keine rationale Begründung; ihre Gesichter, ihre ruhige Art, sich zu geben, die selbstbewußte Kraft, die innere Freiheit – alles das läßt an das Meer denken, an Fischerboote und Hafenmenschen. Ob ihre Vorfahren ein seefahrendes Volk gewesen sind – wer weiß das. Aber der Unterschied zum Franzosen aus dem Binnenland ist außerordentlich groß. Die Männer sehen gut aus, sie haben schmale Köpfe, durchgearbeitete Züge, man fühlt bei jedem Bauernkopf: das ist einer für sich!

Die Sitten waren lange ganz patriarchalisch und sind es zum Teil heute noch. Der pater familias hat eine unbegrenzte Regierungsgewalt, die Frau dient, aber ungedrückt; das Züchtigungsrecht der Eltern wird fast bis zur Volljährigkeit der Kinder ausgeübt. Ich habe mich erkundigt, ob denn nicht die Tatsache, daß viele Basken im französischen Heer in so ganz andern Gegenden gedient hätten, diese Familienverfassung langsam über den Haufen wirft. Man hat mir mit Nein geantwortet, und ich denke, daß das richtig ist. Diese konservative Tradition hat ihren guten Grund.

Großgrundbesitzer gibt es in diesen Landstrichen wenig, die Bauern sind frei. Aber sie haben alle das größte Interesse daran, sich ihren Landbesitz ungeschmälert zu erhalten, und dem steht das französische Erbrecht entgegen, das kein Fideikommiß kennt. Was nun –?

Nun haben wir dieselbe Erscheinung wie damals beim preußischen Landadel, als sein Fideikommiß gesetzlich abgeschafft wurde. Die preußischen Adligen wie die Basken: beide Gruppen halten das alte Familienrecht durch Übereinkunft fest, die benachteiligten Erben verzichten, und es gibt bei beiden Gruppen keinen Fall, wo die jüngern Geschwister dem Ältesten das Vatergut durch einen Prozeß streitig machten, den sie unfehlbar gewinnen würden. Die Eltern verschaffen dem Ältesten die Möglichkeit, den Jüngern ihren Erbteil abzukaufen, manchmal wird diese Schuld hypothekiert; ist ein Sohn im geistlichen Stand, so verzichtet er als Angehöriger einer Kirche, die an dieser alten Landeinteilung auf das äußerste interessiert ist – auf alle Fälle umgehen sie das ihnen unbequeme Gesetz. Der Landbesitz soll ungeteilt erhalten bleiben. Und er bleibt erhalten. (Auch in Andorra habe ich etwas Ähnliches gefunden.)

Dieses Land der Basken nun ist weich, angenehm, begrünt und wellig, soweit es vor den Pyrenäen in der Ebene liegt, wie überhaupt der Fuß dieses Gebirges das Schönste ist, was ich dort zu sehen bekommen habe, und das fast überall: von Bayonne bis Perpignan, vom Atlantischen Ozean bis zum Mittelländischen Meer. Les Basses-Pyrénées bergen noch genug Klüfte und schwierige Bergspitzen, davon hält sich der Landbesitz natürlich fern. Ihre Häuser sind geweißte Steinbauten unter zierartiger Verwendung von dunkeln Holzbalken – die modernen Architekten haben diesen Stil für Villen und Landhäuser der Gegend adaptiert. Diese Holzbalken finden sich hauptsächlich in Labourd; in Navarra weniger, da sehen die Häuser düstrer aus und in Soule sind sie lediglich aus Stein. Alle Häuser stehen mit der fensterlosen Rückwand nach Westen, von da kommt der böseste Wind. Die Kirchen konnte man so nicht bauen, wollte man nicht mit allen liturgischen Vorschriften brechen: die Kirchentür ist also häufig durch eine Mauer gegen den Wind geschützt.

Fast alle Häuser haben kleine Balkons. Es gibt elende Bauernbaracken und gepflegte Häuser, die gut im Stand sind. Die Kirchen haben mitunter merkwürdige alte Glockentürme, in denen primitiv die Glocken baumeln. Und sie haben innen etwas sehr Merkwürdiges: Galerien für die Männer. Diese Trennung wird sonst nicht oft gefunden, und sie hat einen eigentümlichen Grund.

In den baskischen Provinzen gibt es viele Schafe. Wenn man nun wissen will, wo in Frankreich im Mittelalter die Zauberei zu Hause gewesen ist, so braucht man sich nur auf der Karte die Gegenden anzumerken, wo Ziegenbock und Schafbock vorkommen – dann hat man sie unweigerlich. Diese Zauberei, deren letzte Rudimente heute noch in plumpem Aberglauben vorhanden sind, ist rein katholischen Ursprungs: es ist sozusagen eine gotische Magie. Da ist keinerlei Beeinflussung vom Osten her, nichts Asiatisches – es ist der gute alte römische Teufel, der da sein Wesen treibt. Bauernmagie ist eine verwickelte Sache: ein so flacher Materialist wie der Herr Hellwig aus Potsdam, Landgerichtsrat und preußischer Spezialist gegen Okkultismus, würde nicht viel Ersprießliches aus ihr herausholen. Nun gab es im zwölften Jahrhundert eine Ketzerbulle nach der andern, die auf das arme Land herunterdonnerte – die Kirche rückte auf einmal in den Mittelpunkt des Interesses; da reichten die Kirchenräume nicht aus, und in dieser Zeit hat man die Galerien angebaut. Man findet diese schweren alten Holzgalerien in fast allen baskischen Kirchen. Eine besonders schöne, dreistöckige in der großen Kirche zu Saint-Jean-de-Luz, das in der Nähe von Biarritz am Meer, kurz vor der spanischen Grenze liegt; dort ist Ludwig der XIV. getraut worden, und auch das Haus Haraneder steht noch dort, in dem die Infantin Maria-Theresia vor ihrer Hochzeit gewohnt hat.

Die Kirche spielt eine große Rolle in diesem Lande, das freiwillig fromm ist. Protestanten gibt es kaum – wenn man ›die Stadt‹ oder ›das Dorf‹ sehen will, so braucht man sich nur nach der Sonntagsmesse vor die Kirchentür zu stellen. Da strömen sie denn alle heraus. Aber gar nicht in bunter Landestracht, romantisch, trutzig, wie aus dem Roman. Die städtische Kleidung überwiegt; die Bauern tragen ihre schwarze Bluse wohl auf dem Viehmarkt, aber nicht am Sonntag, und nur das ›béret‹ trägt jeder. Das ist eine runde Mütze, ohne Rand, ohne Schirm, sie sieht aus wie ein Eisbeutel aus Tuch, mit einem kleinen Zippelchen oben drauf, manche pariser Kinder tragen etwas ganz Ähnliches, und viele Autofahrer. Bergstiefel sieht man kaum – die ›espadrilles‹ sind weiße Sandalen, den Strandschuhen nicht unähnlich, der Fuß geht in diesen dünnen Tuchüberzügen außerordentlich sicher, und an die Steinchen gewöhnt man sich rasch.

Aber man mag sich noch so oft vor die Kirchentür stellen: eine vollständige baskische Sippe wird man nicht zu sehen bekommen. Einer fehlt immer. Und der ist in Amerika.

Die Auswanderung ist in der Tat sehr stark. Die Basken sind gute und erfahrene Viehzüchter, und man muß sich diese Auswanderung ja nicht als ein Notventil gedrückten Proletariats vorstellen. Freie Bauern gehen hinüber, um Geld zu machen: nach Kalifornien, um Hammel zu züchten; nach Argentinien zu den Rindern und die Minorität nach Chile, um Handel zu treiben. Es sind hauptsächlich die jüngern Söhne, die auswandern, die, die nicht erben und die im eignen Lande nicht in fremde Dienste treten wollen. Drüben finden alle sofort Anschluß: einen Onkel, einen Freund, einen Bruder. Und das Allermerkwürdigste ist: sie kommen alle zurück. Sie sparen in Amerika das Geld, das sie in den langen, einsamen Weidemonaten nicht ausgeben können und nicht ausgeben wollen – sie kommen als ältere Leute zurück mit durchaus beachtlichem Vermögen, das heute, der Valuta wegen, größer ist als vor dem Kriege; viele haben zu Hause eine, die auf sie wartet und nicht umsonst wartet. »Les Américains« heißen die Zurückgekehrten, und man zeigt mit Stolz ihre hübschen Landhäuser. Es sind zielbewußte Leute.

Was tun nun diese baskischen Bauern abends und am Sonntag, wenn sie nicht arbeiten?

Als ich nach Saint-Jean-Pied-de-Port kam, klebte an allen Ecken ein blauweißes Plakat: Morgen, Sonntag:

La Pelote

La Pelote ist für den Basken, was für den deutschen Stammtischler der Skat, für den Spanier der Stierkampf, für den Franzosen das Manille-Spiel: Leib- und Magenzweck seines Hierseins. »Man sollte die Basken in einem Turm bei Silber und Gold konservieren!« sagte eines Tages ein Bewunderer des Landes. »Ja«, erwiderte ein Baske. »Aber es muß ein Pelotenspiel im Turm geben!« Ein Ballspiel – aber was für eins!

Im kleinsten Dorf steht ›le fronton‹: eine viereckige graue Steinmauer, sie steht frei, oben ist sie zierlich geschwungen, davor ein freier Platz. Auf dem springen die Spieler umher, die ›pelotari‹, sie schlagen, entweder mit der Faust oder mit der chistéra, einem schnabelartigen, gehöhlten Schläger, den kleinen steinharten Ball an die Mauer, von der er mit scharfer Wucht zurückspringt. Es spielen vier oder sechs Mann: zwei oder drei auf jeder Partei. Es wird abwechselnd geschlagen: Partei A gibt, der Ball springt zurück, Partei B hat ihn aufzufangen und zurückzuschleudern, wiederum A und so weiter. Die Schärfe, mit der sie schlagen, wird nur noch von der Behendigkeit übertroffen, mit der sie den kleinen, fliegenden, grauen Punkt auffangen und zurückschleudern. Die Anstrengung für den ganzen Körper ist sehr groß: das Spiel ist Tanz, Sport, Athletik und Kopfarbeit in einem. Eine Pelote –? Hin.

Am Sonntagvormittag steckten alle pelotari in der Kirche. Ein bekannter Spieler war angekündigt, Léon Dougaïtz; eine begehrockte und uniformierte Sportkommission war auch anwesend, mit einem richtigen General. (Es kann aber auch ein Feldwebel gewesen sein – ich kenne mich in diesem Klan nicht so aus.) Die kleine Kirche war gedrückt voll, unten die Frauen, oben auf den Galerien brummten und sangen die Männer. Ein junger Geistlicher betritt die Kanzel. Er spricht über …? Johannes? Matthäus? Markus? Er spricht über die Pelote von heute nachmittag. Sein leichter Versuch, diesen Sport mit Mystik zu umkleiden, mißlingt: es ist einfach ein ziemlich geschickt gesungenes Preislied auf ›uns Basken‹. Eine Masse kann man gar nicht deutlich genug loben: aber da ist schon jener kleine fatale Funke von zu genauer Kenntnis über sich selbst. »Wenn ein Fremder heute in die Kirche käme, so würde ich ihm sagen: Sieh dir diese Ballspieler an, den Kern unseres Volkstums …« Schon faul. Das sicherste Zeichen dafür, daß mit einem Volksgebrauch etwas nicht in Ordnung ist, sind Lehrer- und Pfarrervereinigungen zu seiner Konservierung. Niemand tut etwas für den Gebrauch von Tinte, und einen Verein zur Erhaltung des weichen Umlegekragens gibt es nicht. Nur Sachen, die sich nicht von selbst verstehen, werden so hallend betont. Der Prediger lobt also seine Ballspieler – und das ist durchaus keine Entweihung des Gottesdienstes: gibt es doch viele baskische Äbte und Vikare, die selber mitspielen. Mit hochgerafften Soutanen springen sie umher und sind nicht einmal die schlechtesten beim Spiel. Wie ja überhaupt der katholische Geistliche dem Volk viel näher steht als der fast stets etwas säuerlich reservierte protestantische Pfarrer. Katholische Kirchen sind immer geöffnet, protestantische nur sonntags. Die Geistlichen auch. Und so predigt eben dieser über das Ballspiel. Wohlwollend hält er die Hände darüber hin; denn was die Kirche nicht verhindern kann, das pflegt sie wenigstens zu segnen.

Chorgesang, Schluß, alles strömt auf die Gasse.

Mittags gehe ich ein bißchen durch die Stadt. Saint-Jean-Pied-de-Port liegt hügelig-befestigt; was außerhalb der alten Fortifikation steht, ist hübsch, aber belanglos. Eine schnurgrade, grüne Allee führt auf die Berge zu. Aus dem Hause des Notars perlt Mozart. Das Wetter ist schön und still.

Das ist der Friedhof – da stehen die eigenartig geformten Grabsteine: auf niedrigem Fuß eine runde dicke Scheibe. Schrift und Verzierung wirken in ihrer Verwitterung wie Runen. Auch das Hakenkreuz kann man in baskischen Inschriften finden – gewiß ein schönes Beispiel für seine Popularität. (Wohl selten ist ein geschichtliches Symbol schmutziger mißbraucht worden.)

Und welch merkwürdige Namen auf den Steinen stehen! Maria Ladeveze, Landerreiche Gabriel, Kurutze Hunen – –

Hier in der engen krummen Straße, die so bergan steigt, liegt ein Haus, in dessen Keller war einst das Gefängnis, in das die Bischöfe ihre besten Feinde stecken ließen. Ein hoher, fast dunkler Raum – ein paar Halseisen hängen noch an den Wänden. Ein Kabuff ist abgeteilt – das ist völlig schwarz und ohne jede Luftzufuhr, mit einer dicken Holztür. Da saßen die zum Tode Verurteilten, lange Wochen, und warteten auf ihre Hinrichtung.

Aber es ist unmöglich, irgendwo auf der Welt ein Gefängnis zu sehen, ohne daran zu denken, was deutsche Richter mit politischen Kämpfern treiben und treiben lassen; wie bei uns gefoltert wird, körperlich und unkörperlich; wie Angeklagte in Deutschland vor Gericht behandelt werden.

Oben auf dem Hügel liegt das Fort. Das ist ein alter Kasten mit Zugbrücke und stillem, weißem Hof, in dem das Gras wächst. Nur ein alter Arbeiter wohnt noch da. Aber es sieht alles so reinlich aus und nur wenig zerfallen – und man liest Inschriften an allen Türen und Plakate in den Stuben … was ist das? Hier in der Zitadelle staken im Kriege ungefähr fünfhundert deutsche Kriegsgefangene, aber weil Fluchtversuche vorkamen, fünf, sechs, zur nahen spanischen Grenze: so wurden sie bald wegtransportiert. Nach ihnen zog ein französisches Strafbataillon ein, ›des fortes têtes‹, besonders widerspenstige Leute, die von einem Loch ins andere flogen. Ich sehe ihre engen Steinzellen, die sie sich selbst gebaut haben, es muß eine böse zweite Garnitur gewesen sein. Der Schullehrer hat sie gesehen und erzählt noch lachend von ihnen: tätowiert waren sie wohl fast alle, aber einer hatte sich seinen Kriegswahlspruch: MERDE auf die Stirn einbrennen lassen, und wenn ihm ein Caporal oder ein höheres Tier einen Befehl gab, der ihm nicht paßte, so schob er einfach seine Kappe hoch, daß die Stirn freilag, und der andre konnte ihm so von den Gesichtszügen ablesen, was er zu sagen hatte. Man kann sich dem nur vollinhaltlich anschließen.

Nachmittags um vier Uhr steigt die Pelote. Ausverkauft. Kein

Wunder in einem Lande, wo an jedem vierten Haus zu lesen steht: Défense de jouer à la pelote! – denn keine Mauerwand bleibt von den Jungen verschont, die einmal Matadore des Landesspiels werden wollen. Der junge Geistliche, der gepredigt hat, sitzt bei den Öppersten, die Sportkommission ist auch da. Zum Glück ist die Pelote noch überall mehr Spiel als Sport. Es gibt allerdings schon Vereinigungen mit Kommissionssitzungen und Komitees, mit Disqualifikationen und Jahreskongressen – aber das Publikum liebt das Spiel, das Spiel in der frischen Luft, sein Spiel, und schert sich den Teufel um den lächerlichen Kram der Organisation. Jede Zeit hat ihren Hanswurst: der unsre blickt mit gefurchter Stirn und düstern Brauen auf spielende Leute und legt sich und denen eine Bedeutung bei, die er mit ›Hebung der Pferdezucht‹, ›Ertüchtigung der Jugend‹, ›Disziplinierung des Geistes‹ und andern schönen Sachen umkleidet. Nichts ist alberner als dieser von Brillen und glattrasierten Aktuaren präparierte Sport, bei dem die Ausschußsitzung das Wichtigste ist. Soweit ist es da unten noch nicht.

Die beiden Parteien treten an. Zwei spanische Basken: ein Kleiner und ein Langer, und auf der andern Seite Léon Dougaïtz, der Franzose, mit Partner. Der Mann sieht aus wie ein Maurerpolier, er hat einen unternehmenden, weichen Schnurrbart, trägt weißes Hemd, Espadrillen, aber wie alle diese Spieler kein béret. Sein Partner ist ein stämmiger junger Mensch. Es wird ohne chistéra, mit den bloßen Händen, geschlagen. Die Spieler treiben, um die Gelenke zu ölen, die ersten Bälle an die Mauer. Anfangen? Anfangen.

Eine Kapelle spielt. Léon gibt. Er steht mit der Nase zur Mauer, einen Meter von mir entfernt, und schlägt den kleinen Ball mit einer unbegreiflichen Wucht an den Stein. Der Ball flitzt zurück, hinten wird aufgepaßt, sie boxen ihn vor. Und nun spielen sie.

Sie springen vor und zurück, manchmal bewegen sie sich kaum, und besonders Léon, der vorn spielt, scheint gar nicht aufzupassen, wann der Ball kommt. Daß er ihn trifft, darum ist ihm wohl nie bange – aber ob der Schlag auch kräftig genug sein wird? Der Schlag kann einen Ochsen töten – es wird so leicht, so elegant geschlagen. Sie tragen keinen Schutz an ihren Händen.

Das Publikum paßt auf wie die Schießhunde. Wenn der Ball von hinten nach vorn fliegt, drehen sich alle Gesichter mit genau der gleichen Wendung nach vorn: es sieht aus, als wären alle diese Köpfe auf Stöcke gesetzt und von einem Mechanismus bewegt. Sie kritisieren sehr genau, und ein klein bißchen Lokaleitelkeit ist wohl auch im Spiel. Neulich haben die Spanier gewonnen – wirds Léon ihnen geben? Léon gibts ihnen. Dabei ist er keine Kanone, sondern nur gute Feldartillerie –, aber der einzige, der mit Kopf spielt. »Bravo, Léon –!« Sein Gesicht bleibt glatt und gleichgültig, sein Hemd ist naß, der Schweiß hat den groben Stoff in durchsichtige Seide verwandelt, ein Schuh ist durchgestoßen und wird unter allgemeinem Hallo ersetzt ... weiter, weiter!

Das Publikum bildet eine schöne Einheit, es sind wohl wenig Fremde darunter. Man kennt sich, man lacht sich an, drei Freunde, ein Dicker in der Mitte, sitzen Arm in Arm und sehen einer feinen Dame, die gewiß hoch zu Automobil hergekommen ist, ironisch-bewundernd nach. Männer untereinander sind eine harmlose Gesellschaft. Ein Mönch von Grützner steht da: ein dicker Bauer mit einer Knubbelnase, hochrot, ein agiler, sanguinischer Alter. Er ist über irgendeine Sache im Spiel furchtbar aufgeregt und wirft abwechselnd die Hände über dem Kopf zusammen oder seine Mütze unter Geschrei in die Luft. Er hopst und tanzt aufgeregt auf seinem Platz und ist Feuer und Flamme. Es ist aber auch ganz schrecklich, was da vorgeht! Die Spanier holen ihren Verlust ein –! Das darf nicht sein! Nein! Pause.

Die Spieler bekommen Wein zu trinken und schwitzen zum Davonschwimmen. Der Mönchs-Bauer hat sich langsam beruhigt, und der Dicke unterhält sich mit Freunden über acht Bänke hinüber.

Und bevor es wieder anfängt, hat die Kapelle ein Lied intoniert, eins, das alle mitsingen, eins von den Liedern, vor denen man sofort spürt: dies ist viel mehr als ein Schlager, das ist ein

Volkslied. Sie wiegen sich im Sitzen auf ihren Plätzen, viele summen nur mit, wie man etwas summt, von dem es nicht erst lohnt, die Worte noch auszusprechen. Sie summen gewissermaßen die Worte. Da strahlt die buttergelbe Spätnachmittagssonne durchs Gebüsch und über die hohen Bäume, der Himmel ist blitzblau, die Kapelle bläst, gleich werden sie anfangen, zu spielen – und ich fühle: Dies ist einer von den Nachmittagen, der mitgedacht wird, wenn die Basken denken: Heimat! Dieses Glück, mit keinen Worten ausdrückbar, in nichts anderm bestehend als eben in der fünfhundertsten Wiederholung dessen, was schon die Väter und deren Väter Sonntag nachmittags getrieben haben – in nichts anderm als in einer Vereinigung, die nur zu Hause möglich ist: dieser Schein der Sonne und kein andrer, dieses Lied und die ge schweifte Ballmauer, die vertrauten Bänke und die altvertrauten Scherze und Zurufe – das sind die Stunden, nach denen sich der Baske in Amerika sehnt, wenn er zurückdenkt: an den Ballplatz, die Pelote und an noch etwas: er wird Freunde auf der Welt haben, auch anderswo, gewiß. Er wird sie gern haben. Aber er wird nirgends, nirgends auf der ganzen Erde, noch einmal dieses Zusammengehörigkeitsgefühl haben wie hier, die Tuchfühlung, den tiefen Ruck im letzten Winkel der Herzgrube: Heimat.

Merkwürdig, wie eng dieses Heimatgefühl ist. Hier hat kein Staat die Finger und die Fahnen hereinzustecken – niemals meint man ihn, wenn so gefühlt wird. In Deutschland habe ich dieses Empfinden besonders in der frankfurter Gegend und in Hamburg angetroffen; auch die Berliner wollen es für sich in Anspruch nehmen. Otto Reutter, der verflossene Coupletsänger, der im letzten Hosenknopf mehr Witz und Humor hatte als heute ein ganzes Weincabaret mit garantiert exklusivem Publikum, Otto Reutter hat im Laufe seiner vierhundertachtundachtzig Couplets auch eines gesungen, das den Refrain hatte: »Da bin ich stolz, daß ich ein Deutscher bin!« – Und die siebzehnte Strophe dieses Liedes schilderte, wie er in einem feinen französischen Seebad abends auf dem Kai spaziert und sich plötzlich eine piekfeine Halbmondäne an ihn heranmacht.

Die Kurkapelle spielt so ihre Weise,
die Dame drängt sich sachte zu mir hin …
»Na, Dickchen, auch aus Preußen –?« sagt sie leise.
Da bin ich stolz, daß ich ein Deutscher bin –!

»Bravo, Léon –! Bravo, Léon –!« Léon hats gemacht. Die Spanier haben eins aufs Dach bekommen, aber man spendet ihnen ritterlichen Beifall. Alles trubelt durcheinander, keiner geht. Es wird noch getanzt.

Das Orchester setzt sich auf die Zuschauerbänke: ernste schnauzbärtige Männer, denen man solch einen Lärm gar nicht zutrauen möchte, und eine ›xülüla‹ hat sich dazugetan, eine kleine gellende Flöte. Der Spielplatz ist jetzt frei. Und die Männer tanzen.

Diese ›baskischen Sprünge‹ werden ausschließlich von Männern getanzt. Auf den baskischen Festen zu Mauléon im Jahre 1896 hat ein junges Mädchen mitgewirkt, und das ist eine Sensation gewesen. Da diese Tänzer hier nicht in Festkleidung – weiß mit roter Schärpe – sind, so nimmt sich der Tanz absonderlich genug aus. Sie bilden einen Kreis und tanzen, jeder für sich. Ein Dicker walzt da sein Fett auf und ab, daß einem himmelangst wird, ich zum Beispiel sehe Schlaganfälle nur ungern. Ein Junge tanzt entzückend, er hält den Oberkörper ganz still und tanzt so leicht! Bald dreht sich der Kreis links, bald rechts herum, sie berühren sich aber nicht mit den Händen, sie tanzen ganz allein. Beifall. Bis –!

Bis.

Darauf: Fandango. Den tanzen, immer ohne sich anzufassen, zwei kleine Gruppen, aus zwei Männern bestehend.

Aber nun bleiben die Männer nicht allein. Zwei Spanierinnen, die hier zu Besuch sind, haben sich dazu gesellt und tanzen den Fandango. Auf einmal wird klar, was der Tanz eigentlich ist und bedeutet; er bekommt Farbe und hat offenbar einen weit, weit entfernten Verwandten bei den Mauren: den Bauchtanz. Aber die jungen Mädchen tanzen so diskret, sie schnipsen mit den Fingern, weil niemand Kastagnetten hat, sie wenden sich und drehen sich, schneller, schneller … Die Spanierinnen haben ihren Spezialbeifall. Die jungen Herren ziehen einen sauren Mund: das ist eine unehrliche Konkurrenz. Mit Röcken … Und das Ganze von vorn.

Nach jeder Pelote wird getanzt – das ist so. Und ebenso traditionell sind die beiden Männer, die das Volk dabei in allen Pausen ansingen: die Improvisatoren. Sie sind immer zu zweien: und es ist stets eine Art Sängerkrieg, den sie miteinander haben. Besingt der eine ›Die Freuden des Junggesellen‹, so der andre ›Die Freuden des Ehemanns‹; ›Automobil und Ochsenkarren‹ – ›Meer und Land‹ – ›Wasser und Wein‹ – ›Sandale und Holzschuh‹, das sind herkömmliche Themen. Herkömmlich auch, daß man sie lange bitten muß, anzufangen – sie zieren sich, lange. Dann aber hören sie nie wieder auf. Sie begrüßen an diesem Nachmittag erst alle Erschienenen, werden heftig belacht und beklatscht und treten nach jedem Tanz aufs neue in die Mitte. Sie heben beim Vortrag die Arme, ihr Gesang ist stets ein Rezitativ, und jede Strophe besteht aus vier langen Zeilen mit dem gleichen Endreim. Darauf sind sie besonders stolz – vier Reime! Die spanischen Basken nehmen die Zeile länger, bis zu zwanzig Silben – welch ein Atem! Als sie fertig sind, will ich mich mit den beiden unterhalten. Mit dem einen wird das nichts werden – er versteht nur baskisch. Der andre erklärt mir, was sie gesungen haben. Er sagt, es gehöre viel Routine und Schlagfertigkeit dazu, und Nachfolger gebe es wenig. Rostand habe ihn noch gehört und sei voller Bewunderung für seine Reimfertigkeit gewesen. »Ist das nun ein scharfer, witzgespickter Streit, den ihr da habt?« frage ich. »Il faut toujours respecter l'autre«, sagt er. Und dann gehen alle Abendbrot essen.

Sie essen nicht schlecht. Sie trinken einen kräftigen, etwas säuerlichen Wein; auch den Wein von Jurançon, der aus der Gegend von Pau kommt, findet man überall im Lande, er ist gut und mild. Auf dem Markt und unterwegs trinken die Bauern und Hirten aus Lederflaschen, kleinen Weinsäcken, die den Wein schön frisch halten.

Abends ist Ball auf dem Marktplatz. Er ist festlich mit Lampions beleuchtet, und bald rutscht und schleift alles, besonders unter einer dunklen Baumreihe. Wo ist die Grazie der Kreistänzer geblieben? Dieselben jungen Leute, die eben noch so hübsch ihre Landestänze getanzt haben, anspruchslos, ohne die leiseste Pose, tanzen jetzt Foxtrott und Twostep, und auf einmal ist alles vorbei. Das sind gar keine jungen Bauern mehr – das sind Arbeiter aus der Vorstadt, die verrutschte Kopie nimmt ihnen alles und gibt ihnen nichts. Ich habe einmal im Holsteinischen Bauernburschen und Bauernmädchen moderne Tänze tanzen sehen – ihre schweren Füße bumsten auf den Boden, und ihre Grazie glich der junger Kälber. Es war zum Gotterbarmen. Etwas Ähnliches geht auch hier vor. Denn das, was da herankommt, ist unentrinnbar. Die weinerlichsten Schilderer der baskischen Eigenart müssen zugeben, in jedem Buch dreimal: es verschwindet! Alles das verschwindet. Sprache, Eigenart, Sitten und Gebräuche, Aberglaube – denn man mache uns doch ja nicht weis, daß sich dergleichen bei einer so umwälzenden Umgestaltung der Erde erhalten kann! Ihr fahrt in der Stadt Untergrundbahn, und der tumbe Bauer soll ewig derselbe bleiben, ewig derselbe. Er wird euch was husten.

Immerhin vollzieht sich hier die Umwandlung leise, leise. Aber bei aller Erhaltung der Eigenart: als die Reblaus die Weinberge verwüstete, und die Amerikaner eine neue Pflanze auf den Markt brachten, da waren doch die konservativsten Basken dabei, die neue einzuführen. Chicago siegt – ihr könnt machen, was ihr wollt. Gute Nacht, Marktplatz.

Am nächsten Tag wimmelt er von Vieh. Welch eine Qual für das Vieh, so ein Markttag! Nein, ich bin nicht wehleidig, und sie werden ja auch geschlachtet – aber es ist doch ein Stück Arbeit, mit der sie sich den Tod erkaufen. Die Schweine während eines stundenlangen Marschs hinten mit einem Strick an die Wagen gebunden und furchtbaren Spektakel vollführend, immer mit jener Komik, die ein Schwein für unsere Augen auch im Sterben nicht verläßt; in der Sonne liegt eine Reihe Enten, sie klappen die

Schnäbel auf und zu und gluckern nur noch leise, vor Durst, eine Kuh beleckt ihr Kälbchen, dem sie das Maul mit Stroh umwickelt haben, damit es jetzt nicht trinke. Die schreckhaften Schafe werden von den Käufern befühlt. Welch scharfe, feine Bauernköpfe! Welch gute Gesichter! Welch ruhiger, selbstbewußter Ausdruck in den Augen! Diese Leute versetzen einen in Wohlbehagen.

Mittag essen manche, die zum Markt gekommen sind, im Hotel. Das hat ein hohes Zimmer, mit einer großblumigen, hellen Tapete – und die schwarzrockigen Bauern heben sich scharf von der Wand ab. Sie sitzen und essen, gut, und reichlich und nicht zu schnell; ein Violinspieler kommt und geigt ihnen etwas vor, vielleicht ein Bauer, der ins Unglück geraten ist, sein Kind sammelt mit dem Teller und bekommt seine Sous. Am Ecktisch sitzen Majors. Pensionierte Offiziere scheinen auf der ganzen Welt gleich zu sein. Alle haben sie diese anständige, etwas verblühte Frau, die unschöne, eckige Tochter, und Papa bestellt so laut Käse, als ob er eine Brigade kommandiere. Aber dieser ist harmlos und brav und hebt nur dann und wann den quadratischen Soldatenschädel, um nach dem Rechten zu sehen.

Draußen geht ein Seminarist vorbei. Man hat ihm lateinische Gebete beigebracht, die er auswendig hersagen kann, ohne sie zu verstehen, er trägt sein Gebetbuch unter dem Arm.

Heute hat er die Konkurrenz nicht mehr zu befürchten, die seinen Vorfahren so viel Mühe gemacht hat: den Jansenismus, der hier geboren ist. Die Pyrenäen haben religiöse Phänomene in Fülle hervorgebracht: der Spanier Loyola hat auf der spanischen Seite sein erstes Haus gebaut, und man weiß, was daraus hervorgegangen ist. Und ehemals waren die Basken in Religionssachen ein recht kriegerisches Volk: die Abgesandten des Bischofs von Oloron, eines der ersten Calvinisten der Gegend, wurden in Mauléon zunächst mit Eseln umritten, und als der Alte selbst kam, um den Schimpf zu rächen, schlugen sie ihn mit einer Hacke tot.

Das mit dem erschlagenen Bischof aus Oloron ist kein Einzelfall. Die mittelalterlichen Stadt- und Landfehden waren hier, wie überall, von großer Grausamkeit. Da haben sie einmal an die sechs oder sieben Basken, die aufgemuckt hatten, an die Adourbrücke in Bayonne gebunden, bei Ebbe, und die haben warten dürfen, bis die Flut zu ihnen hochstieg. Es waren Vater und Sohn darunter, und das ganze Volk stand am Ufer und wartete auf das herrliche Schauspiel. Den Sohn faßte es zuerst; er gurgelte schon, da beschimpfte der Vater die Henker. Sie warfen ihm das linke Auge mit einem Stein aus, aber die Flut kühlte das rasch sowie das übrige.

Da am Brunnen haben zwei Männer einen großen Disput. Ob das Baskische schön ist, kann ich nicht beurteilen. Es klingt nicht schön und nicht häßlich. Seine Liebhaber und besonders die baskischen Schriftsteller selbst überschätzen natürlich die ihm innewohnende Poesie, die wie jede Sprachpoesie subjektiv empfunden wird. Einer erzählt, wie viele Gedichte sich mit der Jagd auf Holztauben beschäftigen. Holztaube heißt auf baskisch: usua. Der Baske setzt hinzu: »Dieses Wort ›Holztaube‹ besagt wenig. Um die ganze Poesie von ›usua‹ auszukosten, muß man …« Gar nichts natürlich. Diese Lokalverzücktheit, ehrlich und begreiflich, erinnert mich immer an die Vortragenden in den deutschen Konzertsälen, die fremde Volkslieder vorsingen und vorher, sich leicht niedlich machend, den Inhalt auf deutsch erzählen. »Das Mädchen kommt morgens an den Brunnen und sagt: O Brunnen! Wie läufst du doch so schön, du guter Brunnen! Wo aber ist mein Geliebter hingelaufen? Weißt du das vielleicht? Wenn du ihn triffst, du guter Brunnen, dann grüß ihn doch von mir!« Des freut sich das Parkett – und man ist ganz verwundert, wenn nachher ein reizendes kleines Lied aufsteigt, bei dem es einem vollständig gleichgültig ist, ob der Brunnen plätschert oder nicht, und dessen Rhythmus und Farbe schon das ihrige tun. Volkspoesie kann man nicht übertragen. Man kann sie bestenfalls nachschaffen.

Nicht nur an der Sprache merkt man, daß man in einem besondern Winkel Frankreichs ist. »Bei Gott!« will die Hotelfrau zu mir sagen, und um das noch mehr zu bekräftigen, hebt sie die rechte Faust über den Scheitel, der kurze Unterarm liegt nahe am Kopf. Ich frage später nach dieser wilden Tomahawk-Geste. Es sind die baskischen Schwurfinger: »Bei Gott ...!« Und nun weiß ich, daß sie gelogen hat.

Sie gelten für nicht sehr zuverlässig, die Basken, und vielleicht trügt der erste angenehme Eindruck. »Die Leute in Bayonne«, sagte mir einer in, aber nicht aus Bayonne, »sind liebenswürdig, freundlich und falsch wie Galgenholz.« Nun, das sind Urteile ... Auch andre sind nicht gut auf sie zu sprechen und sagen ihnen eine Habsucht nach, die ich nicht zu spüren bekommen habe.

Wie sieht ein Volk seine Stämme an? Für die französische Salonliteratur ist das Baskenland, wie übrigens auch Andorra, eine herrliche Gelegenheit zu unkontrollierbarer Romantik. Pierre Lotis berühmter ›*Ramuntcho*‹ (224. Auflage) ist eine parfümierte Sache, die nach sehr gutem Feldblumenparfum duftet – aber eben nach Parfum, und nicht nach Feldblumen. Merkwürdig: mäßige Schriftsteller behandeln den Bauer entweder ganz leicht von oben herunter, mit liebevollem Wohlwollen – ›Machs gut, braver Mann!‹ – oder sie packen in die Bauernseele einen Klumpen Mysterium hinein, der da gar nichts zu suchen und gewiß nichts zu finden hat. Man hat manchmal das Gefühl, als habe sich Loti alle landesüblichen Ausdrücke des Baskischen auf einen Zettel notiert und habe nun eine seiner Liebesgeschichten zur Abwechslung in dieses Kostüm gesteckt. Auch ist bei ihm die wilde Gebirgsleidenschaft diskret gemäßigt, so daß sie noch in den besten Salons genossen werden kann. Und wenn der Held auch bis an den Hals im Kummer steckt: immer edel, immer edel! Ich glaube, solche Romane sind mehr für den Hersteller als für das geschilderte Land charakteristisch.

Eine Frau passiert die Straße, mit der ›herrade‹ auf dem Kopf, dem gehenkelten, konisch nach oben sich verjüngenden Wasserkrug. In den französischen Nachbarprovinzen kennt man das nicht: Krüge auf dem Kopf zu tragen, das ist eine baskische Sitte.

Baskische Sitten ... Eine ist in ganz Frankreich bekannt; das erste Wort, das einem entgegentönt, wenn man von den Basken spricht, heißt: Schmuggler.

Im Museum zu Bayonne hängt ein entzückender alter Druck: ›*Der Pyrenäen-Schmuggler*‹. Da läuft er, mit einem Sack auf den Schultern und einer Flinte in der Hand, durchs Gebirge, so ein richtiges Gebirge, wie es auf Drucken zu sehen ist, die in schweizer Hotelzimmern hängen, und im Hintergrund zeigen ihn sich zwei Gendarmen, den gefährlichen Mann. Ach, das ist lange vorbei ... Es lohnt heute nicht mehr.

Ich hatte die Absicht, mit einem Gendarmeriekapitän die Zollposten abzugehen – aber als ich sah, wie er sein Auto ankurbelte, um abzufahren, da war es mit meiner Lust vorbei. Schmuggel –? Die Valuta hat ihn zerstört. Die Vorbedingungen waren glänzend. Tabak und Alkohol ... In Frankreich und Spanien hatten die Kaufleute das allergrößte Interesse daran, die Preise durch den Zoll hochzuhalten und die natürliche Entwicklung zu hemmen, wie ja überall – und auf beiden Seiten der Grenzen saßen und sitzen Leute, die dieselbe Sprache sprechen, die ihre Zugehörigkeit zu verschiedenen Staaten hauptsächlich empfinden, wenn sie Steuern zahlen und dienen müssen, und die doch zusammengehören. Es wurde unsagbar geschmuggelt. Die Gendarmen wußten das, aber es war ein anständiger Kampf. Auf beiden Seiten wurde damals unter keinen Umständen geschossen: wer erwischt wurde, zahlte oder brummte – aber deshalb keine Feindschaft nicht. Du bist Schmuggler – das ist dein Beruf; und ich bin Gendarm – das ist meiner. Die Mühe war groß und der Verdienst klein. Meist wurden nicht einmal Maultiere benutzt, die ja noch auf den abenteuerlichsten Wegen klettern können, sondern die Schmuggler trugen Sack und Pack auf dem Buckel – und welche Wege! Nachts, im Regen, die steilsten Abhänge hinauf und die bösesten Geröllhalden wieder herunter – und das alles für ein paar Francs! Schmuggeln galt immer als ein durchaus ehrenhafter Beruf, jeder wußte, daß sich der andre damit befaßte, und keiner hätte niemals verraten. Aber heute ...

Die französische Inflation ist sehr langsam gekommen, und die Spanier haben Zeit gehabt, zu merken, was ihre Pesetas in Frankreich wert sind. Sie wissen das zum großen Leidwesen der Basken sehr genau, und wenn man die nach ihrem alten Handwerk befragt, so hört man Klagen, gegen die die Stoßseufzer der berliner Pleitevögel eitel Wonnegeschrei sind. »Es ist nichts mehr! Kein Geschäft! Die Spanier bezahlen nichts! Was sollen wir denn noch schmuggeln ...« Es ist herzzerreißend.

Vorbei die Zeiten, wo die Schmiere stehenden Kinder und Frauen beim Nahen des Gendarmen den Schmugglern: »Otsoa! Otsoa! Der Wolf! Der Wolf!« zuriefen; der Wolf ist Vegetarier geworden, weil es keine Schafe mehr gibt. Vorbei Romantik, zerrissenes Abendgewölk, durch das der bleiche Mond die heimlichen Contrebandiers bescheint, Schmugglerliebe und Schmugglertod ... vorbei.

Vor allem deshalb, weil ja heute keinem vernünftigen Menschen die Grenze noch eine solche herzklopfenverursachende Ehrfurcht einflößt. Wir wissen doch. Wir wissen doch, wer da für wen wacht. Das Getreide soll nicht daher kommen, wo es billiger ist, die Klaviere nicht daher, wo man besser versteht, sie zu machen – künstlich hochgehalten werden Industrie, Kapital und Erwerbsmöglichkeit. Ein wirtschaftlicher Vorgang. Streicht eure lächerlichen Grenzpfähle doch nicht so feierlich an! Setzt drauf: Müllers Fettvaseline ist die beste! Das käme der Wahrheit schon wesentlich näher.

Und nun muß ich ja wohl abfahren.

Fort von der kleinen Bergstadt im Grünen, hinaus auf die Landstraßen, wo mir die Ochsenkarren begegnen werden, mit den sorgfältig in bunte Leinentücher eingewickelten Tieren, die schweren Köpfe durch ein Netz gegen die Fliegen verhängt. Ich habe nie gesehen, daß sie geschlagen werden. Nur die Esel haben hier viel Leid, Kummer und Stockprügel auszustehen. Die alten Karren knarren in den Radachsen, das quietscht und kreischt – wie ein Baske einmal erklärt hat: »Damit sich die Ochsen unterwegs nicht so langweilen.« Gemüt ist eine schöne Sache. Also fort. Aber wie –?

Die gesamten Pyrenäen werden von einer großen Automobilstraße durchzogen, die das weiter im Norden liegende Eisenbahnnetz aufs glücklichste ergänzt. Denn eine Automobillinie ist biegsamer als die Eisenbahn, kann aussetzen, wenn kein Bedarf vorliegt, ist leichter zu amortisieren ... Merkwürdig, wie diese Zeit überall, hier und in Schottland und in der Schweiz, die alte Postkutschentradition wieder aufnimmt. Der Herr Schwager hat aber ölgeschwärzte Finger, sein Posthorn hupt, und auf dem offnen Wagen sitzen die Engländer und, was noch schlimmer ist, ihre Frauen, und lassen an ihren kalten Fischaugen die ihnen zustehenden Pyrenäen vorübergleiten. Es gibt da so eine Art Rundreisebillett, von Bayonne bis Perpignan – zweimal darf man unterbrechen –, sonst aber werden sie mitleidslos durch Busch, Feld, Wald, Klamm und Tal gejagt, an Abgründen vorüber, über Brücken und neben den schäumenden Bächen her, ›gaves‹ genannt, immer weiter, immer weiter – bis alles aussteigen muß. Das ist den Engländern recht. Sie nehmen es auf sich, sie müssen auch das gesehen haben, und wenn die Engländer nun gar Amerikaner sind, dann kennt ihr landschaftlicher Stumpfsinn keine Grenzen. Ich habe neben welchen gesessen, denen hätte man nur den Kopf immerzu auf die Felsplatten schlagen mögen: »Hier! Sieh dir das an, du Trottel! Damit du wenigstens etwas von deinem Geld hast!« Er aber saß da und sah geradeaus, denn er hatte für geradeaus bezahlt. Menschenexport ist selten gut.

Mit so einem Postauto möchte ich wohl fahren. Sie nehmen wenig Gepäck mit, und man muß sich das einrichten, auch sind sie immer besetzt. Aber ›on s'arrange‹. Ich arrangiere mich wirklich und klettre brav und bieder zu den Leuten mit den großen Unterkiefern. Sie sitzen stumm da, sprechen in drei Fahrstunden vier Sätze; sie sind kalt ergriffen von der Landschaft, ich von ihnen – ich sitze vorn beim Chauffeur, das ist mein Lieblingsplatz. Man hat immer warme Füße, es riecht so schön nach Benzin und

Natur, der Chauffeur erzählt Schwänke aus seinem Leben, und neben ihm ist ein kleiner Spiegel. In dem sehe ich hinten meine Amerikaner. Beinah vergesse ich die ganzen Pyrenäen – wenns so weitergeht, werde ich einen Führer schreiben: ›*Anleitung zur Zucht von gut legenden Amerikanern*‹. Ich kann mich gar nicht losreißen – ein grüner Schleier weht im Winde, die ausdruckslosen Fahrstuhlgesichter schwanken ein wenig in den Kurven … herrlich. Wer jetzt nach hinten schießen könnte! Aber es ist Friede, wer wird denn schießen … Und so fahren wir durch das Land der Basken.

Lourdes

I Der Soldat Paul Colin

Der Soldat Paul Colin von den elften Husaren, aus Liart (Ardennen) gebürtig, fuhr am 6. August 1914 zu seinem Truppenteil, der bei Tarbes in Garnison lag. Er traf alle seine Freunde aus der Dienstzeit. Am 15. September hielten dieselben jungen Bauern, Handwerker, Angestellten, als Husaren verkleidet, vor der großen Kirche in Lourdes – zum Abschiedsgottesdienst. Der Bischof von Lourdes und Tarbes, Monseigneur Schoepfer, stand in vollem Ornat auf dem weiten Platz, mit der gesamten Geistlichkeit. Zehn Schritt von ihm entfernt: der Regimentsstab. Armee und Kirche – beide fühlten ihre Zeit gekommen, beide wußten: Autorität gedeiht im Kriege. Sie standen Schulter an Schulter. Da richtete sich der Regimentskommandeur, Herr de la Croix-Laval, vor der Front im Sattel auf und wandte sich erst zu seinen Leuten und dann zum Prälaten. Die Tausende hörten diese Worte:

»Und nun, Priester des ewig lebendigen Jesus Christus, fleh auf uns den Segen des Allmächtigen herab! Er soll mit uns sein und mit denen, die uns teuer sind! Er soll vor allem aber mit unsern Degen sein und uns den Sieg verleihen!« Zum Regiment: »Sabre en mains!«

Und der Bischof von Lourdes und Tarbes segnete die elften Husaren und flehte auf die Streiter Jesu den Segen des Himmels herab.

So schied der Soldat Paul Colin von der Heimaterde, gesegnet von seiner Kirche.

Der Soldat Paul Colin bekam an der belgischen Grenze in einem Wäldchen, dessen Namen er sich niemals merken konnte, einen Schuß in den rechten Oberarm. Anfangs war das eine leichte Wunde, und das erste Feldlazarett behandelte ihn entsprechend. Er wollte seiner Truppe wieder nachgehen, als es im

Arm zu zucken begann. Da mußte er bleiben. Und dann transportierten sie ihn in ein größeres Lazarett und von dort in das Asyl von Unsrer Lieben Frau zu Lourdes (Hilfslazarett Nr. 32), und da lag er nun. Das Zucken war längst zum schneidenden Schmerz geworden, und sie hatten ihm gesagt, daß es ein innerlicher Bluterguß wäre; was sie aber nicht gesagt hatten, war ein kleines Wort, das über sein Schicksal entscheiden konnte. Brand.

Blut und Eiter liefen aus der Wunde, Geruch und Schmerzen waren gleich unerträglich, und weil es damals, wie man weiß, etwas hart herging, so schafften sie den zukünftigen Kadaver in die Leichenhalle, die grade leerstand. Da belästigte der Soldat Paul Colin keinen, und außerdem lag er gleich da, wohin er sicherlich in ein paar Stunden gehörte.

Die Schwester Mathilde, vom Schwesterorden aus Nevers, dem Orden, dem die selige Bernadette angehört hatte, die Schwester Mathilde gab den Mut nicht auf. Sie betete für den Soldaten Paul Colin und tränkte seinen übelriechenden Verband mit dem Wasser aus der Grotte von Lourdes.

Er blieb am Leben.

Ärztliches Attest, Bericht und Krankengeschichte finden sich im großen Werk von Fr.-Xavier Schoepfer, des Bischofs von Tarbes und Lourdes, ›*Lourdes pendant la Guerre*‹, nach vielen Hirtenbriefen für das Wohl Frankreichs, gegen die lutherischen Modernisten Deutschlands, was der Bischof genau wissen muß, denn er ist zu Wettolsheim im Elsaß geboren. Die Kirchenparade in Lourdes ist authentisch, die Beteiligung grade dieses Soldaten ist erfunden.

Und so wurde der Soldat Paul Colin vom Tode gerettet, bewahrt und gesegnet von seiner Kirche.

»Mit Gott, Soldaten!« – »Nimm dieses Wasser, mein Sohn …«

Denn die christliche Kirche treibt nicht nur die Gläubigen in die Gräben und segnet die Maschinen, die zum Mord bestimmt sind – sie heilt auch die Wunden, die der Mord geschlagen hat, und ist allemal dabei.

II Ein Tag

In den kleinen schmutzigen Straßen ist noch kein rechtes Leben, da gehen und kommen einzelne Leute, die Pilger schlafen wohl noch, denn mitternachts ist eine Messe, und während der ganzen Nacht knien Betende in der Basilika.

Jedes Haus ist ein Hotel; vom mittlern Gasthof bis zur Ausspannung sind alle Arten vertreten, und in jedem zweiten Haus ist ein Andenkenladen. Aber alles das will ich jetzt gar nicht sehen. Zur Grotte! zur Grotte!

Nun wird das Gewühl stärker, Wagen quetschen sich zwischen den Leuten hindurch, die elektrische Bahn poltert, noch mehr Läden, noch mehr Straßenverkäufer, die da brave Gruppenaufnahmen, Andenken, Kerzen und Vanille feilhalten – die ganze Luft riecht nach Vanille. Da: die Basilika.

Eine moderne hohe graue Kirche, rechts und links mit zwei weitausladenden Rampen, die den Platz wie zwei Arme umfassen. Einzelne Leute gehen durch einen Torbogen der Rampe zur Grotte. Und da sind auch die ersten Kranken.

Sie wanken auf Krücken, sie schleppen sich am Stock, sie werden auf Wagen dorthin gebracht, zweirädrige Sitzstühle, an denen vorn ein blaues Schild hängt: »Schenkung von Fräulein M. P. 1904«. Die Wägelchen werden von Krankenträgern geschoben: das sind Leute, die einen Ledergurt um die Schultern gehängt haben, es ist der Tragriemen, an den sie die Bahren knüpfen. Ich gehe ihnen nach.

Rechts ist eine Hügellandschaft, von einem Eisenbahndamm durchzogen. Links ragt die Längsseite der Kirche auf, Bäume stehen davor, und unter ihnen schallt es. Da stehen die Leute und beten. Und hier sind die Badezellen.

Es sind drei Abteilungen, in denen befinden sich die eingelassenen Wannen mit dem Quellwasser. Davor ist ein eingezäunter Platz, hier steht Krankenwagen an Krankenwagen. Man sieht bleiche, abgezehrte, fiebrige Gesichter. Männer auf der einen

Seite, Frauen auf der andern. Vor ihnen ein Geistlicher. Er betet laut. Die Masse unter den Bäumen, an die Gitterstangen gedrückt, spricht die Worte nach. Wie *eine* Stimme steigt das auf.

Der Priester: »Seigneur, nous vous adorons!«

Die Masse: »Seigneur, nous vous adorons!«

Der Priester: »Seigneur, nous vous adorons!«

Die Masse: »Seigneur, nous vous adorons!«

Der Priester: »Seigneur, si vous voulez, vous pouvez me guérir!«

Die Masse: »Seigneur, si vous voulez, vous pouvez me guérir!«

Jede Formel wird dreimal gesprochen, die Worte hämmern sich ein.

»Seigneur, dites seulement une parole et je serai guéri!« Die Pilger, die Angehörigen der Kranken und Fremde wiederholen sorgfältig Satz für Satz. Manche – besonders Frauen – stehen demütig da: ich will ja auch alles tun, wie es vorgeschrieben ist … Viele nehmen die Kreuzstellung ein.

Hier hängt alles vom Vorbeter ab. Ist das ein Mann mit schwacher Stimme, der schlecht artikuliert, dann gibt es Vormittage, an denen vierhundert Leute einfach Gebete aufsagen. Steht da aber einer, der, breitschultrig und robust, seine Stimme aufklingen läßt, die Vokale singt und Konsonanten herausschnellt, hat er den Funken: dann rieselt es durch die Menschen, es zündet, und nun ist es da.

»Jésus, Fils de Marie, ayez pitié de nous!«

Der Vorbeter setzt die Worte scharf an, er betont sie auf der ersten Silbe – »piiitié!« sagt er – »piiitié« sagen die Leute. Rings um mich angespannte Lippen, konzentrierte Augen, verhauchende Hingabe. Es ist so viel Wille in ihnen!

Und nun wie ein Schrei, ein Ruf aus tiefster Not, ein Befehl, ein Kommando –!

»Seigneur, faites que je voie!«

»Seigneur, faites que je voie!«

»Seigneur, faites que je voie!«

Hörst du es, Gott! Dein Kind ist blind, wir haben gebetet, geglaubt, sind zur Messe gegangen und stehen nun hier, bittend, heischend, verlangend, befehlend –!

»Seigneur, faites que je marche!«

Jetzt haben sie ihn: Er ist ihr Gott, gewiß, und er kann mit ihnen machen, was ihm beliebt. Aber der Priester hat nun einen roten Kopf bekommen vor Anstrengung und Kraft, mit Klammern hat er die Masse gepackt, und wenn es auch ausgestreckte Hände sind: Fäuste ragen da auf, sie drohen, sie wollen die Gnade vom Himmel herunterreißen, sie haben sie verdient, her damit –!

Die Kranken sitzen bleich in der Mitte. Es ist so wohltuend, Mittelpunkt zu sein! Endlich einmal heraus aus den engen Stuben, wo man sich schon an ihre Leiden gewöhnt hatte, ohne das matte Mitleid der abgestumpften Verwandten, die sanften Zusprüche der Geistlichen und die gleichgültigen Sprüche der Ärzte, die ja doch nicht helfen können ... Nichts da. Hier wird eine Schlacht geschlagen. Hier sind es die Kranken, die in der Mitte stehen, alle sehen sie an, aller Blicke umfassen sie, das stärkt. Und dann wird einer nach dem andern in den Baderaum geschoben.

Hier soll niemand dabei sein. Die Krankenwärter passen scharf auf, daß keiner während der Bäder den Innenraum betritt. Kein profanes Auge soll das Mysterium sehen.

Schlägt man den Leinenvorhang zurück, der den innern Baderaum von der Außenwelt trennt, so sieht man, wiederum hinter Vorhängen, die eingelassenen Steinwannen. Hier stehen die Kranken an der Wand und entkleiden sich langsam – viele steigen mit dem Hemd hinein, manche, die Schwerkranken, werden nackt ausgezogen. Ununterbrochen schallt das Beten von draußen herein, wie ein dumpfer Marschchor, scharf, rechthaberisch, laut. Auch hier drinnen wird gebetet. Da heben sie einen Krüppel ins Wasser, die Krankenwärter beten dabei und schwenken ihn auf und ab, tauchen ihn bis zum Hals ein. Ein kleiner Junge schreit, er will nicht gebadet werden, nein! Ich befühle das Wasser – es ist eiskalt. Einer nach dem andern steigt hinein, wird hineingehoben, wie ein Wickelkind, und sie beten und beten. Priester stehen dabei und sehen zu.

Sei es, daß sie Furcht haben, die heilige Quelle könne nicht so viel hergeben, sei es aus diesem seltsamen und verständlichen Glauben heraus, Wasser, über das so viele Gebete hingebraust sind, wirke stärker als frisches –: dieses Wasser wird nur zweimal am Tage gewechselt, nachmittags und abends. Hunderte baden also in demselben Bad, und das Wasser ist fettig und bleigrau. Wunden, Eiter, Schorf, alles wird hineingetaucht. Nur wenn sich jemand vergißt, erneuern sie es sofort. Niemand schrickt zurück; vielleicht wissen sie es nicht. Ein völlig Degenerierter zittert nackt auf einem Stuhl, auf den man ihn hingesetzt hat, er hat Beinchen wie ein Kind; vorsichtig wird ein verklebter Verband abgenommen, ein Gesicht verzieht sich. Das eilige, brummelnde Gebete der Badewärter hebt sich vom dunklen Lautteppich des Chors ab.

»Mère du Sauveur, priez pour nous!«

»Mère du Sauveur, priez pour nous!«

Vor Kälte schlotternd ziehen sich alte Männer an, das nasse Hemd unter dem Rock, andere werden angekleidet wie Puppen. Ein Strom von Elend rinnt durch diese Kabinen. Ich war gebeten worden, nicht in die Frauenkabinen zu gehen, und ich habe es nicht getan.

Daneben liegen die Wasserhähne, aus denen man Trinkwasser schöpfen darf, da stehen sie mit Blechkannen und Bechern und Gläsern, manche schöpfen aus der hohlen Hand. Man sieht Bauern, die unglaubliche Mengen Wasser zu sich nehmen – viel hilft viel. Ich drücke mich zur Grotte hindurch.

Es ist eine kleine Felsgrotte, ein paar Meter tief, mit einem schmiedeeisernen Gitter. ›Entrée‹ und ›Sortie‹ steht daran, auf blauen Emailschildern in weißer Schrift; einen Augenblick lang zieht ein Straßenschild an meinem Auge vorüber ... Seitlich an der Grotte steht eine Kanzel, auf ihr ein Geistlicher im Ornat, der die Betenden ermahnt, tröstet, anfeuert. Seine Worte hallen über die Köpfe hinweg und zerflattern in der Luft. Es ist sehr schwer, im Freien zu predigen ... Langsam, unendlich langsam schiebt sich die Menge an der Kanzel vorbei, in die Grotte. Alle halten Kerzen in den Händen, und da flammt ein großer Lichtständer, das Stearin tropft und bildet merkwürdige Figuren. Zwei Meter vom Boden entfernt, in einer Höhlung oben in den Steinen, steht sie: Notre-Dame de Lourdes, Our Lady of Lourdes, Onze Lieve Vrouw van Lourdes, Gospa od Lourda, Nuestra Señora de Lourdes, Miesac Mary i Lourdes, Nossa Senhora de Lourdes – die Jungfrau Marie. Hier ist sie dem kleinen Bauernmädchen aus Lourdes zum erstenmal erschienen und hat Quelle und Heilung vorausgesagt. Vor ihr bekreuzigen sich alle, dann küssen sie den Stein, auf dem sie steht, der Stein ist glatt und speckig von den vielen Händen, die ihn gestreichelt haben. Ich denke an die verzückte, rasche Gebärde, mit der unter der Erde, in den Grotten von Bétharram, in der Nähe von Lourdes, eine Frau jenen Stalaktiten anfaßte, von dem es hieß, er bringe Glück. Sie sprang auf ihn zu, um keinen Augenblick zu versäumen. Nun preßt die Menschenmauer nach vorn. Ein Altar ist aufgerichtet, da brennen die Kerzen, fortwährend klappert Geld in die Kästen, und die Erde ist bedeckt mit Briefen, Kupfermünzen, Bildern, Blumen, Glasperlen, Weihgeschenken. Langsam, langsam werden wir wieder hinausgedrückt. Am Ausgang hängen alte Krükken, die haben die Geheilten aufgehängt, und ein Gipskorsett ist auch dabei.

Vor der Grotte, in Wagen und Bahren: die Kranken. Sie sitzen und liegen da, die Augen zum Himmel aufgerichtet, die Träger, die sie umgeben, beten – die Verwandten beten, manche sind halb bewußtlos und haben die Augen geschlossen und fiebern. Sie halten Rosenkränze in den Fingern. Viele singen.

Neugierige und Touristen stehen unter den Leuten, es wird fotografiert, gesprochen, in Büchern geblättert.

Bahren im Getümmel, Krankenwagen, gestützte Kranke – alles geht leise und freundlich vor sich. An der Kirche, an den Plätzen, überall sind im Freien Kanzeln aufgestellt, da predigen die fremden Priester, die mit den Pilgerzügen gekommen sind, in ihren Sprachen. Und nun ist es Mittag, und dann leert sich langsam der Platz.

So fängt der erste Tag der Pilger an, die in den ›trains blancs‹ ankommen, den großen Krankenzügen, mit Liegevorrichtungen für die Kranken, gestopft voll, mit Krankenschwestern und Pflegern, mit dem Bischof oder Erzbischof der Diözese, dem weltlichen Leiter, der die ermäßigten Billetts besorgt, und mit einem Arzt. Wenn sie ankommen, verteilen sie sich in der Stadt – die großen Unterkunftsbaracken gibt es nicht mehr.

Die Frommen gehen gleich nach der Ankunft zum Gottesdienst, zum Quellenbad, zur ›piscine‹; große Anschläge verkünden überall in der Stadt den Dienst des betreffenden Zugs, alles ist Tradition, alles ist vorausgesehen und eingespielt.

Ich sehe mich in den Hospitälern um: im Krankenhaus Notre-Dame-des-Douleurs, das trägt seinen Namen mit Recht; im Asyl, das nahe der Basilika liegt. Da ist der große Speisesaal mit den langen Tischen, sauber gedeckt; wird die Querwand beiseite geschoben, so sehen die Kranken in eine Kapelle und können so dem Gottesdienst beiwohnen, der für sie abgehalten wird. Im Vorgarten, auf allen Wegen Kranke. Man sieht schreckliche Gesichter.

Bevor es wieder beginnt, gehe ich durch die Kirchen. Die Basilika hoch oben, eine kleinere Kapelle und eine Krypta. Alles blinkt vor Neuheit, die Wände überladen mit Gold, Schmuck und Ornamenten. Votivtafel an Votivtafel. Kriegsorden, Haarlocken – eine Verkrüppelte hat unter Glas und Rahmen die braunen Nägel aufbewahrt, die ihr durch die Hand gewachsen waren und von denen sie nun befreit ist. Auf den Tafeln selten ein voller Name, immer nur die Anfangsbuchstaben. Die Bänke sind jetzt nicht so überfüllt, auch einige Beichtstühle sind leer, was sonst den ganzen Tag nicht vorkommt. Die Gläubigen, die hier umhergehen und alles bewundern, tragen Abzeichen – jeder Pilgerzug hat das seine. Man sieht silbrige Münzen und bunte Bänder aller Farben und Länder. Einmal höre ich deutsch sprechen.

Um drei Uhr nachmittags ist der große Platz gesperrt, hinter den Rändern summt und wimmelt es an den langen Leinen, mit denen er abgegrenzt ist. Hier wird nachher die große Prozession entlanggehen, und obgleich es noch lange nicht halb fünf ist, stehen und sitzen da schon viele Frauen mit Kindern und auch Männer. Sie haben sich Klappstühle mitgebracht, die man für drei Francs kaufen kann, und warten unter den Bäumen. Noch werden viele Kranke an die Grotte gerollt und zum Bad; nachmittags sind es nur die Schwerkranken, die gebadet werden. Wieder stehen alle dichtgedrängt um den Priester, wieder ruhen die Kranken auf den Stühlen, wieder schallen die Gebete. Lauter, lauter.

»Hosanna, hosanna au Fils de David!«

Erst klingt mir das Wort ›Hosianna‹ in der französischen Version fremd, dann bleibt es haften, sie sprechen es mit vielen ›n‹ in der Mitte, wiegen sich im Klang. Und nun kommen schon die ersten Fahnenträger, sie stellen sich an der Grotte auf und singen, die Kranken werden einzeln abgefahren, man stellt sie auf den großen Platz in die erste Reihe. Da liegen sie auf Bahren, sitzen auf ihren Stühlen. Hinter ihnen die Massen.

Halb vier Uhr. Eine riesige Prozession formt sich, die Spitze steht auf der langen Esplanade, alle haben die Basilika im Rücken – denn sie werden erst den Rasenplatz umschreiten, mit dem Heiligen Sakrament in der Mitte. Oben, die Plattform der Kirche, ist schwarz vor Menschen, die beiden Rampenarme sind frei und leer. Die Träger sperren sie ab. Da kommt die Prozession.

Nach der Augenschätzung mögen es vielleicht zehntausend Menschen sein, die Nachprüfung ergibt annähernd die Richtigkeit. Sie schreiten langsam, Gesang schallt, man kann noch nicht hören, was sie singen.

In der Mitte des Platzes knien jetzt Priester, sie beten, und alle beten nach.

»Bienheureuse Bernadette, priez pour nous!«

Alle:

»Bienheureuse Bernadette, priez pour nous!«

Der Platz braust. Spricht der Priester da vorn auf dem Platz lateinisch, so fallen alle ein, und die langen Sätze schnurren unter den Bäumen. Beginnt er zu singen, so singen sie mit.

»Seigneur, nous vous adorons!«

Das ist ein Franzose. Aber da kniet nun ein paar Meter weiter von ihm, schräg, ein Priester der Pilger, und das ist ein Italiener. Und als der seine Stimme erhebt, da verschwindet alles andere neben ihm. Welch ein Tenor!

»Signore –!«

Ah –! Durch Mark und Bein geht diese Stimme, sie peitscht die Leute auf, sie singt ganz allein unter den Tausenden. Jetzt ist die Sache in der richtigen Kehle.

Da naht die Prozession.

Von weitem sieht man die langen Arme schwarzer Priester in der Luft herumfuchteln: sie dirigieren den Gesang, rühren in den Massen. Brennt, Flammen–! Dann kommen sie.

Erst die Marienkinder, junge Mädchen in weißen Schleiern, sie singen mit hellen Stimmen. Man dirigiert sie auf die Freitreppe, da bleiben sie eng gedrängt stehen, und ihre weißen Schleier zieren die geschwungenen Balustraden. Dann die Männer, sie tragen Kerzen in den Händen und singen laut. Das Sakrament. Alles fällt auf die Knie, die Kranken neigen die Köpfe. Der Erzbischof zieht unter dem Baldachin dahin, den ein Mann in Reitstiefeln trägt, davor die Weihrauchkessel, die ununterbrochen geschwungen werden.

Nun macht das Sakrament die Runde, und es ist ganz still auf dem großen Platz. Nur zwei Priesterstimmen sprechen ein Gebet. Der goldne Stab wandelt langsam an den Kranken vorüber, zeigt sich, neigt sich … Nasse Augen, wohin ich sehe. Jetzt steht der Bischof unter seiner Geistlichkeit, grade vor dem Haupteingang der Basilika, da fallen die Geistlichen auf die Knie, er hebt die Hand, das Glöckchen klingt … totenstill ists unter den Bäumen. Und nun kommt der eindrucksvollste Augenblick des Nachmittags.

Der Gottesdienst hat geendet. Was nun –?

Jetzt brodeln die Leute aufgeregt durcheinander, dies ist der große Moment … Hat Maria geholfen –? Sie *wollen* ihr Wunder, sie suchen danach, sie stecken die Köpfe zusammen, die Luft ist geladen vor Erwartung.

Aus einer Ecke springt es auf, wer hat zuerst gerufen –? »Un miracle! Un miracle!« Alle laufen, da ist kein Halten mehr. Ein Hauchlaut der Verwunderung ertönt, wie beim Chor im Drama, der mit leisem »Ha –« vor einem Helden zurückweicht … »Un miracle! Un miracle!« Im Nu ist die Tür des Bureau des Constatations umlagert.

Das liegt in einer Seitenwand der Rampe, die Tür ist zugesperrt, denn die Ärzte drinnen wissen, was sich jetzt ereignen wird. Die Pilger würden die geheilte Kranke zu Boden reißen, sie betasten wollen, ihren Segen wünschen, sich ihre Kleider teilen zum Andenken. Viele Frauen schluchzen.

In den kleinen Zimmerchen des Bureaus warten Priester, fremde Ärzte, die Angehörigen. Die Kranke breitet ihre Zeugnisse aus, die besagen, daß und wie sie erkrankt war, sie wird untersucht, befragt, ausgehorcht … Die Kommission ist sehr vorsichtig, sehr skeptisch, sehr behutsam … Nun ja, eine Besserung … Vorläufig wird die Kranke ins Hospital entlassen. Draußen bilden Tausende Spalier und klatschen ihr zu, jubeln; strahlend durchfährt sie die Hecke der Begeisterten und heimst so etwas wie einen persönlichen Erfolg ein. Die Heilige Jungfrau hat sie ausgewählt, hat sie für würdig befunden, sie und keine andre.

Die andern werden nun in die Krankenhäuser abgefahren. Diesmal war es mit ihnen nichts. Vielleicht aber kommt noch die Heilung …

Ein Zug rollt an. Der Krankenträger, der hier die Ordnung aufrechtzuerhalten hat, trennt ihn nach Nationen. »Français?« fragt er. »Italien?« Ein schrecklicher Stumpf von einem Menschen sitzt in einem Stuhl, mit ganz großem Kopf, winzigen Gliedmaßen, eine Masse Fleisch. Das Ding nickt mit dem Kopf. Frauen mit wunderlichen Auswüchsen fahren vorbei, manchen hat man Tücher über das Gesicht gelegt, man ahnt nur das Entstellte darunter. Ein rothaariger junger Mensch wird herangefahren, er klappert mit den Zähnen, er hat Fieber, und seine langen gelben Zähne ragen seltsam aus dem spitzen Gesicht. »Français?« fragt der Krankenträger. »Italien?« Der Fahrer scheint es nicht zu wissen, und der junge Mensch antwortet nicht. Da will der Ordner nach dem Abzeichen sehn. Er lüftet die Decke ... Aber das ist eine Frau, die darunter liegt! eine junge Frau mit welken Brüsten, und jetzt hat sie die Augen geschlossen und sich hintenübergelegt und sagt überhaupt nichts mehr. Sie verschwindet im Asyl. Und so kommen noch viele.

Die Menge diskutiert die Heilungen, die sich in den Gerüchten minütlich vergrößern, an Zahl, an Schwere, an Kraft des Mirakels. Sehr langsam zerstreuen sich die Massen im Staub der Nachmittagssonne.

Für den Abend ist die große Fackelprozession angesetzt, schon kurz nach dem Abendbrot laufen alle Leute in Lourdes mit kleinen Fackelchen herum, wie man sie uns auf den Kinderfesten in die Hand gesteckt hat. Blaugedruckte Papierschirme mit dem Bildnis der Jungfrau umhüllen die Kerze. Aber bevor das angeht, sehe ich doch noch etwas anderes.

Die Kranken können die Hospitäler nicht verlassen, sie können den Fackelzug nicht verstärken. Wenn der Pilgerzug groß genug ist, dann versammeln sich manchmal die Angehörigen vor dem großen Krankenhaus und ziehen an ihren Kranken vorbei. Und das ist das Erschütterndste, das ich in Lourdes gesehen habe.

Zum Fackelzug wird das ›*Ave Maria*‹ gesungen. Verfasser und Komponist ist der Abbé Gaignet, ein Geistlicher aus der Vendée, er schuf dieses Lied im Jahre 1874. Es hat unzählige Strophen, einfache Vierzeiler zu einer simpeln Melodie, und als Refrain ist ihm das Ave angesetzt, das in der französischen Liedbetonung ungefähr folgendermaßen klingt:

Avé
Avé
Avé Mariaa –

Es ist so einfach, daß es ein Kind nachsingen kann. Und da stehen sie nun vor dem Hospital de Notre-Dame-des-Douleurs und singen:

Sur cette colline
Marie apparut
Au front qu'elle incline
Rendons le salut:
Avé – Avé –

In den hohen hallenartigen Krankenzimmern ist helles Licht angezündet. Kerzen aller Art, kleine Tische sind aufgebaut mit beleuchtetem Kirchenschmuck. In den Betten liegen die Kranken und sehen mit glänzenden Augen auf den Zug, der da heransingt. Wir ziehen durch alle Gänge, durch die Korridore, in den Höfen sind wir, wir gehen durch alle Zimmer, durch alle, es soll keiner ausgelassen werden. Avé – Avé – Avé Maria ...

Auf den Backenknochen liegt hektisches Rot, die Gesichter sind mit Schweißperlen besetzt, der Ausdruck ist fiebrig, aufgeregt ... Ein Kind streckt die Hände nach den bunten Lichtern aus ... Eine alte Frau schluchzt und kann nun gar nichts sehen vor Tränen. Ein Alter liegt mit gekreuzten Händen, ich weiß zufällig, wie sein Körper aussieht – er leidet Schmerzen. Wir steigen die Treppen hinauf, zum ersten Stock, zum zweiten ... Die Mauern hallen wider vom Chorgesang. Wachsbleiche Frauengesichter sehen uns an, es ist so viel Zärtlichkeit in diesen Augen, kraftlose Hände liegen auf Decken, einmal weint ein ganzer Saal. Mir steigt etwas in der Kehle auf.

Inzwischen haben sie sich vor der Kirche und um die Kirche versammelt. Auf den Rampen stehen sie Kopf an Kopf, die Plattform ist gedrängt voll, der Platz ist leer, aber weit unten, an der Esplanade, tauchen Feuerfünkchen auf ... Sie fangen an.

Und da leuchtet die Basilika, ihre Konturen sind mit Glühlämpchen nachgezogen, ein Scheinwerfer erhellt die Spitze des Turmes, der liegt in bleichem Licht und sieht aus, als verschwinde er in den Wolken; oben auf dem Pic du Jer, einem Berg in der Nähe von Lourdes, blitzt ein Feuerkreuz. Und nun setzt sich die Prozession in Bewegung.

Hier hört jede Schätzung auf, es ist einfach ein breiter Lichtstrom, der sich dahinbewegt, die Pünktchen ergießen sich glitzernd über den tiefen Abgrund vor der Kirche. Bevor sie sich auf der Esplanade versammeln, gehen sie über die Plattform, sie ziehen an mir vorbei, und ich höre alle einundfünfzig Strophen des Marienliedes. »Espérance« – und »France« kann ich hören, und auch von der Wahrheit wird gesungen …

La France l'écoute
Se lève soudain.
Et se met en route
Chantant ce refrain:
Avé – Avé
Avé Maria –!

Aber nun sind die letzten hier oben vorüber, und der große Feuerzug ist auf dem Platz angekommen. Sie marschieren in Schlangenlinie, sie nähern sich auf dem gewundnen Lichtpfad immer mehr der Kirche … Und als sie nun alle, alle vor dem Tor der Kirche stehen, wie um Einlaß singend, da zischen einige: Ssss! – es wird einen Augenblick still, und dann steigt unter den Fackeln das Credo zum Himmel.

Credo in unum Deum, Patrem omnipotentem …

Sie singen es, Männer und Frauen, auswendig, alle die schwierigen lateinischen Worte, die sie französisch aussprechen: Spiritüs sanctüm … Das steht wie ein Wall da unten. Unerschütterlich, voller Kraft klingt das Credo.

Et exspecto resurrectionem mortuorum. Et vitam
venturi saeculi. Amen.

Das ist ein Tag in Lourdes.

III Siebenundsechzig Jahre

Vor siebenundsechzig Jahren fing es an. Lourdes war damals »ein Haufe trüber Dächer, von traurigem Bleigrau; so stehen sie da, unterhalb der Straße eng zusammengedrückt«. Taine hat seine Reise im März 1858 abgeschlossen, er kam grade einen Posttag zu früh. Sonst hätte er folgendes beobachten können:

In Lourdes lebte zu dieser Zeit eine kleine Müllerstochter, Bernadette Soubirous, sie war vierzehn Jahre alt. Das Kind war immer krank, es litt an Asthma, an Atemnot, an schweren Hustenanfällen. Die Alten hatten viele Kinder und wenig Brot, es ging ihnen nicht gut. Im Sommer hütete die Kleine die Schafe in Bartrès, in der Nähe von Lourdes, bei einer Frau, die ihr Kind verloren und die kleine Soubirous genährt hatte; diese Frau ist heute noch am Leben. Lesen und schreiben konnte das Kind nicht – an kalten Wintertagen, wenn in den Hütten abends kein Feuer brannte, um zu wärmen, und kein Licht, um zu leuchten, versammelten sich die ärmern Bauernfrauen und ihre Kinder in der kleinen Kirche zu Lourdes, und da erzählte der Curé fromme Geschichten, von göttlichen Erscheinungen, wunderbaren Quellen, Segen und Heilungen der Gebenedeiten. Die Pyrenäen sind reich an solchen Legenden. Ihnen gemeinsam ist die plötzlich auftauchende Erscheinung, meist eine weiße Frau, sie vertraut dem ahnungslosen Hirten ein gutes Geheimnis an, das er nie verraten darf, sie gibt ihm einen Auftrag, sie zeigt ihm eine Quelle, die Quelle heilt Kranke. Um Lourdes wimmelt es: Unsre Liebe Frau in Barbazan, Unsre Liebe Frau von Nestè, Médoux, Bétharram, Garaison Bourisp – so viel Namen, so viel Wundererscheinungen, weiße Frauen, Heilquellen, Geheimnisse. In der abendlichen Kirche, wohlgeborgen vor den Schneestürmen, im Flimmer der Kerzen, die die Schatten im Halbdunkel auf Goldgrund tanzen ließen, saß die Kleine und sog in sich auf, was es da zu hören gab. Manchmal war sie traurig: in ihrer Atemnot hatte sie husten müssen und das Schönste nicht gehört.

Der Bruder ihrer Ziehmutter war ein Priester, er brachte oft bunte Bildchen mit und auch die Bibel und Heiligengeschichten, die das Mädchen nicht lesen konnte ... Aber die Bilder konnte sie betrachten, die schönen Bilder mit der Heiligen Mutter Maria im weißen Gewande, mit den Rosenornamenten, die ihr fromme Maler zu Häupten gesetzt hatten, und sie sah sich diese Bilder gern an. Das, was ihr die Priester an solchen Winterabenden erzählten, war ihr geistiges Leben; denn sie war noch nicht eingesegnet und wußte nichts von Religion als diese vagen und frömmelnden Historien. Da war von Gott-Vater die Rede, von der Heiligen Jungfrau, von Jesus und von der Dreieinigkeit und wohl auch von der unbefleckten Empfängnis.

Denn drei Jahre vorher, am 8. Dezember 1854, war von Pius IX. das Dogma der conceptio immaculata verkündet worden, das beinah so viel Aufsehen gemacht hat wie das von der Unfehlbarkeit des Papstes. Diese Tatsache wird in der gesamten populären Bernadette-Literatur verschwiegen. Wir werden sehen, warum.

Am Donnerstag, dem 11. Februar 1858, fror es in Lourdes, der Himmel war grau, die Bauern machten, daß sie ihre Arbeit draußen beendigten, und beeilten sich, in die Hütten an den Herd zu kommen. Der Müller Soubirous brauchte sich nicht zu beeilen: es war kein Holz im Hause. Die Kinder sollten Holz holen. Bernadette ging in die Kälte hinaus, ihre jüngere Schwester Toinette und eine Freundin, Jeanne Abadie, begleiteten sie. Die drei stiegen an den Abhängen herum, überquerten den Bach, der jetzt, abgeleitet, am Eisenbahndamm entlangfließt, und kamen schließlich in die Grotte. Winterstille und Geriesel von trocknem Laub. Da hörte Bernadette ein dumpfes Geräusch. Sie hob den Kopf ...

»Ich konnte nichts mehr sagen, und ich wußte gar nicht, was ich denken sollte, denn als ich den Kopf zur Grotte wendete, sah ich an der Felsöffnung einen Busch, aber nur einen, hin- und herschwanken, wie wenn großer Wind wäre. Beinah zu gleicher Zeit kam innen aus der Grotte eine goldene Wolke und danach eine junge und schöne Dame, so schön, wie ich niemals eine gesehen hatte. Sie stellte sich an der Öffnung auf, oberhalb des Buschs. Sie sah mich an, lächelte und machte mir ein Zeichen, näher zu kommen, grade wie wenn sie meine Mutter wäre.«

Die beiden kleinen Begleiterinnen hatten nichts gesehen, nur Bernadette allein. Erst war es in ihren Berichten ›etwas Weißes‹, dann eine Dame, dann eine wunderschöne Dame, mit weißem Gewand, blauem Gürtel und gelben Rosen zu Füßen – aber die sprach zunächst nicht, sie lächelte, Bernadette ging immer wieder in die Grotte. Die Mutter wollte das nicht. Die Grotte stand in keinem guten Ruf, Liebespaare pflegten sich dort zu verstekken, und wenn man wieder einmal am Morgen leere Flaschen und sonstige schöne Sachen dort gefunden hatte, stießen sich die Bauern in die Rippen und grinsten: »Heute nacht haben sie wieder Dummheiten in der Grotte gemacht!« Aber Bernadette ging wieder und wieder hin. ›Sie‹ erschien ihr achtzehnmal.

Beim drittenmal sprach die Dame. Sie bat die Kleine, während vierzehn Tagen in die Grotte zu kommen. Bernadette versprach das. Und dann: »Trink aus der Quelle und wasch dich in dem Wasser!« Es war aber keine Quelle da, das Kind kratzte die Erde auf, da lief ein dünnes Rinnsal über die Erde. Die Wunderquelle war geboren. Und später: »Sage den Priestern: sie sollen hier eine Kapelle bauen und in Prozessionen hierherkommen!« Und nun auf inständige Fragen, endlich, endlich: »Ich bin die conceptio immaculata.« Die Dame sprach das bäurische Platt. »Qué soy ér Immaculada Councepsiou.« Und da war Bernadette schon nicht mehr allein.

Die Sache war durchgesickert, die Polizei mischte sich ein, mißtrauisch, liberal, halb aufgeklärt und durchaus dagegen. Der Priester des Orts war vorsichtig, skeptisch, außerordentlich klug. »Ein Wunder!« verlangte er als Bekräftigung, »ein Wunder!« Und vor der Namensgebung: »Sage deiner Dame, daß ich sie nicht kenne – sie solle sich vorstellen.« Sie stellte sich vor, und nach jeder Halluzination wurde das Publikum größer, der Glaube stärker, die Legendenbildung wilder.

Bei alledem hat man sich die kleine Bernadette als ein bescheidenes, artiges, schwächliches Kind zu denken, das kein Wesens aus der Sache machte. Sie hatte einen schweren Stand: der Geistliche wollte nicht heran, die Polizei drohte sie einzusperren, wenn dieser Unfug nicht aufhöre, und das Dorf verlangte seine Wunder. Ein alter Abbé, der als kleiner Junge sie noch gekannt hat, zeigte mir in Lourdes eine Fotografie, die angeblich an der Grotte während der Ekstase aufgenommen sein soll – ein offenbar gestelltes Bild, ohne jeden visionären Zug in dem kleinen Bauerngesicht. Das arme Ding, mit seinen Läusen unter dem Kopftuch, bekam von allen Seiten zugesetzt, es prasselte nur so auf sie herunter: Klagen, Bitten, Beschwörungen, Segenswünsche ... Schon wollten einige durch Handauflegen von ihr geheilt werden.

Ein Zug, ein einziger in diesen zahllosen Berichten, ist rührend, er zeigt, wie tief sich die Halluzination in das Kind eingefressen hat und beweist ihre wirkliche Herzensunschuld. Sie hatte dem Steuereinnehmer Estrade und seiner Schwester ihre Geschichte erzählt. »Also, die Dame bat mich, vierzehn Tage lang in die Grotte zu kommen.« – »Sag einmal genau, wie sie gesprochen hat!« sagte der Steuereinnehmer. »Die Dame sagte: Wollen Sie so gut sein ...« Und hier unterbrach sich Bernadette, senkte den Kopf und flüsterte: »Die Madonna hat Sie zu mir gesagt ...«

Und nun gings los.

Die Presse nahm sich der Affäre an, Artikel für und wider setzten ein ohne Ende, und die Polizei ließ die Grotte mit Brettern versperren. Die Gegend stand auf dem Kopf.

»Ein Wunder! Ein echtes Wunder! Hat sie nicht von der conceptio immaculata gesprochen? Aber das Kind hat das Wort nie gehört, kann es gar nicht gehört haben!« – Die Bernadette-Literatur legt auf diesen Punkt den allergrößten Wert. Man könne nichts als Erinnerungen produzieren, während man halluziniere, sagen sie, was falsch ist – dieses schwierige Wort und der noch kompliziertere Begriff seien dem Kinde unbekannt gewesen.

Nein, das waren sie nicht. Man wird nun verstehen, warum die Bernadette-Traktätchen so ängstlich darüber schweigen, daß das Dogma schon drei Jahre, ex cathedra verkündet, vorgelegen hat. Es war also nicht nur möglich, sondern höchst wahrscheinlich, daß das Kind diesen Ausdruck von den Priestern aufgeschnappt hatte, ohne zu begreifen. Und man weiß, wie Latein auf die wirkt, die es nicht verstehen.

Die Grotte gesperrt? Streik der Bauarbeiter, Rumor unter den Bauern, die Grotte mußte wieder geöffnet werden. Bis zum Kaiser drang der Lärm, denn nun war aus den Halluzinationen eines kranken Kindes eine politische Affäre geworden. Kulturkampf? Napoleon III. tat das, was er immer getan hatte: er zögerte. Aber die Kaiserin lag ihm in den Ohren, es war das wohl auch kein casus belli, die innere Politik erheischte Frieden … er gab nach. Der Polizeikommissar wurde versetzt, der Präfekt von Tarbes wurde versetzt – das Land hatte sein Wunder. Die ersten Heilungen wurden ausgerufen.

Denn die Quelle war da, das war kein Zweifel. Jetzt war es eine große Quelle geworden: sie gab zwölfhundert Hektoliter am Tage her. Nun glauben sogar die orthodoxesten Katholiken nicht, daß Bernadette dieses Wasser aus dem Nichts gerufen habe. Der Abbé Richard hielt schon im Jahre 1879 dafür, daß nicht das Kind die Quelle erschaffen habe, sondern Gott – die Kleine habe nur durch das Wunder eine bestehende Quelle entdeckt. Leute, die mit einer Wünschelrute umgehen, wissen, wie manche Personen auf Wasser, Metalle und Steinarten reagieren.

Herr Fabisch aus Lyon fabrizierte eine Statue der Jungfrau, eben jene, die heute noch in der Grotte steht. Er ließ sich von Bernadette die Erscheinung beschreiben, war tiefgerührt von der weichen Frömmigkeit der Kleinen und lieferte das Äußerste an Talentlosigkeit. Die Statue hat siebentausend Francs gekostet, genau die gleiche Summe zu viel. Als man Bernadette das Werk zeigte, lief sie zunächst fort, ein beachtliches und gutes Zeichen von Kunstverstand. Dann wurde sie beruhigt, noch einmal an die Figur herangeführt, die aussieht, wie wenn sie aus Seife wäre, und man fragte sie: »Ist das deine Jungfrau, so, wie du sie gesehen hast?« – Und sie: »Keine Spur.« Aber Fabisch kassierte ein, und die Priester aus Lourdes stellten auf.

Bernadette hatte kein Glück mit den Statuen. In der Ordenskapelle der Schwestern von Nevers zu Lourdes steht eine, von der hat sie gesagt: »C'est la moins laide de toutes!«

Diese Madonna steht da, wo die Kleine bei den Schwestern im Klostergarten herumgehüpft ist, und die Oberin zeigte mir Kloster, Säulenhalle, Garten und eben diese Kapelle. Wenn die kluge und energisch aussehende Frau von Bernadette und ihren Wundertaten berichtete, glaubte man, eine Walze rolle ab. Sie sprach wie ein Museumserklärer. Sie hatte das wohl schon so oft erzählt ... Diesen eingelernten Eindruck machten übrigens viele Geschichten, die ich in Lourdes zu hören bekam.

Bernadette blieb bei ihrer Familie, und als sie es dort nicht mehr ertragen konnte vor Besuchern, Fragen, Verhören, Freunden und Feinden, die sie alle, alle sehen wollten, als sie immer und immer wieder ihren Bericht erzählen mußte, brachte man sie ins Hospital. Das hatte noch einen andern guten Grund: das Mädchen kränkelte. Im Krankenhaus wurde sie zunächst gepflegt, die Besuche wurden ferngehalten, später verrichtete sie Arbeiten in der Küche und machte sich auch sonst nützlich.

Die Kirche rechnet mit Jahrhunderten und in eiligen Fällen mit Jahren. Erst vier Jahre nach diesen Erscheinungen, am 18. Januar 1862, erschien der große Hirtenbrief des Bischofs von Tarbes, des Monseigneur Bertrand-Sévère. »Ja«, sagte der Brief.

Kollekten, Gläubige, Kirchenbauten, Zusammenlauf aus aller Welt. Die Pilgerzüge setzten in voller Stärke ein. Im Jahre 1867 waren es schon 28 000 Menschen, die kamen. Das Wunder war im Gang.

Das ging nicht ohne die bösesten Zänkereien ab. Der Curé von Lourdes bekam den Monseigneur-Titel, aber das tröstete ihn wenig, er fühlte sich zurückgesetzt; Prozesse prasselten, die Orden bekriegten sich bis aufs Messer, warfen einander Habsucht, Neid, Mißgunst und übergroße Geschäftstüchtigkeit vor, und auch die Einwohner wüteten umher. Die Kirche hatte in kluger Voraussicht die Grundstücke gekauft, die der Grotte gegenüberlagen, um alle neugierige Nachbarschaft zu vermeiden. Welches Geschäft war den Lourdesen da aus der Nase gegangen! Was wäre das gewesen! ›Hotelzimmer mit direkter Aussicht auf die Wundergrotte und alle Zeremonien! Abends Dancing!‹ Ein Jammer. Es roch nicht gut zum Himmel, was da aufstieg.

Und dann war da diese kleine Bernadette, die der Anstrom der Neugierigen immer noch suchte. Eine unangenehme Konkurrenz, dieses Werkzeug Gottes ... Sie durfte fernerhin nicht mehr in Lourdes leben, vor allem: unter gar keinen Umständen durfte sie dort begraben liegen. Nur keine Ablenkung! Sie lebte auch nicht mehr da, sie starb nicht da. Man hat sie nach Nevers gebracht, einer kleinen Stadt südöstlich von Orléans, in das Mutterkloster des Ordens des Sœurs de la Charité de Nevers, und dort erlosch sie im Alter von fünfunddreißig Jahren. Sie hat keine Wunder mehr angezeigt und auch keines tun wollen, sie war eine schwächliche Person, die in Ruhe leben und sterben wollte. Sie ist sehr krank gewesen.

Jetzt, zu ihrer Seligsprechung im vorigen Jahr, haben sie sie exhumiert: der Körper war gut erhalten, ihr linkes Auge, das der Erscheinung zugewendet war, soll offen gewesen sein, ihr Grab so nach Blumen geduftet haben, daß, wie in Lourdes erzählt wird, Briefe, die dort gelegen hatten, dufteten ... Man hat sie in einem Glassarg ausgestellt, es kommen viele Gläubige. Ich habe eine Reliquie geschenkt bekommen, ein Stückchen von ihrem Totengewand.

Eine Heilige –? Noch nicht.

In Lourdes wird ein alter Mann aufbewahrt, es ist ihr Bruder, der einen Andenkenladen gehabt und sich vorzeitig vom Geschäft zurückgezogen hat. Er empfängt viele Besuche, will aber keine haben – er ist ein stiller und ruhiger, etwas bäurischer Mensch. Nein, ich habe sein Ruhebedürfnis geehrt und ihn in Frieden gelassen. Er weiß auch nicht viel von damals zu vermelden – er war sieben Jahre alt, als Bernadette ihre Erscheinungen hatte. Aber wenn er einmal gestorben sein wird und wenn alle persönlichen Erinnerungen verflogen sind, wenn die Gestalt der kleinen Bernadette weit, weit hinten im grauen Nebel der Geschichte verschwindet –: dann wird sie heilig gesprochen werden. Die Kirche ist so klug …

Denn über Bernadette Soubirous, die Müllerstochter, kann man heute noch kleine persönliche Bemerkungen machen, *sie ist zu nah* –. Jeanne d'Arc aber ist heilig und entlockt selbst einem so wilden Spötter wie Bernard Shaw – außen Stacheldraht, innen Gummibonbon – ein schönes Pathos.

Das ist die Geschichte der seligen Bernadette, zu der Hunderttausende in Lourdes beten. Tagaus, tagein … Aber immer andere. Denn das ist das Gefährliche an der Sache: tagaus, tagein darf man dergleichen nicht sehen. Der Mechanismus wird sichtbar.

Jede Pèlerinage ist höchstens vier, fünf Tage in Lourdes, und das ist sehr gut eingerichtet. Längerer Aufenthalt geht auf Kosten der Intensität. Man sieht zu viel.

Man sieht:

Die Ausstattung in den Kirchen. »Aber das übersteigt die kühnsten Träume. Mit Kunst, selbst mit Kunst in ihrer niedrigsten Entartung, hat das hier überhaupt nichts zu tun. Das ist nicht einmal schlecht …« Nein, es ist grauslich. »Das ist alles so häßlich! Wenn es wenigstens naiv wäre – aber leider: grade das ist es nicht.« Das sagt ein Freigeist? ein frecher Aufklärichtsmann? ein Kerl, der vom Katholischen nichts versteht –? Ach, es ist J.-K. Huysmans, dessen ›*À rebours*‹ Oscar Wilde zum Dorian Gray angeregt hat; der in den Schoß der Kirche Zurückgekehrte, der reuige Sünder. Und der muß es ja wissen. Er erklärt uns auch den Jammer dieser Geschmacklosigkeiten.

»Unzweifelhaft: solche Attentate können nur den rachsüchtigen Possen des Dämons zugeschrieben werden. Es ist das seine Rache gegen die, die er verabscheut …« Sein Buch ›*Les Foules de Lourdes*‹, eines der interessantesten Dokumente über diese Stadt, ist das Zeichen eines beklagenswerten Geisteszustandes, mit vielen lichten Momenten. Er beobachtet außerordentlich scharf, aber alle seine Schlußfolgerungen sind falsch. Der Teufel –? Hier irrt der Großvater Dorian Grays; es ist nicht der Teufel, der Lourdes so scheußlich gemacht hat. Es ist der Bürger.

Lourdes ist ein einziger Anachronismus.

Diese organisierten Pilgerzüge mit der Eisenbahn und dem ermäßigten Billett, diese elektrisch erleuchtete Kirche, die aussieht wie ein Vergnügungslokal auf dem Montmartre, der grauenhafte Schund, der da vorherrscht, nicht nur in den dummen Läden, sondern in den Kirchen selbst, diese unfromm bestellten Altäre, Schreine, Ornamente, Decken und Beleuchtungskörper –: mit Industriearbeit ist das eben nicht zu machen. In Carcassonne steht in der Kathedrale ein altes Taufbecken, das ist siebenhundert Jahre alt, und man möchte davor knien, so fromm ist es. Aber der, der es gemetzt hat, hat geglaubt, er hat seinen Glauben in den Stein versenkt; er machte ein Geschäft, indem er es lieferte, gewiß – aber es war doch ein Taufbecken, und der Mann wußte sehr wohl, was er da unter den Händen hatte und was es galt. Heute –? ›Und liefern wir Ihnen einen Posten Ia Qualität Taufbecken zu besonders kulanten Bedingungen.‹ Es ist aus. Die kirchliche Kunst kopiert sich selber, und wenns gut geht, sind die Kopien wenigstens anständig. Die Versuche, zu modernisieren, mißlingen kläglich – zwischen Erfrischungsraum im Warenhaus und Bahnhofshalle ist da keine Dummheit ausgelassen. Gefühle kann man nicht fabrizieren.

Sind daran nicht die Juden schuld? Daran sind die Juden schuld. Huysmans: »Die Priester sollten daran denken, wie sehr heutzutage das jüdische Element unter den Verkäufern von frommen Andenken dominiert. Getauft oder nicht: es hat den Anschein, als ob diese Kaufleute neben der Sucht, Geld zu verdienen, nun auch das unfreiwillige Bedürfnis verspüren, den Messias noch einmal zu verraten: indem sie ihn in einer Gestalt verkaufen, die ihnen der Teufel eingeblasen hat.« Da kann man nichts machen.

Solch ein Wunderglaube, dessen Form die absolute Herrschaft der Kirche zur Voraussetzung hat, ihre Herrschaft besonders über die Finanzmächte der Länder – und ihm gegenüber diese Zeit: es ist eine Dissonanz der Epochen, die hier aufeinanderstoßen. Es klingt nicht. Und Kunstwerke bringt so etwas schon gar nicht hervor.

Und weil alles auf der Welt ein greifbares Symbol findet, so leuchtet zwar abends die Basilika, oben strahlt das Kreuz in der Luft auf dem fernen Berge – aber heller als alles andre brennt eine Flammenzeile im dunklen Nachthimmel:

HÔTEL ROYAL

Unten klingt das Credo. Keine Zeit hat solche Sehnsucht nach Verkleidung wie die, die keine hat.

Ja, man sieht zu viel. Treibe dich vierzehn Tage in der Stadt herum, und du fühlst nie mehr nasse Augen, aber manchmal ein verdächtiges Zucken im Gesicht. In den Läden klingelt das Ave Maria, das einmal so schön geklungen hat, im Bauch von heiligen Jungfrauen, die man innen erleuchten kann; Ansichtskarten, Bilder, Rosenkränze sind von auserlesener Scheußlichkeit ... Nebenerscheinungen? Ich weiß doch nicht. Die Pilger fassens nicht so auf. Und während ich mich in Rumänien so oft gefragt habe: »Wo, in aller Welt, kann man nur einen solchen ausgemachten Plunder kaufen?« – jetzt weiß ich es.

Ich sehe:

Die fetten Bischöfe, die hier Gastspiele geben, und die andern, die hier zu Hause sind – man sagt ihnen Schauspielergesichter nach, aber man müßte das differenzieren. Da gibt es ältere Heldenspieler, denen das Tripelkinn tragisch auf das Ornat fällt, da gibt es Bonvivants und Väterrollen, und einer sah aus wie ein listiger, verschmitzter Komiker – es hätte mich keinen Augenblick gewundert, wenn er die Soutane an zwei Zipfel angefaßt und ein Couplet getanzt hätte. Ich gehe durch die Verkäufer am Gitter, wo sich der dürre Gebetlaut von drinnen fortsetzt, aber hier ist es kein Latein, sondern: »Les cierges – les cierges – les cierges –« und »Vanillevanillevanille ...« Soll ich ihnen etwas abkaufen?

Wenn ich sparsam sein will, tue ichs nicht. Denn im Hotel hing eine Tafel.

Pilger … welch altes, schweres Wort. Man denkt an Männer mit Bärten und großen Stöcken, mit einem Bettelsack und einem Heiligenschein um den Kopf … »Die Herren Pilger«, stand im Hotel, »die ihre Einkäufe an Andenken im Laden des Hotels machen, erhalten eine Ermäßigung von 50 Prozent.« Hierauf sehn sich freudig an Pilgerin und Pilgersmann.

Und ich sehe: die Brancardiers.

Die Krankenträger leisten eine aufopfernde Arbeit. Es sind sämtlich Freiwillige, sie bekommen keinen Franc Bezahlung. Ihr Dienst ist unendlich ermüdend, er erfordert sehr viel Körperkraft, sehr viel Geduld, sehr viel Hingabe. Ihr Benehmen zu den Kranken ist rührend. Aber der angenehme Umstand, daß in allen Prozessionen und bei allen Veranstaltungen niemals ein Schutzmann zu sehen ist, wird dadurch aufgewogen, daß gewisse Träger sich schlimmer benehmen als acht Polizisten zusammen. Sie teilen ein und ordnen an, sie geben Befehle und sind nervös, lassen die Kranken in Frieden, aber treiben die Gesunden zu Scharen, obgleich das gar nicht nötig wäre – kurz: manche unter ihnen spielen die Rolle des dummen August, der herumwirtschaftet, während andre arbeiten. Da waren so schnurrbartgezwirbelte Gesichter, die krähten – Huysmans hat mal einen sagen hören: »Wir werden jetzt die Heilige Kommunion austeilen!« Mir war sonderbar zumute, als ich sie herumtanzen sah – das hatte ich doch schon einmal im Leben gesehen … »Il y a beaucoup d'anciens officiers parmi eux!« sagte mir ein Abbé. In Ordnung.

Über den Eisenbahndamm fahren die Züge, da flattern die weißen Tücher zur Begrüßung und zum Abschied, und die Leute singen, nach dem Wort eines katholischen Dichters, während der Fahrt so schön falsch, nicht als ob es nach Lourdes, sondern als ob es ins Fegefeuer ginge.

Vieles hiervon steht bei Huysmans. Sein Fanatismus hat ihn, den Frischbekehrten und also lächerlich Überhitzten, nicht gehindert, in Lourdes die Augen aufzumachen. Auf einen Teil der schwarzen Flecke hat er mich erst aufmerksam gemacht, und wenn ich zögerte, mir Luft zu machen, so stärkte mich ein Blick in sein Buch. Da stands noch viel schlimmer. Aber freilich: er glaubte an das Wunder.

Sein Resumé sieht so aus:

»Das steht fest: in Lourdes erreichen wir die letzten Niederungen der Frömmigkeit.« Sowie: »Lourdes ist ein riesiges Krankenhaus auf einem ungeheuern Jahrmarkt. Nirgends sonst gibt es einen solchen Tiefstand von Frömmigkeit, von Fetischismus bis zu postlagernden Briefen an die heilige Jungfrau ...«

Man darf nicht verweilen. Man sieht zu viel. Doch nirgends Betrunkene, nirgends Leute, die in den Lokalen juchhein.

Tagaus, tagein Prozessionen, Menschenversammlungen, Fackelzüge ... nach dem achten Mal spürt man die treibende Macht und die Räder.

Und zu allen diesen Prozessionen, Menschenanhäufungen, Fackelzügen ist zu sagen, daß meine Generation den Krieg gesehen hat, wo sich oft Zehntausende auf einem Platz zusammenballten oder im Karree aufgestellt waren – zur Schlachtung. Der Respekt vor der Quantität an sich ist vorbei. Und wenn es nicht meine eigne Sache ist, die da durch eine Menschenmenge gefördert oder bekämpft wird, wenn es mich nicht berührt, was die vielen Lichter aufflammen läßt – dann greift es mir nicht ans Herz, und ich würde lügen, wenn ich mich in den Strom der Begeisterung stürzte. Das Faktum allein, daß dreißig- oder vierzigtausend Menschen zusammenkommen, ist mir gleichgültig. Ja, wenn es der Weltfriede wäre, den sie da mit Gesang und Fackellicht verlangten! Wenn es ein einziger tobender Protest gegen den staatlichen Massenmord wäre, erhoben von Müttern, Witwen, Waisen ... ich hätte wahrscheinlich geweint wie ein kleines Kind. So aber schlug die Quantität nicht in die Qualität um.

Man sieht zu viel. Man sieht, bei längerm Aufenthalt, wie es gemacht wird, sieht am Häuschen hinter der Basilika die Aufschrift ›Hommes‹ – ›Femmes‹ und ›Cabinets Reservés‹, woraus also zu schließen wäre, daß die Geistlichen, denen man sie reserviert hat, weder Männchen noch Weibchen sind … Man sieht die Kinoplakate an den Ecken, Fanale eines unentrinnbaren Zeitalters. Dies ist anders als der Jahrmarkt, der auch im Mittelalter jede religiöse Zeremonie und jede Hinrichtung begleitet hat. Dies hier ist mehr, selbständig richtet es sich neben der Kirche auf. Mady Christians, muß ich hier dich wiederfinden –? Wahrhaftig: da hingst du.

Oh, man hat auch religiöse Filme. Da läuft zum Beispiel ein Bernadette-Film, der in seiner Herstellung, mit seinen Schauspielern und Dekorationen an die dunkeln Filme gemahnt, die man vor dem Kriege in Budapest herzustellen pflegte … Es ist über die Maßen schauerlich. Der Vortrag des jungen Abbé aber ist es gar nicht, und die Worte, die er zum Film spricht, stehen an Geschicklichkeit, berechneter Wirkung und Wirksamkeit tausendmal über dem Schund. Man will übrigens einen neuen Bernadette-Film herstellen. Der Abbé läßt es nicht an freundlichen Beschimpfungen derer fehlen, die nicht an Wunder glauben, und fordert jeden auf, ungestört seine gegnerische Meinung hier zum Ausdruck zu bringen. Kenner der Materie entsinnen sich des Geschreis, das es einmal gegeben hat, als die französischen Freimaurer als Demonstration einen ihrer Kongresse in Lourdes abhalten wollten. In solchen Fällen ist ja wohl der Staat nicht in der Lage, die öffentliche Ordnung zu garantieren …

Und wenn man diesen Film hinter sich hat, darf man das ›Römische Museum‹ ansehen, ein Wachsfigurenkabinett mit wilden Löwen, zerrissenen Christen und einem herrlichen Erklärer. Er redete wie eine Gebetmühle. Der Bruder der seligen Bernadette sei zwar kein Römer, aber er kenne ihn sehr gut: der Mann habe seine Schwester niemals richtig geschätzt, nein, nein. Da sagen sie, sie liege in Nevers begraben … Er, der Erklärer, wisse mehr – er dürfe nur noch nicht darüber reden. Das ist schade.

Die einzig wirkliche Erholung sieht anders aus. Oben, auf einer Anhöhe, liegt das Schloß und darin das Pyrenäische Museum. Es ist das schönste Museum, das ich in diesen Bergen gesehen habe – weil es klug angelegt ist. Französische Provinzmuseen stehn auf keiner sehr hohen Stufe, sie haben herrliche Kunstwerke, aber die Stücke werden nicht immer gut präsentiert. Hier in Lourdes aber hat ein kunst- und landeskundiger Mann, Herr Le Bondidier, die bäuerlichen Gerätschaften, die Bilder, gute Diapositive, Bücher und Kinderspielzeug, Pilgermünzen und Andenken so fein geordnet und mit einer solchen Liebe aufgebaut, daß einem das Herz im Leibe lacht. Ich konnte mich gar nicht trennen. Die kleinen Burgzimmerchen haben Nummern, die den Besucher ohne Katalog automatisch durch das ganze Schloß führen, und was man sieht, geht einen etwas an, steht hübsch da, langweilt nicht.

Herrn Le Bondidier habe ich in seinem Büro besucht. Er erinnert im Aussehen – o ihr Rassenphysiologen! – an Wilhelm Raabe. Er darf sich rühmen, die schönste Aussicht von ganz Lourdes zu besitzen: sein Arbeitszimmer sieht grade auf die Basilika – drei riesige große Fensterbögen zeigen ihm von hoch oben Kirche, Massen, Prozessionen und Fackelzüge. Die Wände sind mit hellbraun getöntem Holz getäfelt, bunte baskische Bilder hängen da … endlich, endlich einmal einer, der nicht im Directoire-Stil sitzt und nicht in Louis I-XVI. Als der hochgewachsene Mann, von dem im Museum eine lustige Karikatur als Bergsteiger, der alles bei sich hat, hängt, das Zimmer einen Augenblick verläßt, sehe ich auf die Bilder an den Wänden und finde etwas. Da reitet ein dunkler Reiter durch blutige Nacht, hinter ihm ballen sich erschreckte Massen, der Reiter hat etwas auf dem Kopf, das ist ein Kürassierhelm, und als ich genauer hinsehe, entdecke ich die zwei Schnurrbartspitzen, ›*Kain*‹ steht darunter. Es ist immer hübsch, wenn ein Volk durch seine Fürsten gut im Ausland repräsentiert wird.

Und wieder hinunter nach Lourdes.

Da rollt der Betrieb ab, der kirchliche und der kaufmännische. Bei Huysmans habe ich gelernt, daß es Ungläubige und Freimaurer aller Grade sind, die da ihre Geschäfte machen, es soll ganz schrecklich sein. Aber diese wilde Rotte nimmt den Pilger nicht einmal sehr hoch; die Preise sind nirgends unverschämt, wenn auch nicht niedrig. Selbst die Stadt will ihre Position nicht ausnutzen: sie beansprucht keine Beherbergungssteuer (taxe de séjour), verzichtet so auf Millionen und ist nur eine mäßig begüterte Gemeinde. Das hat seinen Grund:

Lourdes ist eine Stadt der kleinen Leute.

Der Tourist ist sofort kenntlich – er gehört meistens, wie Tante Julia das nennt, den ›besser gekleideten Ständen‹ an; in den Pilgerzügen aber dominieren Bauern und Küstenfischer der Bretagne und kleines und kleinstes Kleinbürgertum: Gärtner, Dienstmädchen, Portiers, kleine Beamte, Handwerker. Das sind nicht die Gesichter organisierter Industriearbeiter.

Und wenn die feinen Leute dabei sind, dann in so aufdringlicher und aufreizender Form …

Nach dem Allerheiligsten in den Prozessionen gehen sie. Da sah ich den Herrn Grafen und den Herrn Baron und dessen Söhne und so vornehme Herrschaften … Sie gingen in einer kleinen Gruppe, für sich: fromm, aber erster Klasse. Vor Gott sind alle gleich, gewiß, doch muß man das nicht übertreiben.

Es sind nun Leute von so vielen Nationen da, aber es ist immer derselbe Typus. Der bäuerliche, der kleinbürgerliche. Besonders die Frauen erinnern an Klatsch im Schlächterladen, an kleine Schneiderinnen, an Hebammen … Jede Nation hat ihre Eigenart; jemand beklagt sich über die ›Engländer, die alles für sich haben wollen, die besten Plätze, die Spitze bei den Prozessionen‹ – und die dann nach ein paar Tagen die ganze Geschichte satt bekommen und Ausflüge in die Umgebung machen. Polen, Italiener, Spanier, Belgier, Holländer, Franzosen vieler Provinzen … es ist alles da. Und alle aus derselben Schicht.

Es riecht nach Muff, nach unaufgeräumten Schlafzimmern, nach jenem Typus, der in Europa nicht leben und nicht sterben kann, nach kleinem Mittelstand, *der nicht weiß, daß ers ist.*

Er bestimmt die Atmosphäre in Lourdes, er gibt das Tempo an, auf ihn sind Vergnügungen, Hotels, Romantik, Prozessionen zugeschnitten. Es ist die Stadt der kleinen Leute.

Aber die Heilung –?

Cirque de Gavarnie

Der Cirque de Gavarnie ist nicht nur ein Gebirgskessel, sondern eine nationale Zwangsvorstellung. Unmöglich, in Paris von den Pyrenäen zu sprechen, ohne daß der andere sagt: »Vous faites le tour des Pyrénées? Alors il faut voir le Cirque de Gavarnie.« Ja doch.

Das Reisepublikum des Landes hat diese Attraktion sogar schon auf die Briefmarken setzen wollen: sodaß es sich also um eine himmlische Schönheit oder um eine künstlich aufgeplusterte Sache handelt. Wenn die Erwartung vorher so aufgereizt worden ist, gibt es meistens eine Enttäuschung.

Die Straße führt über die Napoleon-Brücke, ein Bogen, der sich hoch über den Bach da unten wölbt. Aber dreihundert Meter davon, wo die Straße noch steigt und ihr Rand sich siebzig Meter über den Abgrund erhebt, da fuhren dreiundzwanzig Menschen in den Tod. Am 3. August 1923 kehrten zweiundzwanzig Holländer, die aus Lourdes nach Gavarnie gekommen waren, vom Cirque zurück, Männer und Frauen, fröhliche Leute auf einem fröhlichen Ausflug. Sie fuhren eine halbe Stunde an ihrem Grab entlang, und was es dann mit dem Chauffeur gegeben hat, der als zuverlässiger Mann in der ganzen Gegend bekannt gewesen ist, weiß man nicht; jedenfalls tobte der schwere Tourenwagen über die kleine Mauerböschung nach unten. Sie stürzten siebzig Meter, ein einziger Mann fiel ins Wasser und blieb unverwundet am Leben. Er kroch unten in eine kleine Höhle, die der Felsen gebildet hatte, an ein Heraufklettern war an diesem Abend nicht zu denken, und ein mutiger französischer Student ließ sich an einem Seil hinunter und brachte dem Halbirren Rum und Zucker. Für die Nacht blieb er allein. Am nächsten Morgen holten sie ihn herauf; er lebt heute noch in Holland. Die andern wurden einzeln zusammengesucht, den Chauffeur fand man nach drei Monaten, die Strömung hatte ihn entführt. Das Chassis des Wagens liegt, ein Eisenskelett, im Abgrund: wenn man sich hart über die niedrige Mauer beugt, kann man es unter den Büschen sehen. Es ist der einzige ernste Unglücksfall, der den Reiseautomobilen hier zugestoßen ist.

Aus Lourdes kommen so viele Ausflügler hierher. Ein Automobildienst ist eingerichtet, und ein Wagen nach dem andern befördert die Menschenpakete an den Cirque de Gavarnie. Die Straße lärmt und rattert den ganzen Tag, die Restaurants sind überfüllt, es gibt dumme Andenken zu kaufen, und das Ganze erinnert ein bißchen an die Sächsische Schweiz. Die Leute auch: geschwätziges, naturkneipendes Kleinbürgertum.

In Gavarnie hört die Straße auf, da macht der Weg eine Biegung, und nun liegt der Stolz der Pyrenäen vor seinem Publikum. Die Felswände stehen im gigantischen Halbkreis, oben liegt etwas Schnee, und das Ganze ist schön anzusehen. Aber mehr nicht – und warum so ein Geschrei daraus gemacht wird, weiß ich nicht. Um heranzukommen, braucht man eine Stunde, wie täuschen doch die Entfernungen im Gebirge und auf der See! und dann wird der Zirkus nicht etwa großartiger: da ist zwar ein hoher Wasserfall, aber weil die Vergleichsmaßstäbe fehlen, überwältigt er nicht. Brav und mit vorgeschriebner Begeisterung wandeln die Lourdes-Sachsen die klassische Strecke.

Ein Gutes aber hat Gavarnie doch gehabt. Ein französischer Zeichner schöpfte sich hier sein Pseudonym: Gavarni, Daumiers Zeitgenosse; Hunderte amüsanter Mode- und Theaterzeichnungen liegen uns vor. Er schrieb sich ohne e – bei mir hatten Gavarnie und Gavarni bisher immer in zwei verschiedenen Schubladen gelegen, so wie ja kein vernünftiger Mensch bei Goethes ›*Faust*‹ an eine geballte Hand denkt.

Im Dorf Gavarnie selbst fand sich ein Schild vor: »Zur Kirche, XVI. Jahrhundert«. Ah – wie gebildet! zur Kunstgeschichte gleich hier gradeaus … In der Kirche stand ein Priester und erklärte einer Reisegesellschaft eine Sammelbüchse. »Diese Kasse ist für die Errichtung einer Madonna bestimmt, die hier stehen und Gavarnie gegen die Lawinen schützen soll.« Wer etwas geben wolle …? Spende man aber fünf Francs, so dürfe man sich in jenes goldne Buch eintragen. Alle spendeten, alle trugen ein. In der Ecke stand eine bescheidne Holzbüchse. Für die Armen. Keiner gab einen Sou.

Das Dorf war gesteckt voll, sie waren sämtlich da, die dagewesen sein mußten, kein Wagenplatz, kein Pferdesattel, kein Eselsrücken war frei.

In Gèdre aber biegt ein kleiner Weg ab, und den geht niemand. Fünf Stunden weiter liegt ein andrer Cirque, der von Troumouse, kein Auto fährt dahin, auf dem ganzen Spazierritt bin ich zwei Männern begegnet, und die kamen nicht von Troumouse. Es ist ein bißchen mühselig, und der Franzose wandert nicht. Daher fern von den großen Straßen wenig Wegweiser, wenig Fußwanderkarten und himmlische Einsamkeit.

Ich bekam nur ein Pferd. Pferde können sich mit den Mauleseln dieser Berge an Sicherheit nicht messen. Das Pferd klettert, der Esel geht Schritt vor Schritt, wie in einer Ebene. Der Gang des Esels ist den holprigen Steinen und dem Auf und Ab der steilen Wege wesentlich angemeßner.

Ein paar hundert Meter ist da noch eine Straße, und weil man an ihr vor dem Kriege bis zum August 1914 gebaut hat, so kann man an diesem steinernen Kalender so recht sehen, wie es gewesen ist: erst ist sie geschottert, dann mit spitzen Steinen übersät, dann ist nur noch die Erde an den Seiten aufgeworfen, nun wird sie ganz schmal, ein Pfad bleibt übrig ... Zum Bau von Straßen war damals keine Zeit mehr – sie mußten welche zerstören.

An Héas kommt man vorüber, einem kleinen Weiler. Schon vorher, im Steingeröll, steht eine heilige Jungfrau, weil sie dort den Schäfern erschienen ist und um ein Bildnis gebeten hat. Héas hat eine Kapelle. Diese Kapelle und ein Haus sind die einzigen Opfer einer Lawine, die da zu Tal kam. In dem verschütteten Haus starben Mutter und Kind; die Nachbarn hatten in der Sturmnacht nicht einmal den Zusammensturz gehört. Die Kapelle wird wieder aufgebaut; den Gottesdienst für die Handvoll Leute, die da noch wohnen, halten sie nebenan ab, in einer kleinen Stube.

Durch Pferdetrupps und Rindviehherden hindurch; die Pferde auf Urlaub wiehern dem, auf dem ich sitze, die neusten Nachrichten aus dem Gebirge zu, und das Pferd nickt mit dem Kopf: Ja, ja, die Zeiten werden immer teurer ... Stunden und Stunden. Dann: Troumouse.

Wir stehen in der Mitte des riesigen Kessels. Er ist größer als der von Gavarnie, in seiner völligen Verlassenheit viel schöner. In der Mitte, in dieser ungeheuren Mitte steht die ›Vierge des Neiges‹, in seltener Instinktlosigkeit weiß gegen den hellgrauen Hintergrund gestellt und fast verschwindend. Das Standbild war ursprünglich aus dunkler Bronze, aber sie haben es angepinselt. Von einem schneebedeckten Gebirgspaß her weht ein eisiger Wind. Der Führer zeigt mir ganz hoch oben einen kaum erkennbaren Maultierpfad: da hinüber sind früher die Schmuggler nach Spanien gezogen. Unbegreiflich, wo Maultiere noch gehen können. Weit sieht man über die Berge; Felsen, etwas Schnee, und dieses stumpfe, büschelweis aufgesetzte Dunkelgrün, das in den ganzen Pyrenäen zu finden ist. Stille.

Stunden und Stunden reiten wir zurück. Oh, der immer wiederkehrende Rhythmus der Bergausflüge! Die ersten zwanzig Minuten am grauen Morgen sind stumpf, der Leib wandelt, aber die Seele liegt noch im warmen Bett und schläft. Dann kommt das Erwachen, die Sinne werden munter; sehen und einatmen und hören und aufpassen, so geht das bis zum Höhepunkt, der meist kurz nach der Mittagszeit liegt. Dann fällt der Tag langsam ab – die Schatten werden länger, die Stunden auch; geht es denselben Weg zurück, so wundert man sich, wie man so lange hat gehen können und möchte ihn nun aber ganz bestimmt nie wieder gehen; alle Schwierigkeiten des Marsches sind auf einmal so groß, heute morgen war das doch ganz leicht ...? Und dann tiefer in die Täler hinunter, die Luft wird wärmer, die ersten Büsche stehen da, und die Bäche fließen breiter; die ersten Bauerngärten sind zu sehen, bunt, knallbunt, und in den Knochen ist jene angenehme Müdigkeit wie nach guter körperlicher Arbeit, als habe man ein nützliches Werk getan. Und dann kommen die schwersten hundert Meter: die letzten – und einen Todmüden siehst du ins Dorf einmarschieren. Sich dann am Geländer im kleinen Berghotel die Treppe hinaufziehen, die Beine sind so schwer, nein, danke, nichts zu essen … Schlaf.

Auf dem Ritt nach Troumouse hatte sich das Pferd öfter mit einem seltsamen Blick nach seinem Reiter umgesehn, aber ich hatte nicht darauf geachtet. Ich saß oben wie ein Stück Butter auf einer heißen Kartoffel und träumte vor mich hin. Ich dachte an allerhand, auch an einen meiner Freunde, der gar nicht wußte, daß er da hinter der Grenze im spanischen Gebirge lag und eigentlich eine Stadt war: Roda hieß sie. An ihn dachte ich, den ein Militärpferd zum Dichter geschlagen, aber weil er nur ›humoristische Kleinigkeiten‹ schreibt, darf man das nicht so sagen. Hopla – da stolperte das Pferd … Paß doch auf! Wieder sah sich das Tier um.

Und als wir zu Hause ankamen, in Gèdre, und ich grade abgestiegen war und neben dem Sattel stand und meine Beine zählte, die leblosen Klumpen –: da wandte das Pferd noch einmal den Kopf, sah mir mit großen, feuchten Augen genau auf die Nase und sprach mit einer tiefen, deutlichen Stimme:

»Ich habe ja schon viele Leute auf meinem Rücken getragen – aber eine so schweinemäßige Reiterei ist mir denn doch nicht vorgekommen –!«

Sprachs, gab ein Geräusch von sich und wandelte schwanzschlagend in den Stall.

Pic du Midi

Wenn man von Barèges lange genug auf gewundenen Wegen hinaufgeklettert ist, kommt man an die Hotellerie, die sechshundert Meter unter dem Gipfel liegt – also zweitausendzweihundert. Noch sechshundert Meter …

Der Gipfel steht vor mir – hoch oben blinkt ein Märchenschloß mit der weißen Kuppel einer Moschee. Das ist das Observatorium. Das kleine Zauberhaus grüßt herunter – es ist auf einmal noch so weit bis dahin …

Unterhalb der großen Hütte liegt ein See, und noch einer. ›Gebirgsseen, das Auge Gottes‹. Diese da strahlen dunkelgrün zwischen den Steinen. Es ist kalt.

Wird die Aussicht oben gut sein –? Taine hatte es seinerzeit nicht gut getroffen, und er legt einem fingierten Reisekameraden folgende Notiz ins Tagebuch:

»Abmarsch vier Uhr morgens im dichten Nebel. Beginn der steilen Böschung; langsamer Aufstieg im Gänsemarsch. Erste Stunde: Rückenansicht meines Führers sowie eines Pferdehinterteils. Der Führer hat eine Jacke aus flaschengrünem Samt, rechts und links ist der Stoff etwas ausgebessert, das Pferd ist schmutzigbraun und hat Striemen. Große Steine auf dem Weg, ich muß an die deutsche Philosophie denken. Zweite Stunde: Es klärt sich auf, jetzt kann ich das linke Auge des Führerpferdes sehn. Das Tier ist auf diesem Auge blind – es verliert aber nichts. Dritte Stunde: Die Aussicht wird immer weiter. Ich sehe jetzt zwei Pferderücken und zwei Jacken von Touristen, die fünfzehn Schritt unter uns sind. Graue Jacken, rote Gürtel, Mützen. Sie fluchen. Ich fluche auch, das tröstet etwas. Vierte Stunde: Große Begeisterung. Der Führer verspricht uns, wenn wir oben angekommen sind, ein Wolkenmeer. Wir sind oben, wir sehen das Wolkenmeer. Leider sind wir grade mittendrin. Die Sache sieht aus wie ein Dampfbad – vom Dampfbad aus gesehn. Bilanz: Schnupfen, Reißen in den Füßen, Hexenschuß, Frost, wie wenn man acht Stunden in einem ungeheizten Wartezimmer gesessen hätte.« – »Kommt das oft vor?« fragt Taine seine Figur. »Von drei Malen zwei«, sagt die. »Die Führer geben das große Ehrenwort: es kommt überhaupt nicht vor.«

Und während ich noch in der Hotellerie frühstücke, die sauber ist und schön kalt, bezieht sich der Gipfel mit weißen Wolken, die vom Tal aus hinauffegen, ganz gewiß, jetzt wird er eine Mütze bekommen – und ich bin … »je suis chocolat« sagen die in Paris. Mit einem halben gebratenen Fisch und etwas Heu im Hals reiten wir nach oben: der Esel und ich. Nach einem kleinen Stündlein sind wir oben.

Sie haben neun Jahre daran gebaut, und im Jahre 1882 war es fertig. Nun ist ein Observatorium da, mit einer Kuppel und einem großen Fernrohr, und ich lege zur größten Heiterkeit des Astronomen einen schönen Kindermund hin, als ich frage, ob hier geheizt ist. Ich weiß nicht einmal, daß die Luke, durch die das Fernrohr in den Himmel schießt, immer offen sein muß! Siehst du. Sie haben für den Wetterdienst viele gebildete Apparate, und ein Wohnhaus und Zimmer und Küchen, und alles ist durch einen gedeckten Gang verbunden, so daß sie im Winter nicht hinauszugehen brauchen. Meist können sie das auch gar nicht, das Haus schneit ein. Sie sind vier im Winter, die oben bleiben, oft für Wochen unerreichbar, und Lebensmittel haben sie immer für ein halbes Jahr voraus. Herr Daupère macht schon fünfunddreißig Jahre Dienst; im Tal, auf Urlaub, fehlt ihm etwas, und er langweilt sich. Der jetzige Direktor heißt Herr Latreille; und eine Hilfe haben sie auch, einen kräftigen, hübschen jungen Menschen. Von hier kann man nach Bagnères telefonieren und telegrafieren, und sie sind grade dabei, eine Funkstation aufzumontieren. Der grau lackierte große Apparat steht schon da. Wie mag man das alles nach oben geschafft haben? Mein Führer erzählt, er habe als junger Mensch beim Bau geholfen, es sei eine bittere Sache gewesen.

Und nun sehe ich mich um.

Man sieht: in der Ebene, nach Toulouse hin, ein Wattemeer von

Wolken – unten ist also jetzt schlechtes Wetter, und die Leute sagen: »Wenn doch nur die Sonne einmal scheinen wollte!« Hier scheint sie. Ab und zu ziehen graue Schwaden über die Kuppe, dann steht man im Nebel. Die Pyrenäen sind wie mit einem Messer in den blauen Himmel geschnitten, so klar stehen sie da. Ich grüße alte Bekannte: Gavarnie und die Rolandbresche und viele andre. Manche tun furchtbar fein und erkennen mich nicht wieder.

Arbeiter graben auf der Plattform, legen Leitungen und haben alles voller Planken und Erdhaufen vollgepackt, man glaubt, in einer Großstadtstraße zu sein. Ein Hühnervolk scharrt und kakelt: einmal stehen sie alle, von der Sonne beschienen, grade am Abhang vor einer blitzenden Wolkenlandschaft, die einen schönen Hintergrund für ihre Leiber abgibt. Der Hahn weiß, daß ihm Wolke gut steht, und benimmt sich entsprechend.

Sie sollen bald eine Zahnradbahn bekommen, hier oben – der Ingenieur ist mit mir zusammen hinaufgeritten und mißt die Felsen ab. Und weil man oben nicht übernachten kann, steige ich wieder zur Hotellerie hinunter, den morgigen Sonnenaufgang abzuwarten.

Es wird kalt und kälter, das große Feuer in der Küche, in der alle zusammensitzen und viel esssen, wärmt und leuchtet dunkelrot. In der Stube, wo ich unter zahllosen Decken eingepackt liege, ist es bitterkalt. Fast die ganze Nacht hindurch machen die Führer und die Leute, die mit Pferden und Traglasten heraufgekommen sind, musikalischen Lärm, unter gütiger Mitwirkung einer Ziehharmonika. Sie singen gewiß alte baskische Lieder, die im Herzen des Volkes … Gute Nacht! Sie singen alle, immer, in den kleinsten Löchern der Pyrenäen, ohne Ausnahme, auf allen Bahnhöfen, auf den unglaublichsten Örtern, vom Atlantischen Ozean bis zum Mittelländischen Meer, das ›*Valencia*‹ von gestern: den Java der Mistinguett.

»On fait un' petit' belote
Et puis ça va –
On belote, on rebelote
À tour de bras –«

Es ist die Pest. Sie pfeifen, summen, trommeln es … überall. Aus dem Java ist einfach ein Ländler geworden, ein gemütlicher alter Walzer, das erklärt wohl seine Popularität. Alte Baskenlieder? Weniger.

Ich stehe dreimal auf: um halb vier, um vier und um halb fünf. Die Sonne wird Verspätung haben. Kein Wunder – hier müßte mal Ordnung in die Bude jebracht werden! Aber dann scheint es doch etwas zu werden mit der Sonne.

Noch haben die Felsen keine Farbe – der Gipfel ist verhüllt, ich brauche also nicht in die Wolken zu steigen, da wäre gar nichts. Hier unten sehe ich den kaltdunkeln Horizont, und dann seine Kolorierung, und dann färbt sich der See und ein Stück grasbewachsener Felsen, nun schwimmt da hinten die Luft in rosigem Grau …

»Und alles wartet
wie mit niedergeschlagenen Augen
auf den Tag.«

Die schönen Zeilen Werfels durchfliegen mich … Nicht wahr, das dürfen sie doch, von Werfel; wie? Schade, daß sie gar nicht von ihm sind. Ihr Verfasser war ein kleiner, dicker, ehemaliger Offizier, ich darf den Namen gar nicht sagen – dann ist es mit meiner literarischen Reputation vorbei. Es wird heller … Gold blitzt auf. Nun kommt der Wirt des Hauses und teilt mir mit, daß es heute kalt sei, daß die Sonne gleich aufgehen werde, daß man sie schon sehen könne und daß wir einen schönen Tag bekommen würden, freilich mit etwas Regen und Windstößen … Ich beneide die Esel, die sich im Geröll Gras suchen, und die man kauen hört.

Jetzt ist die Sonne da. Es ist eine ganz gewöhnliche Sonne, wie alle Tage, niemand kann einsehen, warum man solange auf sie gewartet hat. Sie scheint ihrs, wärmt nicht … Der Wirt schlägt mir die letzten Goldplomben heraus, nimmt mir die Uhr fort und entläßt mich mit einem fröhlichen: Glück auf!

Hinter der untersten Wegbiegung verschwindet oben das Zauberhaus mit der weißen Kuppel einer Moschee.

Über Naturauffassung

Ein Mann aus den Pyrenäen sagt zu einem Freund: »Sehen Sie – hier hat sich alles verändert! Die Sache ist ruiniert, es ist aus! Seit man vor zweiundvierzig Jahren die großen Landstraßen ins Gebirge gelegt hat …« Der Satz, im Jahre 1788 gesprochen, ist alt wie die Welt. Der Mann beklagte, was Henri Béraldi in seinem Werk ›*Hundert Jahre in den Pyrenäen*‹ »La vulgarisation« nennt – und dies Lamento reißt nicht ab. Seit den Eisenbahnen … seit der Erfindung des Autos … jede Generation glaubt, nun sei es mit der Gemütlichkeit und mit der Naturbewunderung ein für allemal vorbei.

Das macht, sie fühlen den endlosen Wechsel, in dem die jungen Leute die Natur anders sehen als ihre Väter, und die tun nun so, als verständen die Jungen von der Welt überhaupt nichts mehr. »Da bin ich seinerzeit gewesen, als es noch keine Zahnradbahn gab …« Na und? Dann hast du eben einen andern Eindruck gehabt als wir – nicht immer einen bessern.

Man kann wohl nicht aus seiner Zeit heraushüpfen, und so sind denn die Menschen meisthin felsenfest davon überzeugt, daß man die Natur immer so angesehen habe, wie sie es tun, daß man sie auch gar nicht anders ansehen könne und daß der ein verstockter Tropf und Modegeck sei, der es auf eine andere Art versuche. Die Erde hält gutwillig still, wenn die Reisenden über sie dahinklettern, und es ist ihr gleichgültig, wie man sie anschaut. Schilderungen sind auch für den Schilderer charakteristisch.

Wie lange ist es her, daß den Menschen die Augen für die Schönheit des Meeres aufgegangen sind? Wie lange werden sie das Meer noch so ansingen?

Die Liebe zu den Bergen jedenfalls ist noch gar nicht alt.

Die Griechen waren Leute, die die Ebene brauchten und das Gebirge mieden – eine ästhetische Wertschätzung der Berge findet sich bei ihnen nicht. Die Lateiner liebten das Gebirge kaum – aber sie besiegten es, weil sie es besiegen mußten. Das junge Christentum hat seine Einsiedler in die Berge geschickt, und die Berge, das war: Einsamkeit, Stille, etwas Negatives. Schüchtern näherte sich der Pilger der wundertätigen Quelle im Gebirge – die Berge ringsherum waren ihm nicht freundlich gesinnt, sie drohten. Er betete gegen sie.

In der Renaissance wurde das Gebirge entdeckt: die Schweizer, berggewohnt, im Gebirge geboren, erzogen, gealtert, begannen die seltsame Mär in die Welt zu setzen, daß Berge schön seien. Conrad Gesner (nicht Salomon, der Idylliker), stand erst ganz allein auf den Bergkuppen und rief die andern herbei, die wohl oft ein Gebirge durchquert, es aber niemals so angesehen hatten, wie man eine Statue ansieht. Das sechzehnte Jahrhundert rühmte die hohen Berge, und liebte sie, zum mindesten platonisch. Das siebzehnte liebte sie durchaus nicht. Der sauber gezirkelte Naturgeschmack, der die Natur rational zu überwinden trachtete, der Bäume in Formen preßte und den Erdboden in ein künstliches System, jener Geschmack, der allem Wilden abhold war, verachtete das Gebirge. »Das ist etwas für Bergbewohner!« war eine Beleidigung. Die Berge störten das geregelte Landschaftsbild der Ebene, die man so schön aufteilen konnte; über die Höhen und Felsen fiel die Literatur fast einstimmig her. Die reichen Leute ließen sich ihre Schlösser da anlegen, wo die Mode die schönsten Plätze fixierte: also in der Ebene, im langweiligsten Plattland, nur nicht im Gebirge. Aus dem Garten konnte man ›etwas machen‹, die Berge ließen sich das nicht gefallen. Und es war doch der Mensch, der die Natur zu beherrschen hatte! ›*Von der gesunden Luft zu Rostock*‹ heißt eine Dissertation, die noch aus diesen Anschauungen heraus im Jahre 1705 gedruckt worden ist, und es war durchaus kein Konkurrenzneid, wenn es dort von der Gebirgsluft in der Schweiz und in Tirol hieß, sie mache die Menschen schwachsinnig. Die Berge … das war eine grobe Sache, pfui! Sie fügten sich in kein ästhetisches System ein, unübersichtlich und frech lagen sie da, roh, unbehauen – da war keine

Klarheit und keine Vernunft. Das Achtzehnte machte alles wieder gut.

Seitdem sind viele Theorien des Schönen über das Gebirge gegangen; hier sind schon so viele Melodien gesungen worden, aber die Bewunderung war doch immer der Unterton. Das Romantische, das Malerische, das Sentimentale, das Heroische, das Idyllische – so viel Bilder, so viel Hymnen, so viel Beschreibungen, so viel Verzückte.

Und nun stellt sich vor diese Dekoration, deren Soffitten man so oft ausgewechselt hat, ein Kerl mit einem kräftigen Stock, mit benagelten Stiefeln, mit wolligem Sweater und treibt Sport! und das ist etwas ganz Neues. Mühen um ihrer selbst willen zu unternehmen; hinaufzuklettern, nicht um oben ein Liedchen zu singen, sondern nur und lediglich, um zu klettern; Kampf, Niederlage, Wiederanstrengung und Sieg –: das ist das neunzehnte Jahrhundert. Die Zeit der Ideen scheint für die Wandrer bis auf weiteres vorüber – es ist die Zeit der Tat.

Weil aber trotzdem der Wandervogel gern im Rucksack den gesamten Kosmos mit sich trägt, ist es vielleicht nicht unbescheiden, daran zu erinnern, daß auch der Wandrer nicht verpflichtet ist, so und nicht anders zu fühlen, wenn er eine sanfte, von der Sonne beschienene Böschung sieht. Da ist vor allem jener fatale Gegensatz von Automann und Fußwandrer. Einer lacht den andern aus, und sie sagen sich gegenseitig nach, daß man *so* natürlich nichts von einem Lande habe. Ich glaube: beide haben unrecht. Es ist da etwas wie eine Breite der Bewegung in die Reisen gekommen, und das geht auf Kosten der alten Intensität – schafft aber ein völlig neues Lebensgefühl. Ich habe das einmal vor Bourg-Madame, an der spanischen Grenze, zu spüren bekommen: das eine Mal polterte ein Überlandauto mit mir die große Straße herunter, und das zweite Mal bin ich gegangen. Es war jedesmal eine andere Allee.

Die grünen Blätter, die einem entgegengeweht kommen; streifende Zweige; das unermüdliche Brummen des Wagens; der Takt des Motors; der Blick, der schon aus Langerweile weit in die Landschaft hineinsieht und den Horizont absucht; Felder, die sich fächerartig vorbeidrehen, keine Einzelheiten, viel, wenn möglich alles –: das ist das eine. Die Erde unter den Füßen fühlen; ein Steinchen mit der Fußspitze beiseite schleudern; ein Blatt im Gehen abreißen; stehenbleiben und sehen, was denn da im Bach herumkreiselt; aus dem Bach trinken; an die Häuser herangehen und sie mit den Händen befassen, kennst du diesen Stein? nicht so sehr die Weite kontrollieren als genau die kleine Umwelt –: das ist das andere. Müßt ihr immer Vereine bilden –?

Natürlich sieht der Fußwandrer quantitativ weniger. »Die Landschaft im Auto – das ist das, was man sieht, wenn man den Wagen aus dringlichen Gründen halten läßt.« Nun, dies Wort wäre auch sehr hübsch, wenns wahr wäre. Da haben sie einmal einen berliner Generaldirektor vom Film fotografiert, durch zwei Büsche hindurch, grade, als er das Auto aus diesen Gründen hatte halten lassen. Ich habe das Bildchen gesehen, und es ist eines der schönsten menschlichen Dokumente, das sich denken läßt. Endlich, endlich einmal die Fotografie eines, der mit sich allein ist! Die Ansicht ist durchaus dezent, das war Zufall, der Generaldirektor saß im Grünen wie ein Osterhase und machte so ein Gesicht ... »Ich freue mich, daß ich hier sitze, und übrigens ist es ein gedeihliches Werk.« Dies nebenbei.

Die Poesie des Wanderns ...! Vielleicht kommt es eines Tages dazu, daß die nachtdunkeln Felder, Wälder, Berge und Täler von Zentralflammen beleuchtet sind, daß man sich in ihnen bewegt wie auf dem Broadway und daß kein Mensch mehr auf den Gedanken verfällt, darin zu wandern – so wie man ja auch in einer großen Stadt und auf den Chausseen nicht gern marschiert. Wozu auch? Die Fahrt ist nicht nur bequemer, sondern gibt erst den wahren Reiz der künstlichen Landschaft.

Was nun die schwellenden Schilderungen der Sonnenuntergänge betrifft, der Wassersturzbäche und des Felsengerölls, so habe ich immer das Empfinden, als langweilte man sich dabei rechtens zu Tode. Ich wenigstens überschlage solche Absätze in einem Buch stets, und es muß wohl schon ein sehr großer Stilist sein, wie etwa Stifter, der eine Landschaft nicht abmalt, sondern neu schafft. Heute, aus unserer Autozeit heraus ... Drei Viertel aller Naturbeschreibungen sind auf Vergleichen aufgebaut, und ich habe es wirklich satt, zu hören, daß die Mondscheibe wie eine ... und der feine Sprühregen wie ein ... anzusehen war. Vergleiche sind meistens Ausflüchte, und für den, der nicht dabei war, sagt das Ganze sowieso nicht viel. Dazu kommt noch ein andres.

Welcher Reisende hat denn den Mut, zu sagen, was ja so oft die Wahrheit ist:

daß die Landschaft *leer* war, leer wie eine aufgemalte einfarbige Fläche –!

Man sagte ihm Empfindungslosigkeit nach, befürchtete er – Stumpfheit, Mangel an Poesie, an Gefühl, an Frömmigkeit, was weiß ich. Aber es war doch so.

Sieht man von Spezialanschauungen ab: von dem geübten Blick eines Skifahrers, der keine Natur, sondern Gelände sieht, vom harten Auge des Bauern, der keine Natur, sondern Nutzland sieht, vom MG-Schützen, der keine Natur, sondern Schußfeld sieht – es ist ja in den allermeisten Fällen nicht wahr, daß der Reisende, frisch aus der Eisenbahn, mehr zustande bringt als eine Dreiminutenverzückung, die etwa auf demselben Niveau liegt wie die bunten Glasscheiben, die man auf altmodischen Aussichtstürmen antrifft und die dem Abgestumpften die Natur wenigstens einigermaßen erträglich machen sollen. »Die Natur ist niemals leer.« Sie haben noch eine Linse im Bart, Herr. Wer dreißig Jahre Asphalt tritt, wer in Steinmauern aufwächst und fast das ganze Jahr nichts andres sieht, für wen es keine Dämmerung gibt, sondern nur dunkel wird, wer nicht angeben kann, was am vorigen Montag für Wetter war – für den ist die Natur nicht leicht zu erobern. Wenn er sich nichts vormacht, bedeutet sie: gute Luft, Ruhe, Ausspannung, keine Stadt. Lade das große Publikum, und besonders seine Beauftragten, die Literaturlieferanten, um zwei Uhr aus dem Auto –: und um drei Viertel drei hast du einen Hymnus auf den Busen der Natur, daß dir angst und bange wird. Wir wollen ehrlich sein –: wir haben uns schon oft im Freien gelangweilt.

Und daher kann ich auch nicht solche Beschreibungen von den Pyrenäen geben, in denen es nur so braust von ungewöhnlichen Adjektiven – denn ich habe das nicht empfunden. Die Höhepunkte lagen auf dieser Reise, wie bei allen Menschen, die unter denselben Lebensbedingungen aufgewachsen sind wie ich, sehr oft in kleinen Nebenumständen, im Wohlbefinden an einem sonnenbeglänzten Nachmittag, in dem Geschrei von Gänsen, das sich anhörte, wie wenn sie sich selbst ironisch nachahmten; in dem Drum und Dran von ländlicher Arbeit, die ich nicht mitzutun gezwungen war, deren Anblick mir also für die erste Zeit Vergnügen bereitete; in der Freude, in den Bergen zu sein, wo keine Elektrischen fahren, keine Zeitungsausrufer brüllen, keine Schutzleute stehen. Und manchmal ... drei-, vier-, fünfmal –: mehr.

Sind die Amerikaner nicht ehrlicher –? Ihre Stumpfheit, die mich genau so reizt wie jeden andern Europäer ... Aber sie heucheln wenigstens keine innere Anteilnahme. Sie stören ein bißchen, genau wie manche Engländerinnen, die wie ein albernes Reklameschild die Landschaft verschandeln. Vor hundert Jahren hat sich George Sand über sie gegiftet und gefragt: »Wozu reisen diese Leute eigentlich –?« Das ist ihre Sache.

Es gibt keine richtige Art, die Natur zu sehen. Es gibt hundert. Es gibt für einen Menschen nicht nur eine richtige Art, zu reisen; es gibt einige, die grade ihm adäquater sind als andere. Das ist alles.

Wind, der ins Gesicht schlägt, Rausch der Schnelligkeit, die Hupe, die die Straße zerteilt, durch einen Wagenpark hindurchschießen – auch dies ist Reisen.

Auf einem Esel sitzen, Stufe vor Stufe einen Berg heraufwakkeln, das nasse Fell des Tieres mitleidsvoll von oben ansehn, aber nicht absteigen, Blumen am Wege betrachten und zwei Ohren, die sich ab und zu hochstellen und nach hinten legen, wenn etwas Außergewöhnliches herankommt, langsam die Gegend passieren, ohne sich anzustrengen –: auch dies ist Reisen.

Wandern, sich abmühen, klettern, rutschen, klimmen, herausholen, was in einem Körper drin steckt –: auch dies ist Reisen.

»Jeder versteht nur seine eigene Poesie.« Jede Zeit versteht nur ihre eigene Naturauffassung. Der ist reich, der viele hat.

Von Barèges bis Arreau

Es rieselte vom Himmel herunter, und die Esel, der Führer und ich, dies ist keine Apposition, waren schon naß, als wir aus dem Dorf herauskamen. Eine halbe Stunde Chaussee, dann ein Maultierpfad rechts. Das war bitter.

Es bedeutete schon eine böse Anstrengung, da hinaufzureiten, und was die Esel ausgestanden haben, weiß allein der Herrgott, Abteilung für Pyrenäenesel. Auf der Karte stand eine Seenplatte verzeichnet, auf den Bergen stand der dicke Nebel. Manchmal wehte ihn ein Windstoß fort, dann sah man wie eine Halluzination einen Gebirgssee, der freundlich dalag und nach vier Minuten wieder verschwunden war. Der Nebel rauchte davon, und nun sah es aus wie eine verfluchte Gegend – ›chaos‹ nennen sie das hier; Geröll, Steine, Felsen, Klippen, durch die sich die Esel mühsam durchmanövrierten. Sie rochen den Weg – wir andern konnten ihn auch sehen; hier und da standen kleine Steinchen auf den Felsen aufgetürmt, und manchmal hatten die Felsblöcke rote Ölstriche. Ein kleiner See nach dem andern kam an, schwarze und grüne und metallgraue, der Wind strich drüber hin, und die Oberfläche rauhte sich auf. Nun ging es aufwärts, zum Paß hinauf.

›Lacets‹ heißt auf deutsch für glückliche Menschen ›Schnürsenkel‹, aber für mich hieß es während zweier Monate ›Serpentinen‹ – und wenn man ihrer dreißig hinauf- und hinuntergemacht ist, dann kann man das Wort deklinieren. Die letzten waren die bösesten – wir stiegen ab, die Esel gingen leer hinauf, geduldig und sicher; mir holperten die Steine unter den Füßen weg, und das fiel mir auf. Der Weg war stellenweise nicht da, Steine waren darüber hinweggeströmt, und unten lag ein tiefer Kessel. In diesem schrecklichen Augenblick erinnerte ich mich eines Rezepts meiner guten Großmama, die bis in ihr achtzigstes Lebensjahr eine rüstige Bergsteigerin gewesen ist: kurz einmal kräftig in der Nase bohren. Ich tat es und dankte der alten Frau in kurzem

Stoßgebet. (Kein Wort wahr, aber das ist in den alten Büchern so.) Und ich fluchte mich die letzten fünfzig Meter hinauf und gelobte, wenn ich erst einmal oben sein sollte, dem Führer aber ordentlich Bescheid zu stoßen und seinen Eseln auch.

Oben saß der Führer auf der Erde und aß Käse, die Esel weideten im Gras, und ich vergaß alle drei: vor mir lag eine Landkarte mit blauen Seen, Wolken in den Tälern, in wunderschöner Klarheit. Hinunter.

Wir kamen an einen schiefergrauen See, wo lag der? In den Pyrenäen –? Aber das war Ostpreußen, das war östliches Deutschland, die Ufer mit kargen Kiefern besetzt, sandige Ränder, gedämpfte Farben – und ich dachte an Kurland, das schönste Land der Welt, den Prospekt des lieben Gottes, als der Deutschland erschaffen wollte. (Es ist nachher nicht ganz so schön geworden wie die Musterreklame.) Von dem See mochte ich gar nicht wieder fort – es war so still hier, ich schickte den Führer mit der Kavallerie voraus; ich kroch am Ufer umher, ließ Hölzchen im Wasser schwimmen und atmete eine Luft, die mir gar nicht französisch schien. Dann machte ich mich wieder beritten.

Was haben eigentlich Esel immer auf der Straße zu riechen –? Meiner zum Beispiel fand oft Kuhfladen, die ließ er liegen. Aber wenn er an Pferdeäpfel von Eseln kam, stand er still, beroch die Sache ausführlich … dann hob er den Kopf in die Luft und lachte. Wahrscheinlich erinnerte ihn der braune Klacks an einen guten Bekannten, der ihm irgend einen guten Witz erzählt haben mochte. Er war nicht vorwärtszubringen, er stand da und lachte. Da beugte auch ich mich hinunter und sah das Ding genau an und lachte gar nicht. So verschieden ist es manchmal im menschlichen Leben.

Allein

Wenn das Stubenmädchen Wasser und Handtücher gebracht hat, sagt es: »Brauchen Sie noch etwas?« Das ist eine rhetorische Frage, und dann zieht es die Tür hinter sich zu. Nun bin ich allein.

In einem fremden Hotelzimmer öffnet man das Fenster und macht es wieder zu und geht hin und her. Die Bilder an den Wänden sind töricht, natürlich. Wenn man sich gewaschen hat, kann man pfeifen. Dann lege ich den Kopf an die Scheiben und mache ein dummes Gesicht. Die Nägel könnte ich mir auch mal schneiden.

Was tue ich eigentlich hier –?

Jetzt wäre schön, bei Gauclair in Paris mit einer runden, bequemen Dame zu sitzen, mit einer, die weder Hemmungen noch Probleme geliefert haben will, sie sagt: »Iß nicht so schnell – mein Gott, ich nehms dir doch nicht weg –!« Ja, Paris.

Die Pyrenäen gehn mich überhaupt nichts an. Da treibe ich mich nun schon seit zwei Monaten umher, laufe und fahre von einem Ort in den andern, wozu, was soll das. Für morgen steht im Notizbuch eine besonders schwierige und mühselige Sache, und zwei ältere Bücher darüber muß ich auch noch lesen, vielleicht hat sie die Bibliothèque Nationale ... das ist ja alles lächerlich. Wie kalt die Fensterscheibe ist –

Jetzt schnurren die Gedanken in affenhafter Geschwindigkeit, die kleinlichsten Geschichten kommen wieder angetrabt, kein blutiger Schatten – viel schlimmer: Dummheiten. Herein! Es hat wohl nur einer an die Wand geklopft. Was sind das für –

Alles kommt wieder. Es plagen und zwicken mich die verpaßten Gelegenheiten, die Antworten, die ich nicht gegeben habe, die kleinen Demütigungen, eingesteckt und bitter heruntergeschluckt, aber ein Nachgeschmack bleibt. Da stehe ich nun im Hotelzimmer und sage mir alles vor, was ich einstmals hätte sagen sollen, aber versäumt habe, zu sagen – aus Torheit, aus Mangel an Geistesgegenwart, aus Furcht … Jetzt hole ich es alles nach. Ich sage:

»Achttausend Mark, zahlbar am ersten Januar. Etwas andres kommt gar nicht in Frage.« – Ich sage: »Unmöglich? Tun Sie nur erst Ihr Mögliches, Herr – das Weitere wird sich finden!« – Ich sage: »Deinen Ring, Lisa.« – Ich sage: »Hier liegt wohl ein Mißverständnis vor, ich habe Sie um eine sachliche Angabe, nicht um private Meinungsäußerungen gebeten.« Da war ein Brief … den habe ich nicht geschrieben, ich schreibe ihn jetzt. Ich gebe es allen ordentlich – sie fragen so recht dummdreist, und meine Antwort kommt wie aus der Pistole geschossen.

Wie dunkel es ist und wie kalt. Sie könnten hier wirklich heizen, das schadete gar nichts. Aber dieser Repräsentationskamin da … pah! Ich mag morgen gar nicht aufstehen. Soll ich krank werden? Ich werde einfach sagen: ich bin krank. Dem Führer mit seinen Pferden wird das übrigens gleich sein, denn er ist bestellt, und ich muß ihn bezahlen. Und hier im Hotel macht das Kranksein auch keinen rechten Spaß. Aber ich gehe ganz früh zu Bett, das sage ich dir. Wem …? Das sage ich dir.

Wenn sie guten Rotwein haben, werde ich mir fürchterlich einen ansaufen. Vielleicht gibt es Vieux Marc, aber nicht in diesen kleinen Gläsern.

Jetzt ist es blaudunkel.

Wenn jetzt einer hereinkäme und mich fragte: »Sagen Sie mal, was machen Sie eigentlich hier –?« ich müßte antworten:

»Ich vertreibe mir so mein Leben.«

Die Republik Andorra

Sie waren vier Schwestern: Andorra, Liechtenstein, San Marino und Monaco – und wir durften sie beim Roten in der Geographiestunde rasch aufsagen: Andorra, Liechtenstein … und die Hauptstädte – und aus. Inzwischen hat sich die Familie bedeutend vermehrt, denn was wir da alles an kleinen Staaten in Europa dazubekommen haben, tut diesen vieren keinen Abbruch, sondern macht sie zu ganz respektabeln Anwesen.

Die Andorraner sind 5200 Menschen, also ein paar Straßen voll. Aber die Täler, die sie bewohnen, sind nun einmal seit Jahrhunderten eine Republik, eine selbständige Sache – zuletzt wurde das im Jahre 1806 geregelt, und Spanien und Frankreich bekommen noch heute das Überbleibsel eines Tributs: an den Präfekten der Ostpyrenäen gehen 900 Francs im Jahr, an den Bischof von Urgel 450 Pesetas. Im übrigen läßt man die Andorraner in Ruhe.

In Bourg-Madame ging ich über die Grenze – zunächst nach Spanien. Eine hellgelbe Baumallee durchfuhren wir, der Herbst setzte ein, und die Blätter schrien im Licht. In Puigcerda standen die Bauern auf dem Markt, von wegen Sonntag; ein altes Überlandauto nahm mich auf, ein Kasten, der kurz vor Erfindung des Automobils in Gebrauch genommen worden war. Es war aber erstaunlich, wo diese Arche fahren konnte! Mit einem Pferdewagen wäre es auf den spanischen Landstraßen schon nicht sehr heiter gewesen, aber nun –! Das riesige Boot schwankte und taumelte von einer Seite auf die andre, der Hund, der auf dem Verdeck angebunden war, machte sich vor Angst in die Hosen, und daher regnete es – und die Fahrt nahm nie ein Ende. Aber sie war schön. Wir fuhren, dreiunddreißig Bauern und Bauersfrauen, neunundneunzig Bündel, Stücke, Körbe, Koffer, Kisten, Käfige … wir fuhren in eine weite Ebene, die großen, weißen Wolken standen da oben unbeweglich, und ich war so froh, einmal aus dem Gebirge hinausgekommen zu sein und nach Monaten endlich wieder die flache Erde zu sehn. Wir passierten zweihundert Gendarmen und dreihundert Pfaffen. Hier und da sah man auch Menschen.

In Seo de Urgel, dem Bischofssitz, war umzusteigen. Ein riesiges Bischofshaus stand da, es sah aus wie eine Kaserne, und das war es ja wohl auch. Und dann blätterte noch einmal ein spanischer Gendarm in meinem Paß, kratzte sich hinterm Ohr, holte sich eine Fibel, lernte rasch die großen Buchstaben ... und dann war ich in Andorra.

Die Täler sahen aus wie alle Pyrenäentäler dieser Gegend – aber als wir nach Andorra-la-Vella kamen, der Hauptstadt, da sah ich den Unterschied. Die Hauptstadt hat fünfhundert Einwohner, und diese Belegschaft eines berliner Ackerstraßenhauses verteilt sich in graubraunen, primitiv gebauten Häusern, die Feldsteine sind nicht übertüncht, sondern liegen nackt. Die Ritzen sind mit Erde verstopft.

Es war später Nachmittag. Ich klapperte durch die grob gepflasterten Straßen, und was nie in Frankreich geschehen war, geschah hier: Kinder bettelten mich an. Bitten, ausgestreckte Hände – und ein paar ganz kleine Steinchen. Das Hotel war ein altes Haus wie die andern auch, der Wirt sprach Katalanisch, wie alle Leute in Andorra, aber wir kamen einigermaßen zurecht miteinander. Ich wollte ›das Haus‹ sehen. ›Das Haus‹ – als ob es nur dies eine gäbe; Casa de la Val ist das Regierungsgebäude.

Es war grade keiner drin. Es erschien ein riesiger Schlüssel mit einem Mann hinten dran, beide schlossen auf. Außen war ein bißchen Latein an der Tür, innen war ein Schulraum mit alten Fresken und nackten Bänken und einem Lehrertischchen. Daneben das Beratungszimmer des Rats. Es sind vierundzwanzig Männer, die das Land verwalten, vier aus jeder der sechs Gemeinden: Canillo, Odeillo, La Masana, Encamps, Andorra, San Julia de Loria. Dieser Rat wird alle zwei Jahre zur Hälfte erneuert; das ist seit Jahrhunderten so. Zwei Vögte führen die Verwaltungsgeschäfte, einer ist von den Franzosen, der andre von den Spaniern ernannt. Sie sind Chefs der Landesmiliz. Es gibt aber keine.

Neben dem Beratungszimmer lagen der Eßsaal und eine kleine Kapelle. Ich wußte, was sich in dieser Kapelle befinden mußte, und ich suchte es mit den Augen. Eine alte Kopierpresse lag in der Ecke, das konnte es nicht sein, ich getraute mich nicht recht, zu fragen … Da hob der Schlüsselmann die Presse in die Höhe und sagte, das wäre es: la garotte – die Schraube, mit der man Leute erwürgen kann, wenn man will. Der Schlüsselmann sagte, er hätte das noch in seiner Jugend mitangesehn.

Und er zeigte mir die Amtskleidung der Räte, die Galaröcke der Vögte, ihre Dreispitze – alles zeigte er mir. Trutz'ge Bauern, die da ihre stolze Unabhängigkeit bis auf den heutigen Tag bewahrt haben. Aber auf der Pappschachtel, in der die guten Staatshüte lagen, stand: ›Columbia U.S.A.‹ Ich sah ein, daß ich dem deutschen Ideal ganz nahe war: Mittelalter G.m.b.H. Trotz aller Sprüche der Andorraner: ›Toca hi so goses‹ heißt einer etwa: ›Fire, but don't hurt the flag!‹ – es sind doch keine Ritter mehr. Ritter bezogen nur ganz selten ihre Hüte aus Amerika. Und dann ging ich wieder auf die Gasse.

Die war mittlerweile dunkel geworden, und ich schlich mich auf den kleinen Marktplatz, der sonderbar und finster dalag. An der Kirche vorbei … Das Pfarrhaus lag am Marktplatz, und eines der Häuser war so wunderlich bemalt mit blassen Farben und Figuren … Die Traumstadt *›Perle‹* von Kubin gibt es nicht. Aber hier lag sie. Eine Katze huschte an meinen Füßen vorbei. Ich drehte mich um: durch die krummen Gassen schleifte die Cholera ihre Gewänder, ein Laken fegte um die Ecke … es wäre ein bißchen kalt, fand ich, nun könnte man wohl nach Hause gehen.

Es gab, mit einem süßen spanischen Wein, so viel zu essen, daß mir himmelangst wurde. Ein spanischer Handlungsreisender war auch da, und wir begannen eine merkwürdige Unterhaltung, die ihr Fundament in romanischen Wörtern eigener Prägung hatte … Es war nicht leicht. Am nächsten Morgen ritt ich ab.

Ich zog mit einem Führer die Nationalstraße Andorras entlang; sie ist einen Meter fünfundsiebzig breit und höckrig. Eine Fahrstraße durch das Land gibt es nicht. Die Staatspost ging mit uns und erzählte sich ellenlange Geschichten mit dem Eselstreiber; sie marschierten in gleichmäßigem Schritt, und dabei sprachen sie ununterbrochen. Ich verstand kein Wort – aber wenn sie ihre Feinde nachahmten, das verstand ich gleich. In ihrer Rede kam nach dem schreienden Diskant des Gegners der ruhige Männerton zur Geltung – das war dann der Berichterstatter selber, der gesprochen hatte, ein umsichtiger, vernünftiger Mann.

Wir kamen an Eskaldas vorbei, einem kleinen Flecken mit etwas feinern Häusern; ein schwacher Ansatz war zu bemerken, das Ding als Badeort auszugeben, aber sie schämten sich wohl selber ein bißchen und so blieb es bei einigen Aufschriften. La Mosquera erschien und Meritxell, da stieg ich ab. Ich wollte die Kirche sehen, zu der die Leute gewallfahrt kommen. Es war eine weißgetünchte kleine Bergkirche, mit hübschem gedecktem Gang draußen vor der Tür; drin stak alles voll Weihgeschenken und frisch gekauften Statuen. An einer versteckten Stelle schien die Sonne hindurch und warf ein hellgrünes Mondantlitz auf die gegenüberliegende Wand, das war offenbar ein himmlisches Gesicht. In Soldeu blieb ich sitzen.

Der Briefträger und der Eselstreiber aßen mit mir zusammen Mittag – um wieviel anständiger benehmen sich oft Romanen als manchmal andere Leute! Es waren doch Bauern, aber da war nichts Schmeichlerisches und nichts Rohes – es war ein Mittagessen unter drei Gleichberechtigten, und sie hatten gute Tischmanieren und aßen appetitlich. Nur mit dem Trinken war das nicht einfach; da gab es so eine Glasflasche mit einem dünnen Rohr, das man sich eine Spanne breit vom Gesicht weghielt, und dann ergoß sich ein dünner Strahl in den Mund. Bei mir auf den Fußboden. Nachmittags legte ich mich ins Gras.

»Jede Provinz, jeder Winkel auf der Erde gibt dem Vorüberkommenden, der keine Zeit hat, lange zu verweilen, etwas mit, was ich ein Stückchen Herz nennen möchte. Manchmal ist es ein Schritt Tanzender; ein paar Töne, vom Fels zurückgeworfen oder vom Wind getragen, ein Nichts ... irgend etwas ganz Simples ... ein Stein, das bemooste Kreuz an der Straße, ein verfallenes Grab … und alles spricht.« So stand in einem Reiseführer durch Andorra, und das ist richtig. Was war es denn –?

Ein heißer Tag und das herrliche Gefühl, in der roten Hitze eisig kaltes Wasser aus einem blitzenden Glas zu trinken, die Müdigkeit nach dem Ritt und dann die Ruhe im Gras. Eine Stute beschnupperte mich und ging langsam weiter; ein paar Schweine kamen und brachen mit großem Gegurgel einen Kohlgarten auf, daraus verjagte sie die Bauersfrau: »Hé, Hé! Porc! Porc!« Das bezogen die Schweine auf sich und liefen eilig davon; dann schlief ich ein. Als ich aufwachte, stand die Sonne schon tiefer, und drüben, auf der andern Seite des Tales, sang eine helle Männerstimme ewig dieselben sechs traurigen Töne: d, b, g; c, as, f – Die kleine Melodie verwob sich mit dem Grillenzirpen und dem leisen Wind zu einem weichen Netz …

Dann überkam mich unbändige Lachlust: ich mußte an das Buch von Isabelle Sandy denken: ›*Andorra oder Die Männer aus Erz*‹. So sah das Land grade aus. Das ist die Räubergeschichte von einer andorraner Familie, die wegen des Erbrechts, mit dem es ähnlich stand wie bei den Basken, viel Sorgen hatte. Der Vater wollte den Jüngern zum Erben, also zum Alleinerben machen, und der Ältere tötete und mordete wie ein Marder die ganze Konkurrenz, die ihm in den Weg kam. Da ging es zu –! Geballte Fäuste, geknirschte Zähne, mit Pulver gefüllte Holzscheite für den heimischen Herd, verführte Mädchen, erschossene Schmuggler, geschluchzte Gebete und zum Schluß Absprung des Bösewichts in den Schlund der Hölle. Von dem Edelmut, mit dem das uneheliche Kind heimlich mit Land dotiert wurde, gar nicht zu reden.

Nun, die andorranische Jugend in Andorra-la-Vella hatte am Sonntag zum Klang eines mechanischen Klaviers Onestep getanzt, und was die Rechnungen dieser treuherzigen Landbevölkerung anbelangt, so hatte man das Gefühl, unter die Räuber gefallen zu sein. Sie machten kräftige Frankenpreise und setzten hinter die Ziffer: Peseta. Was eine romantische Multiplikation mit dreieinhalb bedeutete.

Man kennt ein Land natürlich nicht, wenn man es nur bereist, ohne darin zu leben. Aber Salontiroler ... nein: die ganze Sehnsucht einer zu kurz gekommenen Klavierlehrerin sprach aus dem Buch, die Verachtung, mit der die poesielose Stadt Paris beiseitegeschoben wurde – da droben, bei euch, ihr Starken, da wohnt das Glück! Heirate, mein gutes Kind. Aber das macht den Leuten in der Stadt so unendlich viel Vergnügen, Romane in die Natur zu verpflanzen. Bäuerliche Heldenverehrung ist die Romantik der Dummen.

»Wenn ich den Wald besinge, tue ich das deshalb, weil die Fabrik wütet ...« So Isabelle Sandy. Wo wolltest du leben? In dem muschelförmigen Tal Andorras, umgeben von Faunen und Waldgöttern? Gegen Morgen hätten sie dir eine Rechnung präsentiert:

Eine Waldorgie ... 85 Pesetas.

Von Hospitalet, im Französischen, ging früh ein Auto ab, das mußte ich haben. Dazu war es nötig, nachts zu marschieren. Ich verabredete mit dem zweiten Briefträger der Staatspost das Nötige und verließ den Ort morgens, um vier Uhr.

Der Mond hing hoch über dem Tal, es war kalt, und alle Sterne flimmerten. Totenstille. Den Weg hatte ich nach der Karte auswendig gelernt; verfehlte ich ihn, war ich meinen Briefträger los, der hinter mir heraufstieg. An verschlossenen Häusern kam ich vorbei, an einer dunkeln Scheune und an einem Steinbruch. Er bewegte sich. Da lag, im kaltbleichen Mondschein, eine Schafherde im Pferch, wie versteinert ruhten sie, nur die vordersten kauten leise und hoben die Köpfe. Ich blieb stehen – hundert Augen sahen mich an.

Dann entfärbte sich der Himmel, auf den Hügeln wurde es Licht, jetzt stieg der Weg an, und nun hörte ich unten den Briefträger pfeifen. Ich wartete. Dann wurde es immer heller, die Felsen gegenüber waren rosenrot, der Mond blieb oben stehen, um ja nichts zu versäumen – jetzt mußte die Sonne aufgegangen sein, aber wir sahen sie noch nicht, der Paß verdeckte sie.

Der Briefträger legte ein Tempo vor ... Er ging, wie Älpler gehen: ganz leicht. Man sah ihm an, daß er sich nicht anstrengte, sein Schritt war von vollendeter Gleichmäßigkeit, hinauf, hinunter, kein Unterschied. Ganz oben auf dem Paß lag Reif.

Wir stiegen zu Tal. Wir kamen an die kleine graue Brücke: die Grenze. Nun war ich wieder in Frankreich, und das freute mich. Der Mann lief, aber man sah das nicht; welche Beine –! Die Sonne ergoß sich noch purpurrot auf den breiten Weg, die Täler lagen still, nur einmal begegneten wir ein paar Füllen. Hoch oben stand das Eingangshaus zu einer verlassenen Eisenmine.

Die Fünftausend da hinter mir sind Bauern, und kleine Bauern. Es gibt etwa sieben oder acht wohlhabende Familien – der Rest schlägt sich so durch. Die Gemeinden nehmen durch die Pacht der Berghalden dies und jenes ein; großer Wohlstand herrscht da jedenfalls nicht. Was die Viehzucht nicht bringt, macht natürlich der, sagen wir, Transithandel. Da gab es einfache Andorrabauern, die bestellten sich aus Frankreich die teuersten Mähmaschinen, die mehr kosteten, als ihr ganzer Besitz wert war. In Andorra wurden diese Maschinen auseinandergenommen und über die Berge nach Spanien getragen: auch hier eine große Kraftanspannung, körperliche Arbeit, Mut – und eine elende Bezahlung. Alle Welt weiß das, hier an der Grenze erzählten mir zwei französische Gendarmen voller Bonhomie die schönsten Schmugglergeschichten und suchten mit ihren Ferngläsern die kahlen Bergwände ab. Es kam aber keiner, und in meinen Morgenschuhen war kein Tabak.

Republik Andorra ...! Dieser Staat hat – im Gegensatz zu Hamburg – in Berlin keinen Gesandten. Wenn aber die Republik Andorra in Deutschland läge, hätte sie einen, aber dann wäre es keine Republik.

Waren die Mädchen Andorras eigentlich hübsch –? So sehr nicht, aber schließlich ... Die Andorraner brauchen nicht zu dienen – weder in Spanien noch in Frankreich. Und wenn man eine Andorranerin heiratet, dann erwirbt der Mann ihre Staatsangehörigkeit.

Ewig werde ich mich nach den Frauen dieses Landes zurücksehnen. Welcher Seelenadel! Welcher Zauber! Welches Feuer –! Und welch schöne Staatsangehörigkeit.

Auf der Wiese

Nun bin ich aus den stillen, kalten Tälern heraus, in einem großen Halbkreis bin ich durch Andorra gezogen, und da stehe ich nun wieder in Bourg-Madame. Die weite Ebene –

Die Hitze brennt, ich habe den ganzen Vormittag Zeit; der kleine elektrische Zug, der nachher rings um dieses ungeheure Loch in den Bergen herumfahren wird, ist noch nicht da. Jetzt liege ich auf der Wiese unter den blitzenden Bäumen, ziehe Grashalme aus dem Boden und freue mich meiner Faulheit.

Das sind also die Pyrenäen? Sieh an. Wollen wir nochmal zurück ... bis zum Ozean? Es war doch ein weiter Weg, wie? Wenn ich jetzt ganz grade in die Luft aufstiege, kerzengrade, sagen wir: tausend Meter hoch – dann sähe ich mit einem Zauberauge alle kleinen Kirchen in den Bergen. Es waren hübsche alte Gotteshäuser dabei; merkwürdig, was die Geistlichen damit machen. Immer steht neben den schönsten Schnitzereien Schund aus dem Fünfzig-Pfennig-Basar – sehen sie das nicht? Nein, sie sehen es wohl nicht. Was mögen das für Leute sein, diese Geistlichen?

Einmal, bei St. Girons, saßen drei in dem Verkehrsmittel, mit dem ich fuhr. Die Mutter dieses Wagens war eine Kleinbahn, der Vater ein Tourenomnibus. Da saßen sie also und beteten aus ihren Gebetbüchern. Sie hatten bäurische Gesichter. Und der Landmann verleugnete sich bei keinem; stand eine Kuh auf den Schienen, wurde eine Gänseherde vorbeigetrieben, dann ließen sie das Brevier sinken, der Geistliche sank mit, und zum Fenster hinaus sah ein interessierter Bauer, der die ländlichen Dinge kannte, sie scharf ins Auge faßte und abschätzte ... Und dann beteten sie wieder. Einer blies die Luft von sich, als er fertig war: Uff! das wäre nun glücklich überstanden! Aber es sind tüchtige politische Agenten.

Und junge Geistliche habe ich gesehen, nein, Küken von Geistlichen, unsicher schwankend in den faltigen Röcken, unten sahen ein paar riesige Füße heraus. Es waren noch Jungen, man konnte sich diese Gesichter ganz gut bei einem Kellner, einem Handwerker, einem jungen Kaufmann denken ... Aber wenn sie ein bißchen älter waren, dann lag auf dem Gesicht schon eine dünne Patina von Katholizismus: besonders um den Mund war das andre, etwas, das früher nicht dagewesen war, dieser Mund war wohl viel gebraucht worden. Und alle fünf Minuten verloren sie ihre Würde, wie man eine Mütze verliert, und wenn sie das merkten, setzten sie die Würde rasch wieder auf und sahen sich erschrocken um, obs auch keiner gemerkt hätte.

Die Armen! Werden sie wirklich niemals erfahren, was Frauenliebe ist –? Der katalanische Bauer sagt: »A oune femme faut oun homme, soit oun mari, soit oun amant, soit oun directeur de conscience.« Oun heißt ein – und das andre dürfte wohl verständlich sein.

Da hinten, in Bourg-Madame, schreit ein Esel. Der Kerl, der aufgebracht hat, daß Esel ›I–a‹ schreien, stammt aus der Stadt. Ein Bauer wäre auf solche Dummheit niemals verfallen. Ein Esel schreit überhaupt nicht – er pumpt. Er hat eine Pumpe im Hals und zieht Luft aus einem tiefen Brunnen. »Hüü – bcha ... Hüü – bcha ...« Vielleicht muß man ihn hinten am Schwanz ziehen, damit er vorn so jämmerlich schreit.

Man konnte den Esel nicht sehen – der Eisenbahndamm lag davor. Das war eine merkwürdige Eisenbahn. In Aix-les-Thermes endet die Strecke, die vom Norden, über Foix, kommt; bis Bourg-Madame an der Grenze gibt es dann nichts mehr. Aber die neue Transpyrenäische Bahn ist stückweis schon da: da steht ein Tunnel von sieben Kilometern fix und fertig, die Eisenbahndämme sind aufgeschüttet, die kleinen Brücken über den Straßen und die Bahnübergänge, alles ist schon gebaut. Sogar die Schranken. Nur die Schienen lagen damals noch nicht da. Aber das Allermerkwürdigste war, daß um diese Bahn, die gar nicht vorhanden war, schon eine Luft lag, wie wenn sie da wäre: die Straße am Bahnhof sah schon aus wie die Bahnhofstraße, es roch nach Rauch, die Gegend unmittelbar an den Orten, wo die Schienen einmal hinkommen sollten, war langweilig.

Diese Bahn wird die Gegend aufschließen; daran ist gar kein Zweifel. Auch Andorra wird sein Teil abbekommen, denn wenn man so bequem nach Hospitalet fahren kann, werden viele Leute die kleine Republik besuchen. Glückliche Reise –! Und das ganze Land wird in Hotels ersaufen, denn es ist ein schönes Land, die Berge sind nicht zu hoch und nicht zu niedrig: es ist grade so etwas für Leute, die sich erholen wollen. Das liegt heute alles so versteckt ... Frankreich stellt sich nicht hin und ruft: Seht! Wie schön ist es bei mir! Kommt einmal alle hierher! Nein, wenn du die Schönheit des Landes aufsuchen willst, dann mußt du sie suchen – findest du sie, ist es gut; findest du sie nicht, ists den Franzosen auch gleich. Aber das ist ja mit Paris genau dasselbe. Frankreich liegt nicht auf dem Präsentierteller.

Es ist ein großes Werk, das da in den Pyrenäen im Entstehen ist: die Elektrifizierung der Eisenbahn. Überall laufen riesige Rohre zu Tal, in denen das Wasser herunterpoltert, die Rohre sind fast alle braun und grün gefleckt, so daß sie von oben aussehen wie Landwege. Fliegerdeckung. Denn es gibt ja nichts, was nicht gegen die Zerstörung durch den schlimmsten Moloch der Welt geschützt werden müßte. Im Jahre 1910 haben sie mit der riesigen Arbeit begonnen. Zwei große Elektrizitätswerke sollen die Strecke versorgen: eins in Eget, beim Cirque de Troumouse, und das andre, in Soulom, das nimmt die Wasser von Cauterets und Pau auf. Das zweite verfügt über etwa zwanzigtausend Pferdestärken. Viele Strecken sind bereits elektrifiziert, und so wächst da in aller Stille eine moderne Eisenbahn.

Das nimmt natürlich den Gebirgsbächen, den ›gaves‹, mitunter die Kraft, und manchmal sieht man in den schönsten Tälern einen stillen Bach dahersäuseln: sein Bett ist ihm drei Nummern zu groß, er fließt artig dahin, mit wenig Wasser und ohne unnötiges Gebrause, es ist, als ob er sonntags zur Kirche fließt. Dem haben sie das Wasser abgegraben, und mit seiner Kraft kann ich oben schnell an ihm vorbeifahren.

Zerstört die Bahn die Poesie? Keine Spur. Sie verwandelt sie nur. Aber der Grund des Landes bleibt doch. Raymond Escholier, der lustig und bunt das Bauernleben beschreibt, erzählt einmal im ›*Cantigril*‹ von den zahllosen Kommissionen und Aufträgen, die so ein Postillion der alten Schule mit auf den Weg bekam. Die Pferde ziehen schon an, da wird ihm noch nachgerufen: »He! Sag Finotte, das Schwein beim Schwiegervater wird Donnerstag geschlachtet! Hörst du? Donnerstag …!« Und da ist die Postkutsche schon davongerasselt. Nun, das hat sich gar nicht geändert. Auf einer Kleinbahnstation stand im rinnenden, nachtdunkeln Regen der Zug, und im Lichterschwenken rief eine grelle Frauenstimme grade vor dem Wagen, in dem ich saß, den Schaffner an: »Was ist mit der Salbe für den Hund? Die ist wieder nicht mitgekommen! Sag doch, der Hund wär so krank!« – »Abfahren!« pfiff der Schaffner, aber ich konnte doch noch sehen, wie er ernsthaft mit dem Kopf nickte. Ob er sie mitgebracht hat? Darüber schlafe ich ein.

Als ich wieder aufwache, sagt mir der Wegweiser unter den Bäumen, wo ich bin. ›Nach Bourg-Madame 0,2 km …‹ Wegweiser … Viele habe ich in den Bergen nicht getroffen. Auf manchen stand: ›Geschenk von Citroën‹ – und viele stammten vom Touring Club de France. Der nimmt heute noch, 1925, keine Deutschen auf, steht also an kleinbürgerlichen Vorurteilen dem Deutschen Alpen-Verein keineswegs nach. Es sind wohl überall dieselben Kommerzienräte und Geheimen Oberbaudirektoren, die bei solchen Dummheiten den Ausschlag geben.

Da kommt ein Mistkäfer angekrochen. Ich frage ihn, ob er weiß, wie er auf lettisch heißt. »Nein«, sagt er. Ich sage ihm: »Sie heißen Ssudebambel.« Ob er keinen andern Namen bekommen könne? Nein. Da kriecht er weiter –

Auf dem Weg geht eine Bauersfrau mit einem erheblichen Popo. In Andorra-la-Vella … da war im Gasthaus eine Frau bedienstet, die hatte eine leichte Andeutung von Steatopygie. (Der Deutsche Sprachverein: »Warum sagen Sie das nicht deutsch?« – Ich kann nicht. – »Warum nicht?« – So … – »Sagen Sies!« Fettsteiß. Sprachverein ab.) Dergleichen kommt bei Spanierinnen manchmal vor; ich weiß das aus den Büchern.

Ich weiß so viel aus Büchern über die Pyrenäen. Aber was habe ich gesehen? Was kann überhaupt ein Fremder sehen?

Ich denke immer: Wenn ein Berliner die Schilderung eines Amerikaners über seine Stadt liest, dann ist er amüsiert, gekränkt, geschmeichelt – aber auch ein bißchen unbefriedigt. Der Midi-Mann, der dieses Buch vielleicht in die Finger bekommt, der Pariser, dem ich zeige, was ich aus seiner Stadt nach Hause berichte, sie sagen bestenfalls: »Es sind keine groben Fehler in Ihrer Arbeit. So ungefähr sieht es aus.« Aber – aber es ist nicht *das*. (»Ce n'est pas ça« ist ein sehr guter französischer Ausdruck.) Es fehlt für den einheimischen Leser irgend etwas, er kennt das doch anders; es ist eben der Fremde, der das geschrieben hat, einer, der ›Sie‹ zu Paris sagt.

Der Engländer fährt durch Driesen an der Drüse und sieht, daß es ein kleines Amtsgericht hat, und schreibt sich das auf. Aber von dem Antrittsbesuch des Referendars, der da seine erste Station abmacht, von der einmaligen Wintergesellschaft bei Amtsrichters, vom Stammtisch und dem Knatsch mit dem Apotheker ahnt er nichts. Und wenn man es ihm zeigte, verstände ers nicht. Und wenn ers verstände, könnte ers nicht richtig wiedergeben. Und gäbe ers richtig wieder, dann faßten es seine Leser nicht. Weil es fremd ist, vom andern Ufer, und weil sie unter der abweichenden Form das Gemeinsame nicht wiedererkennen. Berliner Weißbier ist nicht exportfähig.

Ich habe immer Furcht, daß mich ein Baske, ein Katalane, ein französischer Unterpräfekt eines Tages auf der Straße anhalten wird, sich meine Notizen geben läßt, sie liest und dann spricht: »Mensch! Was weißt denn du –?«

Ist einer eine langweilige Type, dann nimmt er alle Tatsachen korrekt auf und darf schreiben: ›Reise durch die Pyrenäen‹. Jeder kann den Wittenbergplatz fotografieren, damit hat er alles gesagt und nichts.

Ist einer ein Kerl, dann steht er sich selbst im Wege, bei allen Schilderungen, und wenn er fertig ist, darf er nicht sagen: ›Reise durch die Pyrenäen‹. Er müßte sagen: ›Reise durch mich selbst‹.

Französische Provinz

Das Hotel heißt Hôtel de France, und das Café heißt Café du Commerce; der Bahnhof liegt meistens draußen vor der Stadt, wo die neuen Häuser stehen, als schämte man sich seiner, und von da rumpelt ein Omnibus bis zum Marktplatz. Wenn das Rathaus alt ist, ist es schön, wenn es neu ist, weniger. Am Fuße der Kirche steht eine blecherne, runde Anstalt. Der Gendarmerie hängt eine rote Fahne zum Halse heraus. Das ist die Schule, das ist die Sparkasse, das ist die Post. Noch etwas? Nein, nichts weiter. Keine Sehenswürdigkeiten, keine historischen Gedenkstätten, keine Aussichtstürme – gelobt seist du, kleine Stadt!

Der erste Eindruck der Dörfer und der ganz kleinen Städte in den Pyrenäen ist: tot. Das macht, die Leute halten die Fenster mit Holzläden geschlossen, die mitunter aus zwei groben Planken bestehen, der Fliegen wegen, des Lichts wegen, damit die Luft auf den Plätzen frisch bleibt ... ich weiß nicht. Aber am hellerlichten Vormittag in einen Flecken zu kommen – das ist gespenstisch. Abends gehts noch an: da sitzen die Menschen vor den Türen, spazieren auch wohl herum und gehen vor dem Café auf und ab.

Unter den abendlichen Bäumen warte ich das Menü ab. Ich weiß schon, was da aus den offenen Fenstern herausschmurgelt: eine Suppe mit weichem Brot, ein Scheibchen Wurst als hors und ein Scheibchen Sardelle als d'œuvres, gebratene Fische, Rindfleisch, Huhn, meist beides nacheinander; wenn man dann dem Ersticken nahe ist, eine kräftige Schüssel Gemüse, und ein bißchen Käschen, Obstchen, Nachspeischen und Kaffeechen. Dazu, wenns schief geht, rauchende Salpetersäure; sonst einen angenehmen Landwein.

Da sitze ich nun und lese meinen französischen Roman, in dem unweigerlich vorkommt: »Il huma l'air frais«, dann spiele ich das Nationalspiel – ich versuche, mir mit den Regiestreichhölzern die Zigarette zu verderben: die Streichhölzer sind aus

Schwefelwasserstoff und imprägniertem Holz angefertigt – brennen sie nicht, so riechen sie doch schön.

Soll ich in das Syndicat d'Initiative, ins Reisebüro, gehn, das es in jeder Stadt gibt? Sie sind groß an freundlicher Bereitwilligkeit und klein an Bücherbestand, und um Landkarten zu bekommen, muß man wahrscheinlich den Ministerpräsidenten selbst bemühen. Es gibt schöne Karten, aber es gibt sie nicht. Erst habe ich versucht, mich an Hand der Generalstabskarte zurechtzufinden. Wenn die Franzosen mit diesen schwarz besprenkelten Drucken den Krieg geführt haben, so ist das eine ganz große Leistung. Diese Karten sind wohl, wie so viele weibliche Gegenstände im Kriege, nur für Offiziere bestimmt gewesen. Dann habe ich eine Karte entdeckt, die das französische Ministerium des Innern herausgebracht hat, und die ist vollendet: in Druck, Klarheit, Aufmachung. Aber sie ist nirgends zu haben.

Mit dem ›*Guide Bleu*‹ von Hachette versuche ichs erst gar nicht. Das ist eines von jenen Reisebüchern, deren Verfasser man immer gern bei sich hätte, um sie mit der Nase an alle Mauern zu stoßen, die man einrennen würde, wenn man ihre törichten Ratschläge befolgte. Das Kartenmaterial ist mäßig, die Stadtpläne sind voller Fehler, die Angaben über die Hotels unzuverlässig, die Wegbeschreibungen von entwaffnender Kindlichkeit, das Nachschlageverzeichnis wimmelt von Druckfehlern. Das hübsch ausgestattete Bändchen kostet, in schmiegsames blaues Leinen gebunden, fünfundzwanzig Francs. Nun wird es wohl Zeit zum Abendessen.

Suppe mit weichem Brot, Wurstscheiben und Sardellen, gebratene Fische … schade, daß es kein französisches Wort für ›Mahlzeit!‹ gibt. Man soll nicht undankbar sein: mein Seufzer ist der Tadel eines ächzenden Schlaraffen.

Im Hotel essen die Junggesellen und auch ein paar verheiratete Herren aus der Stadt. Man sieht an ihren Servietten, daß es Stammgäste sind. Sie führen ihre ernsten Gespräche; an den ganz wichtigen Stellen beugen sie sich vor, und ihre Augen sehen umher: Hast du auch nichts gehört –? Ich habe nichts gehört, auch sage ich nichts weiter. Einer präpariert einen Mordsspaß: er legt auf den Platz des Nachbarn, der noch nicht da ist, ein kleines Paketchen neben den Teller. Alle haben es gesehen und schmunzeln. Sagen Sie, sind eigentlich Frauen auch so harmlos und nett miteinander, wenn man sie allein läßt?

Und dann gehe ich auf mein Zimmer.

Das Auge bekommt ein Hotelzimmer für eine Person allein zu mieten – das Ohr nicht. Hotels sind die lautesten Niederlassungen der Menschen. Da, wo die Tür sitzt, ist das Brett einer Streichholzschachtel angebracht, damit man gut hört, wann nachts der böse Dieb kommt; morgens früh, wenn die Hausdiener krähn, fährt schwere Artillerie im Korridor auf, und nebenan gurgelt sich jemand ausführlich den Rachen. Oben, eine Etage höher, geht ein Gewitter nieder. Man schläft eigentlich mit allen zusammen, wie in einer Scheune. Nein, es ist nicht nur das Ohr. Jedes gute Hotelzimmer hat mindestens drei Türen, damit man sich nicht so allein fühlt – und mindesten drei davon haben Glasscheiben. Dein Licht darfst du auslöschen, das der andern hast du umsonst. Aber das liegt wohl so im Wesen aller Hotels, mit Ausnahme der ganz vornehmen, in denen Boxer, Diplomaten, Verleger und andere feine Leute wohnen, und die französischen sind im allgemeinen nicht eben schlecht. Man muß nicht in alle Küchen gucken, wo man zu Gast ist – ich komme aus der Literatur und weiß das.

Stille. Wenn einen nicht das Sinnloseste stört, das es auf Gottes Erdboden gibt: Hundegebell. Meine Freundin Grete Walfisch hat mir neulich geschrieben: »Kein Hund bellt ohne Grund. Das ist eine alte Bauernregel, die Du ohne vorlaute Bemerkungen anzuerkennen hast.« Sicherlich hat er Gründe. Aber sie gehen mich nichts an, und die Beharrlichkeit, mit der er Löcher in die Stille bau-haut ... Ich muß wohl ein schlechter Mensch sein. Ich mag keine bellenden Hunde. Aber man sollte nicht den Hunden einen überziehen, sondern ihren Besitzern, die sie anbinden.

Lärm sackt tief ins Gehirn, das saugt ihn auf wie Löschpapier das Wasser. Zum Schluß ist man ganz durchtränkt mit Lärm, niedergeknüppelt und unfähig, zu denken.

Nebenan brabbeln zwei Stimmen: eine Engländerin spricht und spricht und hört nie wieder auf. Wie kommt es, daß ich sie nicht mag? Daß der Satz: »Ich bin fest überzeugt: ein fluchender Franzose ist ein angenehmeres Schauspiel für die Gottheit als ein betender Engländer« mir aus dem Herzen geholt ist, und daß ich derselben Meinung wie sein Verfasser über den tiefen Grund dieser Abneigung bin: »Ich gestehe es, ich bin nicht ganz unparteiisch, wenn ich von Engländern rede, und mein Mißurtheil, meine Abneigung, wurzelt vielleicht in den Besorgnissen ob der eignen Wohlfahrt ... Und jetzt ist England gefährlicher als je, jetzt, wo seine merkantilischen Interessen unterliegen – es giebt in der ganzen Schöpfung kein so hartherziges Geschöpf, wie ein Krämer, dessen Handel ins Stocken gerathen, dem seine Kunden abtrünnig werden und dessen Waarenlager keinen Absatz mehr findet.« Was ist das für eine Orthographie? Das ist die deutsche Orthographie aus dem Jahre 1842, die man auch anwendete, wenn man in Paris saß. Nein, nicht Börne. Der andre. Der andre.

Am nächsten Morgen klettere ich noch ein bißchen umher.

An einer Mauer klebt ein altes Wahlplakat, immer, in jedem Dorf, unweigerlich.

»Mes chers concitoyens!« Und nun gehts los. Bis zum heutigen Tag hat noch nie ein Deputierter die Interessen des Distrikts wahrgenommen – das muß anders werden. »Agriculteurs! Qu'a-t-on fait pour vous? Rien. Petits propriétaires! Qu'a-t-on fait pour vous?« Das frage ich mich auch. Aber der Neue wirds ihnen schon besorgen: er ist für Ordnung, Privateigentum, den Schutz der wirtschaftlich Schwachen, die Besteuerung der andern – es ist ganz großartig. Unterschrift: »Jean Lenoir, Ancien Député, Maire de Capotanville, Président de la Ligue pour l'Ordre et la Liberté.« Trommelwirbel. Schade, daß das Plakat der vorigen Wahl nicht noch dahängt. Demokratie in der Praxis ist eine lustige Sache.

Das mit den Wahlplakaten ist übrigens halb so schlimm; die Wahlbeteiligung war nicht schlecht, aber bei den Bauern auch nicht übermäßig stark.

Immerhin ist hier in der Provinz der große Umschwung in der parlamentarischen Politik des Landes vorbereitet worden. Was nachher freilich die Parlamentarier damit anfangen …

In fast allen Pyrenäenstädten herrscht eine weiche, geruhsame Luft, besonders in den hübschesten unter ihnen, die am Anfang der Ebene liegen – freundlich geht es da zu. ›T'en fais pas!‹ ist ein schöner Grundsatz. Bring dich nicht um! Nun, hier bringt sich keiner um.

Ab und zu trifft man auf Fabriken, aber das ist, wenn man von gewichtigen Ausnahmen absieht, nicht gar so erheblich. Die Bedürfnisse der bürgerlichen und bäuerlichen Provinzfranzosen sind nicht groß, viel wichtiger ist ihnen: zu leben. Sie wissen alle, wozu sie da sind, hienieden. Und es ist gar kein Zweifel, daß sie mit solchen Gaben mehr vom Leben haben als jene, die sich abrudern. Alle diese Städtchen, Oloron und Mauléon und Tarbes und St-Girons und Gaudens und Foix und Perpignan erinnern mich immer an die Sonntagnachmittage zu Stettin, an denen mein Vater auf dem Balkon saß, eine Pfeife rauchte und auf die Sonntagsausflügler sah, die furchtbar eilig auf den Paradeberg wallen mußten. Er sprach das Wort, das ich von ihm geerbt habe, mehr vielleicht, als gut ist. »Wie sie rennen! Wie sie rennen!« Die Leute in der französischen Provinz rennen nicht. Sie leben.

Man darf nicht übertreiben. Bis zur reinen Idylle gehts doch nicht immer. Wenn ich so bei dem entzückenden Francis Jammes – etwa im ›*Monsieur le Curé d'Ozéron*‹ – zu lesen bekomme, wie heiter, wie blumig, wie lächelnd-sonnig es in diesen Gefilden zugeht, so überkommt mich ein leiser Zweifel. Ich weiß doch nicht recht … Der ›*Hasenroman*‹ von Jammes ist eine reizende Idylle, die man gern genießt, im schönen ›*Dichter Ländlich*‹, wie die deutsche Übersetzung glücklich genannt ist, gehts noch an – aber dieser gute Curé: das ist ein bißchen viel. Ja, gewiß, auch bei Jammes gibt es wohl schon Zinsen und Kapital und Banken und Ausschweifungen mit wollüstigen Tänzerinnen, aber das liegt weit, weit dahinten … bis nach Ozéron dringt das gar nicht, hier herrscht eitel Herzenseinfalt. Und wenn einmal von jenen anderen Dingen der wilden Welt die Rede ist, dann mit einer so geschickt-linkischen Unbeholfenheit, etwa wie die Kindersprache einer verheirateten Frau, die sich zur Abwechslung ein bißchen niedlich machen möchte, hasche mich, ich bin der Frühling … Selbst der Böse ist noch lackiert und eigentlich gar kein Böser. Dieses Buch ist stellenweise nicht mit Zucker, sondern mit Sacharin bestreut.

Aber die französische Provinz an den Pyrenäen ist doch nett. Wenn man abends ankommt, verhüllt nur die wohltätige Dunkelheit die dunkle Masse, die da auf dem Marktplatz steht, und sie steht immer da. Das Kriegerdenkmal. Die französischen Kriegerdenkmäler sind nicht weniger schauerlich als die unsern – aber nicht so aggressiv. Oft tragen sie einfach auf einem schlichten Obelisk nur die Namen der Gefallenen … mir wurde jedesmal heiß, wenn ich das las; welche Listen in den kleinsten Orten! was hat dieses Land gelitten! Wenn sie mehr als das aufgerichtet haben, dann sind sie sentimental und rührend empfindsam. In Mauléon zum Beispiel steht so eine Gedenktafel – und da ist gleich der ergriffne Beschauer mitgemeißelt worden: ein alter Bauer mit einem Kind an der Hand, die sich dem Denkmal grade nähern. Man schämt sich zu lächeln – aber man muß doch. Meistens freilich ragt, besonders vor Kirchen, irgendein Soldat auf, fix und fertig aus der Fabrik, derselbe mit Friedenspalme 2500 Francs, Fracht zu Lasten des Bestellers.

Es sind freundliche Städtchen, und man ist gern in ihnen. Liegen sie weit entfernt vom Brausen der Welt? Aber das ergreift sie ja mit. Wissen sie das? Nein, die meisten Menschen wissen das nicht. Das Neue ist da. Es hat sich nur noch nicht herumgesprochen. So hat das Trotzki formuliert: »Das Alltagsleben setzt sich zusammen aus der angesammelten spontanen Erfahrung der Menschen, es verändert sich ebenso spontan unter der Wirkung von Stößen, die von der Technik ausgehen oder von gelegentlichen Stößen seitens des revolutionären Kampfes, und« – hier sitzt es – »spiegelt in Summa viel mehr die Vergangenheit der menschlichen Gesellschaft als ihre Gegenwart wider.« Und daher wirken diese kleinen Städtchen so idyllisch.

Die Republik, hat ein witziger Franzose gesagt, war nie so schön wie unter dem Kaiserreich.

Paris ist nie so schön wie in der französischen Provinz.

Einer aus Albi

Zugabe. Über Toulouse muß gefahren werden – da kann der kleine Abstecher nur Freude machen. Um so mehr als Toulouse um drei Karat häßlicher ist als Lyon. Reste schöner Architektur stehen museal dazwischen. Unglücklicherweise ist es auch noch Sonntag, und auf den Straßen spazieren: achthundert Francs Monatsgehalt und neuer Sonntagsanzug; kalte Verlobung mit Wohnungseinrichtung; achtundvierzig Jahre Buchführung mit kleiner Pension und eigener Zusatzrente – die Leute wissen nicht recht, was sie mit ihrem freien Nachmittag anfangen sollen, sie gehen so umher: kurz, eine Stadt, wie Valéry Larbaud formuliert, où l'on sent tout l'après-midi une désespérante odeur d'excrément refroidi. Also: Albi.

Als ich abends ankomme, liegt der Ort grade in tiefem Dunkel, nur am Gefängnis brennt einladend eine kleine Laterne. Es muß doch nicht leicht sein, ein Elektrizitätswerk zu leiten. Im Hotel brennt eine Kerze auf einem Tisch. Ich trete in die Tür, strahlendes Licht flammt auf – kein schlechter Auftritt. Im Speisesaal tagt noch eine schöne Table-d'hôte, dieser Kotillon der Mahlzeiten. Alle Provinzherren stopfen sich die Serviette in den Hals und werden nun hoffentlich gleich rasiert.

Am nächsten Morgen gehe ich langsam durch die gewundenen Straßen, an den Häusern de Guise und Enjalbert vorüber, zwei Renaissancebauten mit herrlichen Portalen.

Da steht die Kathedrale.

Ich bin kein weitgereister Mann und kann nicht nachlässig hinwerfen: »Das Haus des Dalai-Lama in Tibet erinnert mich an der Nordseite an die Peterskirche in Rom ...« Diese Kathedrale in Albi hat mich an gar nichts erinnert – doch: an eins. An Gott. Ihr Anblick schlägt jeden Unglauben für die Zeit der Betrachtung knock-out.

Wie ein tiefer Orgelton braust sie empor. Sie ist rot – die ganze Kirche ist aus rosa Ziegeln gebaut, und sie ist eine wehrhafte Kirche, mit dicken Mauern und Türmen, ein Fort der Metaphysik. Hier ist der Herrgott Seigneur in des Wortes wahrster Bedeutung. Ihr Bau wurde im dreizehnten Jahrhundert begonnen, ihr Stil ist so etwas wie eine Gotik aus Toulouse. Der riesige Turm verjüngt sich nach oben, seine Fenster werden immer kleiner und täuschen eine Höhe vor, die in Wirklichkeit gar nicht da ist. Ach was ... Wirklichkeit! Diese Kathedrale ist nicht wirklich. Sie ist, im Gegensatz zu den Ereignissen in Lourdes, ein wahres Wunder.

Und rosa schimmern die Bischofsgebäude, die danebenstehen, der Himmel nimmt eine rosa Färbung an –

Innen ist die Kathedrale nicht so schön, es gibt zwar gute Einzelheiten, aber es ist eben eine hohe Kirche, deren Raum man leider aufgeteilt hat. Ich trete wieder heraus und gehe zwergenhaft von allen Seiten an dieses Monstrum heran. Es ist zum Erstarren.

Die Gärten des erzbischöflichen Schlosses liegen im Herbstlaub, mit rosa Ziegel als Fond. Von drüben schimmert der Fluß, le Tarn, ich sauge das alles in mich auf.

Im erzbischöflichen Schloß ist ein Museum, eine Bilderausstellung; ach, wer wird denn das jetzt sehn wollen! Aber da fällt mein Blick auf ein kleines Ausstellungsplakat ... Ich muß mich wohl verlesen haben. Nein. »La Galerie de Toulouse-Lautrec.«

Toulouse-Lautrec? Hier? Im Bischofsschloß? Hier im Bischofsschloß. Und da stak ich nun den ganzen Tag.

In Albi ist Toulouse-Lautrec geboren, in Albi ist er gestorben (1901). Und ihm zu Ehren haben sie diese Ausstellung in drei Sälen zusammengebracht. Da hängen:

Die großen Plakate mit Aristide Bruant, das rote Tuch verachtungsvoll-königlich um den Hals; La Goulue, die die Beine wirft, daß man ihr in eine Wäscheausstellung sehen kann; ein altes Schwein, das sich über ein junges Gemüse beugt; die harten Fressen strahlend blonder Luder; der Urgroßvater des Jazz: Cakewalk in einer Bar; ein Kostümball, auf dem Börsenmakler als Marquis Posas mit Pincenez zahlend amüsiert schwitzen; ein kalkiger Jüngling auf grauem Karton, ein schlaffer, käsiger

Mensch, sein ganzes Leben ist auf den paar Quadratzentimetern aufgezeichnet – und Yvette.

›*Yvette Guilbert, saluant le public*‹. Ich bin kein Bilderdieb – außerdem ist das Bild zu groß gewesen. Sie stand da, den Oberkörper etwas vorgebeugt, und stützte sich mit einer Hand am zusammengerafften Vorhang. Die langen schwarzen Handschuhe laufen in Spinnenbeine aus. Sie lächelt. Ihr Lächeln sagt: »Schweine. Ich auch. Aber die Welt ist ganz komisch, wie?« Durchaus »halb verblühende Kokotte, halb englische Gouvernante«, wie Erich Klossowski sie charakterisiert hat. Es ist da in ihr ein Stück Mann, das sich über die Frauen lustig macht, selber eine ist, durchaus – und ganz tief im Urgrund schlummert ein totes, kleines Mädchen. Dieser Mund durfte alles sagen. Und er hat alles gesagt.

Und auf jedem zweiten Blatt immer wieder das Theater – das Theater, das Toulouse-Lautrec mit Haßliebe verfolgt hat, ausgezogen, wieder angezogen, abgeschminkt, geküßt, geschminkt und verhöhnt hat. Weiche Mimen legen vor einem Spiegel Rouge auf; ist das eine lächerliche Profession, sich abends, wenn die Lampen brennen, in schmutzigen, kleinen Ställen Butter ins Gesicht zu schmieren! Da liegt eine Palette, dort ein Lithographiestein mit dem Bart Tristan Bernards. Spitze Schreie steigen von diesen Blättern auf, Brunst, Inbrunst, Ekel, Genuß am Ekel, in der vollendeten Verkommenheit liegt der Ton auf vollendet.

Ein weher Mund sieht dich an, sah ihn an – alles andere in diesem Frauengesicht ist dann dazugeworfen, wegen dieser Lippen ist er gezeichnet. Zarte Pastellkartons: ein weißes Jabot ist so auf Grau gesetzt, daß man den hauchdünnen Stoff abheben kann, und alle ernsthaften Bilder zeigen, was dieser Mann an technischem Können, an Fleiß, an Gewissenhaftigkeit des Handwerks in sich gehabt hat. Den Ungarn, die ihm heute in Paris frech nachschmieren, sollte man ihre Blätter um die Ohren wischen – es genügt eben nicht, in ein ›Haus‹ zu gehen und grinsend zu kolportieren. Ah, davon ist hier nichts.

Tierstudien sind da, von einer Einfühlung in die Form, Porträts, kleine Landschaften ... und immer wieder Pferde, deren Bewegung er so geliebt hat. Dazwischen alte Kanaillen, mit halbentblößter Brust; wie haargenau sind die Quantitäten von Verfall, gesundem Menschenverstand, ja selbst von so etwas wie anständigem Herzen ausbalanciert ...! Eine hat etwas Mütterliches. Und ein ganzer Salon ist da, der größe Empfangssalon im Parterre, da sitzen die Damen, bevor sie nach oben steigen. Ein Salon –? Es ist der Salon. Die Totenmarie und die Stupsnase und das dicke, hübsche Mädchen, und die Gleichgültige und die, die ewig nackt umherläuft ... Und das Schönste von allem: ›*Étude de Femme 1893*‹. Ein junges Ding läßt frierend das Hemd gleiten, eine Brust sticht gespitzt in die Luft. Ein herbstlicher Frühling.

Drum herum Gemälde. Zweimal: seine Mutter. Porträts des Malers, Porträts anderer: ein bärtiges Gesicht mit Kneifer und aufgeworfenen Lippen. Einmal eine Verspottung seines verwachsenen Körpers.

Er ist in Albi geboren und gestorben. Wo?

Die Straße heißt heute rue de Toulouse-Lautrec, es ist das Haus Nummer 14. Außen eine glatte Front, eine hohe verschlossene Tür ... Sein Vetter, der Doktor Tapie de Céleyran, empfängt mich.

Es ist ein älterer Herr mit schwarzem Käppchen auf dem Kopf: er führt mich ins Allerheiligste. Da liegt in Kästen das Œuvre Lautrecs: die Lithographien, die Originale und viel Unveröffentlichtes. Und er zeigt mir eine Geschichte, die der Knabe illustriert hat – seltsam gemahnen die angetuschten Federzeichnungen an Kubin. Er hat so viel gearbeitet ... Und ich bekomme zu hören, daß die Familie und der Hauptverwalter des Nachlasses, Herr Maurice Joyant in Paris, der an einem großen Werk über den Maler arbeitet, seine Einschätzung durch das Publikum nicht lieben. »Er ist nicht nur der Zeichner der Dirnen gewesen, des Zirkus, des Theaters –! Er hat so viel andres gekonnt!« Zugegeben, daß sich ein Teil seiner Bewunderer stofflich interessieren. Aber hier liegt das Einmalige des Mannes, der bittere Schrei in der Lust, der hohe, pfeifende Ton, der da herausspritzt ... Daß dahinter eine Welt an Könnerschaft lag, wer möchte das leugnen –! Und daß Toulouse-Lautrec kein wollüstig herumtaumelnder Zwerg war, oder ob er es war ... gebt volles Maß! Und wir scheiden mit einem Händedruck.

Nachmittags bekomme ich im Museum zu sehen, was nicht ausgestellt ist: Entwürfe über Entwürfe, hingehuschte Skizzen, Angefangenes, Wiederverworfenes und Schulhefte, in denen die lateinischen und griechischen Exerzitien ummalt sind von Girlanden und Figuren. Da ist die Feder träumerisch übers Papier geglitten, weit, weit weg von Cicero und hat Pferde im Sprung aufgefangen. Füchse ... die Männerchen, die der hier gemalt hat, sind schon kleine Menschen.

Und als der freundliche Konservator alles wieder zusammengepackt hat, gehe ich noch einmal in die hohen Zimmer und nehme Abschied, von Yvette Guilbert, von den zarten Farben und von dem dröhnenden Schlag eines Spazierstockgriffs auf einen Sektkühler. Es gibt das alles nicht mehr; man ist heute anders unanständig. Mit der Zeit – das geht so schnell! – sinken Gefühle zu Boden, optische Anspielungen, nur von denen einmal verstanden, die sich mitgekitzelt fühlten. Vor manchem stehe ich nun und kann es nicht mehr lesen. Aber ich verstehe es mit dem andern Nervensystem, dem Solarplexus – es springt da etwas über, von dem ich nur weiß, daß es zwinkernd, züngelnd und doch nicht verrucht ist. Es ist das Knistern, das entsteht, wenn sich Menschen berühren: Haßknistern, Spott ... und eine etwas lächerliche Formalität. Die Liebe after dinner.

Von Albi sehe ich dann gar nichts mehr. Oder wenigstens: ich habe alles vergessen. Ich weiß nur noch, daß ich in eine Flaschenfabrik hineingehen wollte, wie mögen wohl Flaschen gemacht werden, dachte ich – und da standen zwei ältere Arbeiter vor dem Portal. Sie sagten: »Heute nicht.« – »Warum nicht?« fragte ich. »Es wird gestreikt«, sagten sie, »Marokko.« Nun, es war das ein Teilstreik, und sie wußten das auch sehr genau. Sie sagten, es nütze ja doch nichts. Ich schwieg – denn ich bin in Frankreich. Aber ich wußte: es nützt immer. Nichts ist verloren. Es ist ein

Steinchen, wenn ein paar Fabriken gegen den Staatsmord protestieren, wenn sie nicht mehr wollen, wenn die Arbeiter ihre Söhne nicht mehr hergeben wollen …

Und dann fuhr ich nach Toulouse zurück. Da wohnte noch jemand, den ich zu besuchen hatte.

Eine alte Dame empfing mich in ihrer Wohnung, die in einer stillen Straße liegt. Die Comtesse de Toulouse-Lautrec ist heute vierundachtzig Jahre alt. Sie geht langsam, sie ist frisch, freundlich, gut. Da kam sie auf mich zu, sah mich durch ihre Stahlbrille an … und dann begann sie von ihrem Sohn zu sprechen.

Sie spricht von seiner Jugendzeit, als er so fleißig in Paris gelernt hat; von seinem festen Willen, und –: »Er war ein so guter Schwimmer, wissen Sie!« sagt sie. Nur eine Mutter kann das sagen. Und nun wird sie lebhafter und macht mich auf die Kohlezeichnungen aufmerksam, die da hängen: die Köpfe zweier alter Damen, es sind die Großmütter Lautrecs. Wieder sehe ich:

In der Kunst gibt es kein Mogeln. Der Mann war in seiner Ausbildung ein Handwerker, ein Akademiezeichner wie Anton von Werner, und auf diesem Grunde hat er gebaut. Wissen die Leute, daß George Grosz zeichnen kann wie ein Fotograf? Man kann nur weglassen, wenn man etwas wegzulassen hat. Mogeln gilt nicht.

Und die Mutter zeigt kleine Bildchen, Illustrationen zu einem Werk Victor Hugos, niemals vollendet; der Verleger machte Geschichten, und Lautrec zerriß langsam das Bild, das er grade unter den Händen hatte. Und ein Album mit den ungelenken Zeichnungen des Knaben, schon sieht hier und da etwas andres heraus als nur die Kinderhand, die das Zeichnen freut.

Und sie spricht von seinem Leben und erzählt seine kleinen Schulgeschichten. Wie er stets gearbeitet hat … »Ich bin immer nur ein Bleistift gewesen, alle meine Tage«, hat er einmal von sich gesagt – und wie er niemals ohne sein Notizbuch ausging, in das er eine Unsumme von Details aufzeichnete; wie er lebte, und wie sie ihn doch nicht lange gehabt hat. Er starb mit siebenunddreißig Jahren. Zum Schluß, als er so krank gewesen ist, hat sie eine

Reise nach Japan mit ihm machen wollen; er liebte Japan, da hängt noch ein japanischer Druck, den er sich gekauft hat. Aus der Reise ist nichts mehr geworden. Und die alte Dame sagt: »Il est si triste d'être seule.«

Und dann gehe ich von der, die diesen Meister geboren hat.

Wenn Er bläst: wird das Jüngste Gericht gerechter sein als die Verwaltungsbehörden auf Erden, die sich für Gerichte ausgeben? Wenn Er bläst, wird auch dieser kleine, etwas vornehme Mann erscheinen. »Henri de Toulouse!« ruft der Ausrufer. »Huse –« macht es. »Lautrec!« ruft der Ausrufer. »Meck-meck!« – lachen die kleinen Teufel. Da steht er.

»Warum hast du solch einen Unflat gemalt, du?« fragt die große Stimme. Schweigen.

»Warum hast du dich in den Höllen gewälzt ... deine Gaben verschwendet ... das Häßliche ausgespreizt – sage!«

Henri de Toulouse-Lautrec steht da und notiert im Kopf rasch den Ärmelaufschlag eines Engels.

»Ich habe dich gefragt. Warum?«

Da sieht der verwachsene, kleine Mann den himmlischen Meister an und spricht:

»Weil ich die Schönheit liebte –« sagt er.

Fin des Vacances

Der letzte Tag

Heute bin ich schon den ganzen Tag fein angezogen, denn heute abend fahren wir fort – dies ist der letzte Tag an der See. Ich komme mir so unwohnlich in meinen Stadtsachen vor ... Vier Wochen lang bin ich hier bunt wie ein Gockelhahn herumgelaufen, mit gestreiften Strandjacken und ultravioletten Jacketts und weißen Hosen – mitunter trug ich auch den hellgrauen Anzug, den ich mir einst von einer Weihnachtsgratifikation des Herausgebers zugezogen habe, das Ding sah schon am zweiten Tag aus wie ein stark benutzter Sack. Und jetzt bin ich so fein –

Ich gehe noch einmal durch alle Sträßchen und auf die Mole und an den Strand und an die große Bucht und an meine kleine Privatbucht. Die Erinnerungen der vier Wochen lösen sich wie Briefmarken, die man aufgeklebt und gleich wieder heruntergenommen hat. Sie haben die Gegenstände noch nicht infiltriert, sind noch nicht aufgesogen worden – sie fallen ganz leicht ab. Hier hat die kleine Engländerin, die wie ein Junge aussieht, gesagt: »Perhaps–«, was doch bekanntlich auf Damen-Englisch »Ja –« heißt – und am nächsten Tag fuhr sie ab. Aber der schmale Felsweg und dies ›Perhaps‹ sind noch nicht eins geworden, sind nicht untrennbar miteinander verbunden, sondern sie sagte es, zufällig, hier, und der Felsweg ist ganz ohne sie auch denkbar. Stolz gehe ich vorbei.

Stolz an den bunten Windzelten, die, wenn der Wind sie füllt, aussehen wie Araberturbane; stolz am Tabakladen vorbei, wo die alte Frau mir Schokolade, Claude Farrère, Streichhölzer und alle vierundneunzig Zeitungen aus Paris verkauft hat. Zur Käsefrau, die immer so viel spricht und so liebenswürdig-streng mit mir war, gucke ich gar nicht mehr hinein; die schwarze Katze vom Obstmann grüße ich nicht zurück, sie sieht mir verwundert nach. Da unten liegt, noch einmal, das Meer.

Die langen Stunden, in denen gar nichts geschah, wo nur der Wind, das arme Ding, über mich hinwegfächeln mußte – wo die

Sonne den Bauch erst beschien, dann bestrahlte, dann in eine wie Feuer brennende Tomate verwandelte, schließlich ging er braun wie eine Kaffeebohne unter. Das ist ein schönes Bild. Die langen Stunden, wo der verschleierte Blick ins Wasser sah, die Linie am Horizont nach nichts absuchend, wo die Sandkörner rieselten und die Strandhüpfer unendlich geschäftigen Geschäften nachhüpften, sie kamen sich sicherlich sehr amerikanisch vor. Wenn man genau hinhorchte, konnte man sie etwas vom ›Rhythmus dieser Zeit‹ wispern hören. Die leeren Stunden, wo sich Energie, Gehirnschmalz, Verstand und Gesundheit gewissermaßen aus dem Reservoir des Nichts ergänzten, aus jenem geheimnisvollen Lager, das eines Tages leer sein wird. »Ja«, wird dann der Lagermeister sagen, »nun haben wir aber nichts mehr …« Und weil ich nicht schon vorher auf die leisen Warnungen des Ressorts gehört habe, werde ich mich dann wohl hinlegen müssen … Die langen Stunden –

Da kehre ich mich auf dem Absatz meiner dicken Reisestiefel um, sehe das Meer kaum an, streife es so mit einem fast beleidigenden Blick: »Ich bin ein Stadtmensch, kennst du meine Schlipse?« und nun kenne ich es auf einmal nicht mehr.

Wenn Sie mich fragen, wo ich diesen Sommer war, werde ich gleichgültig antworten: »Irgendwo – in der Bretagne – an der See –«

Editorische Notiz

Die Texte der vorliegenden Auswahl folgen der von Mary Gerold-Tucholsky und Fritz J. Raddatz herausgegebenen Ausgabe der Gesammelten Werke in 10 Bänden (Reinbek 1975 u. ö.) bzw. der von Mary Gerold-Tucholsky besorgten Ausgabe der Gedichte (Reinbek 1983). Das Jahr der Erstveröffentlichung ist jeweils im Inhaltsverzeichnis angegeben. Die Orte der ersten Publikation sowie Angaben darüber, unter welchem Autorennamen bzw. Pseudonym (Peter Panter, Theobald Tiger, Ignaz Wrobel, Kaspar Hauser) die Prosatexte und Gedichte zunächst erschienen, lassen sich leicht anhand der genannten Werkausgabe nachvollziehen.

Peter Altenberg

Wie ich es sehe

In der Fassung des Erstdrucks

Band 90155

Die Kurzprosa, die der überzeugte Bohemien Peter Altenberg in Wiener Kaffeehäusern schrieb, entzieht sich den üblichen Erwartungen an ›ordentliche‹ Literatur. Vom Wechsel der Tages- und Jahreszeiten, von Kindheitserinnerungen und zufälligen Beobachtungen geprägt, nehmen sich Altenbergs Texte, die er selber als »Extrakte des Lebens« verstand, jede nur denkbare Freiheit. Der vorliegende Band basiert auf der Originalfassung, die erstmals 1896 im Berliner S. Fischer Verlag erschien.

Fischer Taschenbuch Verlag

fi 90155 / 2

Kurt Tucholsky

Schloß Gripsholm

Rheinsberg

Band 90069

In seinen Liebesromanen nimmt der berühmte Satiriker Kurt Tucholsky eine Art Auszeit von den politischen Kämpfen der Weimarer Republik. Zwar fehlt auch die Zeitkritik nicht. Immer aber bleibt alles wunderbar leicht und fast märchenhaft. Mit ihrer Lebensfreude und entspannten Erotik verkörpern die Liebespaare, die Tucholsky auf ihren sommerlichen Urlaubsreisen begleitet, eine Art Gegenwelt zum deutsch-nationalen Spießertum und wirken aus heutiger Sicht wie die ersten Vertreter der Toskana-Fraktion oder der bourgeoisen Berliner Boheme.

Fischer Taschenbuch Verlag

fi 90069 / 1

Wilhelm Busch

Das große Lesebuch

Band 90050

»Ach, was muß man oft von bösen
Kindern hören oder lesen !!
Wie zum Beispiel hier von diesen,
Welche Max und Moritz hießen.«

Diese Lausbuben sind in jedem Kinderzimmer zuhause. Wo sie hinkommen, richten sie Unheil an. Witwe Bolte, Lehrer Lämpel, Schneider Böck – »Wieder tönt es:

›Meck, meck, meck!‹
Plums! Da ist der Schneider weg!«

Und niemand kommt ungestraft davon, wenn es heißt:

»Dieses war der erste Streich …«

Das gesamte Programm von Fischer Klassik
finden Sie unter:
www.fischer-klassik.de

Fischer Taschenbuch Verlag

fi 90050 / 1

Joachim Ringelnatz

Das große Lesebuch

Band 90130

»Ich kenne wen, der litt akut
An Fußballwahn und Fußballwut.«

Spielerische Verse haben Joachim Ringelnatz berühmt gemacht. Das große Lesebuch enthält entsprechend eine umfassende Auswahl der witzigsten Gedichte. Darüber hinaus aber kann man auch den politischen Autor und den unverbesserlichen Romantiker entdecken. Seit Ringelnatz jedenfalls ist klar, was man der Liebsten schenkt:

»Ich habe dich so lieb!
Ich würde dir ohne Bedenken
Eine Kachel aus meinem Ofen
Schenken.«

Das gesamte Programm von Fischer Klassik
finden Sie unter:
www.fischer-klassik.de

Fischer Taschenbuch Verlag

fi 90130 / 1

Denis Diderot

Rameaus Neffe

Übertragen von Johann Wolfgang von Goethe

Band 90129

›Rameaus Neffe‹ ist einer der wildesten und subversivsten Texte der europäischen Aufklärung. Wer immer heute nach ›westlichen Werten‹ Ausschau hält, kann sich an Diderots philosophischem Dialog klar machen, dass gerade der Zweifel an festen Werten und die schonungslose Kritik an der eigenen Gesellschaft zum Kostbarsten der europäischen Kultur gehören. Da Diderots skandalöses Werk zuerst nur als Abschrift aus der Petersburger Eremitage kursierte und dabei in die Hände Johann Wolfgang Goethes gelangte, wurde es auch in Frankreich zuerst durch Goethes Übersetzung bekannt.

Fischer Taschenbuch Verlag

fi 90129 / 1

Theodor Fontane

Frau Jenny Treibel

Band 90044

Frau Kommerzienrätin Jenny Treibel, geborene Bürstenbinder, ist empört, als die unbegüterte Corinna Schmidt ihren Sohn Leopold um den Finger wickelt – und, wie sie selbst, mit ihrer Hochzeit Karriere machen will. In der Berliner Bourgeoisie ist man doch lieber unter sich. Es gibt allerdings ein Problem: »alles möchte reich sein.«

Fischer Taschenbuch Verlag

fi 90044 / 1